Metodología de investigación Educativa. Proyectos de investigación.

Un abordaje global, desde la diversidad, sus necesidades e investigación.

JOSÉ CLARES LÓPEZ

DEDICATORIA

A mis estudiantes, por hacerme pensar en la mejora constante.
A mi familia, amigos, amigas, colegas, a mi compañera, por permitirme
compartir con ellos la vida, por acogerme como soy, y vivir conmigo las
grandes y pequeñas experiencia que nos hacen reconocer la felicidad en los
aspectos más cotidianos de la existencia, que a la vez son los más especiales.

JOSÉ CLARES LÓPEZ

PRÓLOGO

La escuela del siglo XXI se encuentra con el objetivo ineludible de promover una educación democrática que garantice el derecho de todos los niños y jóvenes a recibir una educación de calidad basada en los principios de igualdad, equidad y justicia social. Una educación donde el énfasis otorgado a los procesos institucionales y el desarrollo de políticas igualadoras y de progreso en cuanto a la atención a la diversidad, sienten las bases del desarrollo y el reto de construir una escuela "para todos": La educación Inclusiva.

El libro que tenemos en nuestras manos contribuye de manera eficaz al desarrollo de prácticas educativas de orientación inclusiva, desde la innovación y la investigación en contextos de diversidad. Un manual necesario para alumnado, profesores e investigadores que se adentren en el ámbito de la diversidad educativa.

La obra se estructura en cuatro grandes bloques bien diferenciados, pero al mismo tiempo interrelacionados, donde se recogen todos los medios e instrumentos necesarios para dar respuesta a la diversidad del alumnado desde el ámbito educativo.

En la primera parte se analizan los conceptos de diversidad y escuela inclusiva, enfatizando en la comunicación emocional y la diversidad. Constituye un capítulo donde las estrategias de actuación ocupan también un lugar destacado favoreciendo la sincronización entre la teoría y la práctica.

El segundo bloque está dedicado a la innovación e intervención. En ella se realiza un estudio detallado de la necesidad de innovar en educación, así como de los posibles problemas que ello genera. Termina este gran apartado relacionando la innovación educativa con la investigación y las Tecnologías de la información y Comunicación (TIC), donde la práctica se pone de manifiesto mediante estrategias didácticas de adaptación del curriculum a la diversidad.

El tercero se centra en la investigación educativa donde se realiza un exhaustivo recorrido a través de todos los materiales necesarios para investigar (Marco teórico, tipos de investigación y procedimientos de investigación) y la argamasa necesaria para su construcción (preguntas de investigación, objetivos e/o hipótesis, variables, selección de la muestra, diseños de investigación, instrumentos, resultados, etc.). En este gran apartado el autor ha realizado un gran esfuerzo en incorporar las más recientes innovaciones en investigación educativa.

Por último, el cuarto bloque se dedica a la realización de proyectos educativos, poniendo especial énfasis en los proyectos Fin de cursos, que tantos quebraderos de cabeza dan a nuestros alumnos.

En definitiva se trata de un libro ameno, útil y bien estructurado ya que resulta bastante clarificador en cuanto nos ofrece teoría y práctica de por donde hemos de ir caminando, y de forma efectiva, en el mundo de la diversidad de nuestros alumnos. El presente libro es una invitación a asomarse a por esa nueva ventana abierta por la diversidad humana y que puede dar más luz en la forma de cómo facilitar el aprendizaje a todo el alumnado.

Dr. José María Fernández Batanero, profesor titular del Dpto. de Didáctica y Organización Educativa. Facultad de CC. de la Educación. Universidad de Sevilla., Especialista en Diversidad e intervención

--ooOoo--

La educación en el contexto de las sociedades democráticas de las que formamos parte plantea en la actualidad una inquietante cantidad de retos muy importantes. Entre esos desafíos destaca por su significación social y por la dificultad de su abordaje didáctico-organizativo el tema de **la diversidad**, que en esencia significa la capacidad del Sistema Educativo para ofrecer a todos los educandos una educación a la medida de sus características sociales-familiares e individuales.

El fenómeno de la exclusión de la educación de numerosos colectivos sociales que no poseen determinados 'estándares', ya sean éstos psico-sociales o individuales, no es ni mucho menos nuevo, es más, podría decirse que ha sido un compañero inseparable de la educación a lo largo de toda su historia; y en amplios periodos de la misma un compañero 'deseado' por los detentadores del poder. En el momento actual este problema se está tratando de forma ambivalente; porque siendo cierto que el discurso político está manifiestamente a favor de la atención a la diversidad de los educandos, sin embargo, las políticas y sobre todo los medios necesarios para operativizar dicho discurso son cuando menos cicateros, como vienen poniendo de manifiesto de forma significativamente recurrente los colectivos de profesionales implicados en la educación.

Centrándonos en el tema de la intervención pedagógica para la atención a la diversidad – meollo de la obra que aquí se presenta -, la importante experiencia acumulada en el campo educativo indica que dicha intervención tiene que ser ineludiblemente de naturaleza multidimensional, es decir, que los fenómenos de exclusión y las actuaciones de atención a la diversidad de los educandos deben ser abordados mediante la acción combinada de muy diversos actores sociales - políticos, educadores, investigadores... entre otros muchos. La claridad inobjetable de este principio esconde, sin embargo, una realidad bastante menos luminosa en el ámbito específico de la praxis educativa, derivada principalmente de tres situaciones que obstaculizan la aplicación de dicho principio: a) la existencia de una organización escolar diseñada solo tangencialmente para atender lo diverso, b) la persistencia de unas prácticas educativas consuetudinarias de atención estandarizada – reforzadas por esa organización escolar aun a pesar de la disponibilidad de los profesores para atender a los estudiantes como sujetos diferentes - y c) la no disponibilidad de respuestas científico-pedagógicas para muchas de las exigencias que plantea la atención a la gran diversidad del alumnado.

Esta triada de situaciones plantea dos demandas claras a las Ciencias de la Educación. Por una parte, parece urgente seleccionar y priorizar según su importancia social las problemáticas de atención a la diversidad para las que no se dispone de respuestas metodológicas adecuadas *a fin de diseñar los procesos de investigación* requeridos para ir dando respuesta a esas carencias de conocimiento empírico. Asimismo, la aplicación en los ambientes y lugares donde se desarrolla la educación de las metodologías derivadas de esos procesos de investigación sistemática requiere *la organización e implementación de acciones pedagógico-didácticas nuevas – innovación -*, sobre las que los profesores no poseen ni conocimiento ni experiencia previos; la puesta a punto del bagaje metodológico necesario para innovar en cada situación con objeto de atender más eficazmente a la diversidad es, pues, la segunda tarea ineludible de esas ciencias en el momento actual.

Parece lógico, por tanto, que la formación de los profesionales que han de hacer efectiva la atención a la diversidad del alumnado en las aulas - los profesores - atienda en algún momento y lugar de su plan de estudios a estos dos ámbitos de la práctica educadora: la capacitación para investigar sobre la propia actuación profesional y la adquisición de competencias para cambiar/innovar dicha actuación en función de las demandas del contexto y de los alumnos a los que tendrán que educar.

Y es precisamente a esos dos ámbitos de la formación de los profesores a los que con acierto se dirige la presente obra.

Dr. Víctor Álvarez Rojo. Catedrático del Dto. de Métodos de Investigación y Diagnóstico en Educación. Universidad de Sevilla

JOSÉ CLARES LÓPEZ

CONTENIDOS

PARTE C: INVESTIGACIÓN EDUCATIVA

AGRADECIMIENTOS

Muchas formas de trabajo parten de un colectivo, y éste lo es. Empezando por los estudiantes sobre los que se le ha ido dando forma y mejorando su contenido. Intentando que cada vez fuese algo más útil y cercano. En este caso los estudiantes del Grado de Primaria de la asignatura Metodología de Investigación Educativa y Atención a la diversidad de la Universidad de Sevilla.

Pero además hay personas individuales que con su generosidad han aportado lo mejor de sí mismas a este trabajo. En especial quiero resaltar las siguientes.

A Javier Gil F., por sus precisas aportaciones y oportunas correcciones, basadas en su amplia y rica experiencia en el campo de la investigación. Con sus ideas se ha ajustado sustantivamente el contenido del libro.

A Alicia Carrillo R. por su paciencia y el tiempo empleado en hacer revisiones. Por sus sugerencias, por su interés y ánimo positivo, ofreciendo sus mejores ideas y permitiendo ofrecer una fundamental visión desde los estudiantes, con una madurez que los supera ampliamente.

A María Parra R. por aportar su originalidad y frescura. Por su forma de entender el contenido puesto de manifiesto en las ilustraciones del libro, que desde esa sencillez gráfica ha sabido captar el espíritu de las palabras, ofreciéndonos la visión de su comprensión.

A María José Corral C. por su ánimo, sus soluciones, y su trabajo y apoyo en los momentos más críticos del trabajo. Por no importarle el tiempo ni las horas en su generosa ayuda.

A Trinidad Santiago P. por su paciencia, su comprensión, por hacer suyas mis ilusiones, por el tiempo que nos ha quitado de hacer otras cosas, y por su apoyo incondicional y generoso, antes, durante y después de todo el proceso.

JOSÉ CLARES LÓPEZ

INTRODUCCIÓN

Cómo acceder al contenido

Este manual nace del trabajo de varios años de docencia en la formación en Metodología de Investigación Educativa a futuros profesionales de esta área, así como proporcionar una sencilla guía para el desarrollo de los trabajos fin de estudios. Una de las finalidades que se han intentado perseguir era darle un marcado carácter práctico para que pudiese dar respuesta a las dificultades encontradas en el mundo de la educación, pero apoyándose en la teoría para dar consistencia y rigor a las intervenciones.

En base a esto anterior, no sólo se describe y explicita el proceso de investigación, sino que se acompaña de otras áreas para conectar con la práctica educativa, y también con las necesidades que puedan surgir en la elaboración de los trabajos fin de estudios.

Es un trabajo que intenta ser lo más práctico y útil posible tanto para el estudiante de educación que se enfrenta a la investigación educativa, relacionándola con temas reales como la diversidad y la innovación educativa, y también como a los requerimientos de desarrollar un trabajo fin de estudios. Además de orientar a profesionales en activo para hacer intervenciones basadas en la investigación para dar respuesta a las necesidades que se presentan en el aula.

El manual se ha dividido en cuatro grandes apartados, para cubrir los objetivos desde diferentes necesidades e intereses, y son los siguientes:

A) **Diversidad y educación**. En esta parte se tratan temas como la diversidad, la escuela inclusiva y sus principios de actuación, la comunicación emocional y su relación con la diversidad, así como la descripción de las diversas áreas de la diversidad y las estrategias para afrontar su desafío.

B) **Innovación e intervención**. En este apartado se hace una aproximación al concepto de innovación en educación, y se aclaran las necesidades que se requieren cuando se quiere innovar. También se trata la problemática de la propia innovación como actividad y sus dificultades, para dar respuesta a los problemas de la diversidad. Además se dan algunas ideas sobre el uso de las TIC y la innovación y se termina con la adaptación del currículum a la diversidad.

C) **Investigación educativa**. En este apartado se habla de método científico en educación, de los marcos teóricos desde los que se puede plantear una investigación educativa y los procedimientos a seguir. Se continúa con la definición de la investigación, las preguntas, objetivos, hipótesis y variables que se usarán, la selección de la muestra, la elección del diseño, las técnicas e instrumentos de recogida de datos usados, la preparación del análisis de los datos, su presentación y el propio análisis de los datos, así como el análisis de los resultados y el informe de investigación.

D) **Proyectos**. En este apartado se dan orientaciones para la realización de los proyectos fin de estudios, en cualquiera de sus modalidades. Se le muestran los primeros pasos de la investigación, y cómo hacer una búsqueda de información y una propuesta para su tratamiento y análisis. También se plantean los esquemas de tres fases o partes que podría tener una intervención educativa como son: la detección de necesidades, el desarrollo de la intervención y el proyecto de investigación.

Dada la naturaleza del texto, su uso puede estar diferenciado en función de las intenciones de uso del mismo. Para facilitar la aproximación al manual, vamos a considerar una serie de **usos u orientaciones que se le pueden dar**, entre los que estarían los siguientes:

1) **Necesidad conocida**. Tenemos una necesidad que conocemos bien y queremos darle respuesta. Posemos empezar por la parte B: INNOVACIÓN E INTERVENCIÓN, y necesitamos saber si ha dado los resultados esperados, entonces seguimos por la parte C: INVESTIGACIÓN EDUCATIVA.

2) **Intervención desarrollada**. Hay una necesidad y ya tenemos dispuesta una intervención, pero necesitamos ver si esta intervención es adecuada, y conseguimos los resultados previstos. Empezamos por la parte C: INVESTIGACIÓN EDUCATIVA.

3) **Necesidad desconocida o poco conocida**. En este caso no conocemos bien la necesidad y necesitamos de ese conocimiento para poder hacer frente a la misma, y desarrollar una intervención que dé respuesta al problema. Empezamos por la parte C: INVESTIGACIÓN EDUCATIVA, para plantear una investigación que nos permita conocer bien esa necesidad, y el alcance de la misma, y priorizar en el caso que sea necesario. Después se puede continuar con la parte B: INNOVACIÓN E INTERVENCIÓN, para el desarrollo de la intervención en función de las necesidades.

4) **Conocimiento de las dificultades educativas derivadas de la diversidad**. En este caso, si lo que queremos es conocer algunas de las posibles dificultades sustentadas en la diversidad del alumnado

podemos empezar por la parte A: DIVERSIDAD Y EDUCACIÓN.

5) **Planteamiento de un proyecto de intervención.** Si lo que se necesita es conocer cómo desarrollar un proyecto de intervención, lo que haremos es ir directamente a la parte B: INNOVACIÓN E INTERVENCIÓN, donde obtendremos algunas claves para su desarrollo.

6) **Elaboración de un trabajo fin de estudios.** Cuando hay una necesidad de llevar a cabo un trabajo fin de estudios, en general, podremos encontrar unas orientaciones específicas para estos casos en la parte D: PROYECTOS. En ella se ofrecen unas guías orientativas para su desarrollo. Y además para obtener información de cómo desarrollar el contenido de dichas estructuras se puede seguir la parte C: INVESTIGACIÓN EDUCATIVA, donde se explican dichos conceptos.

Así podemos concluir que el manual goza de una cierta versatilidad para su uso, adaptándose a algunas de las necesidades más comunes tanto de profesionales como de estudiantes relacionados con el mundo de la educación.

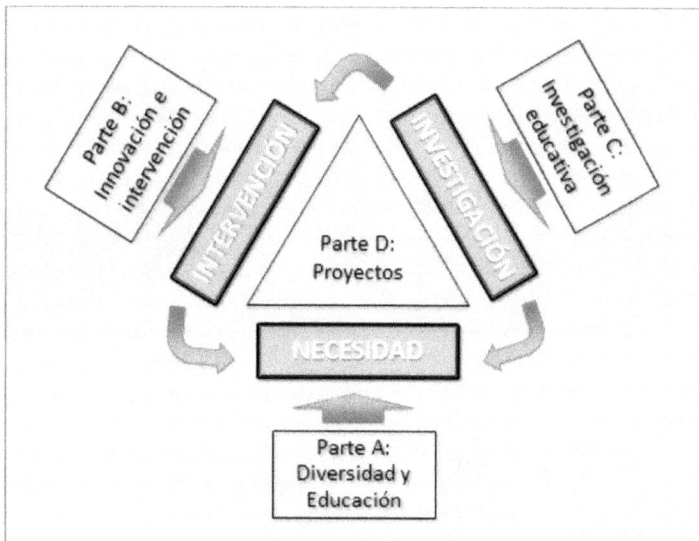

PARTE A. DIVERSIDAD Y EDUCACIÓN

1 DIVERSIDAD

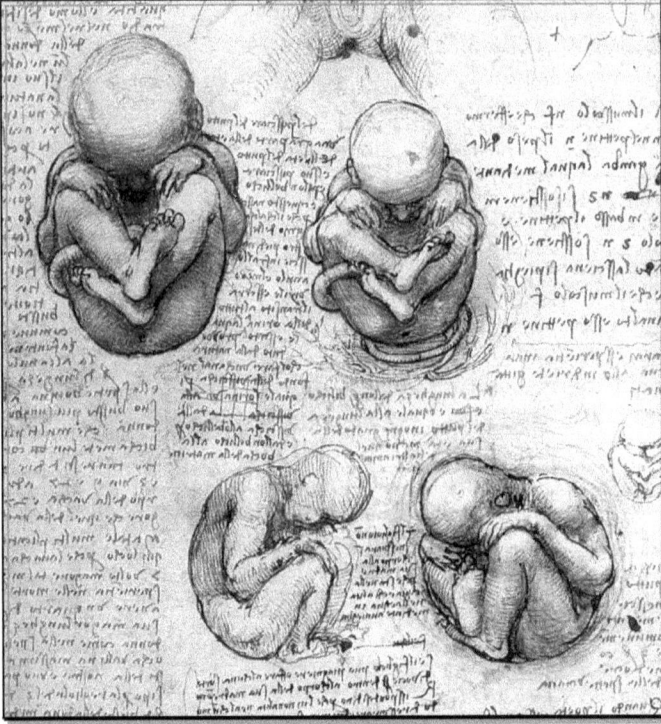

ÍNDICE

OBJETIVOS

Los objetivos de aprendizaje para este capítulo son los siguientes:

- Acercarse al concepto de Diversidad en educación.
- Ver la diversidad como algo que enriquece al ser humano.
- Conocer la perspectiva del profesorado como agente activo de la inclusión educativa.
- Ver las dificultades de aprendizaje como una causa más de la diversidad.
- Reconocer un nuevo concepto de necesidad, el de apoyo educativo.

RESUMEN

El capítulo se inicia con el concepto de diversidad según algunos autores, intentando entender esta como algo que enriquece en la educación más que como un hándicap. Trata también como afecta al profesorado esta característica de la educación, su actitud y comportamiento ante la concepción de escuela inclusiva. También se incluyen las dificultades de aprendizaje como un aspecto más de la diversidad educativa, y el nuevo concepto de diversidad que nace del alumnado con necesidades de apoyo educativo (neae).

MAPA DE CONTENIDOS

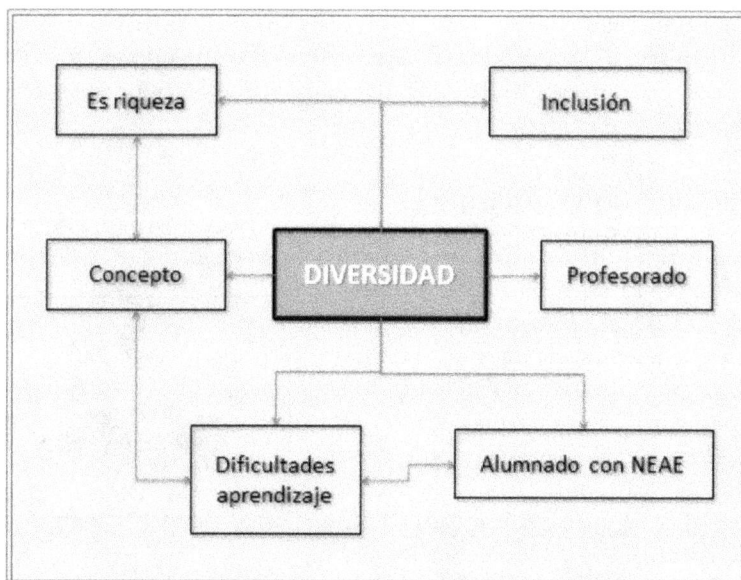

1. CONCEPTO DE DIVERSIDAD

La diversidad se manifiesta en forma de conducta El ser humano manifiesta la diversidad, como una característica y conducta propia del ser humano, a través de su comportamiento, de su forma de vida, de su forma de pensar, etc. (Cantero, 2010). Así se puede tener conciencia de las características diferenciadoras de las personas.

Fernández (2009) nos acerca dos concepciones o sentidos en los que se presenta la diversidad. Uno en el que aparece la diversidad como algo que es descriptivo y estático y mientras que el otro sentido es presenta a la diversidad como algo cualitativo y dinámico. Jiménez y Villa (1999,28) entienden que la diversidad "es una característica inherente a la naturaleza humana y una posibilidad para mejorar el enriquecimiento de las condiciones y relaciones sociales y culturales entre las personas, los grupos sociales". Para López (1999,174) "la diversidad hace referencia a la cualidad de la persona por la que cada cual es como es y no como desea que sea".

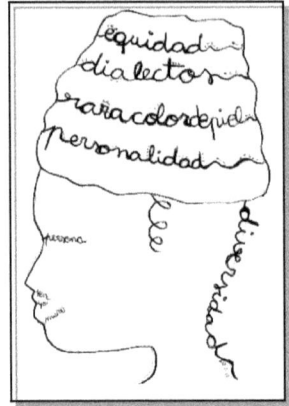

Autores como Cela et al (1997) entienden que la diversidad está determinada por tres dimensiones: la social (procedencia geográfica y cultural, nivel socioeconómico, rol social de la familia): la personal (aspectos físicos, cuestiones hereditarias, color piel sexo, patrón de belleza) y la psicológica (conocimientos previos, estilos y hábitos de aprendizaje, formas de comunicación, capacidades, ritmos de trabajo, motivación, atención, intereses, relaciones afectivas).

2. LA DIVERSIDAD ES RIQUEZA

Hay muchas formas de abordar o de acercarse a la diversidad que se da a la hora de afrontar la tarea educativa. Desde la realidad de la escuela inclusiva encontramos una escuela que atiende a la diversidad de todo su alumnado y a su propia realidad teniendo en cuenta la pluralidad de las mismas, viendo esta diversidad como una virtud en lugar de un problema, que hace que la labor docente sea más rica en lugar de que se entorpezca (Jenaro, Flores y Castaño, 2014). Desde esta óptica la diversidad es una oportunidad en la que todos los que participan se pueden

enriquecer de la diversidad de los demás, y las diferencias se convierten en situaciones donde aprender y conocer más la realidad que les rodea.

Pero esta situación no es fácil de conseguir. La primera reacción cuando nos enfrentamos a algo que no conocemos, y un niño o niña que tiene otra cultura o lengua lo es, es recelar, desconfiar de esa persona, incluso llegar a tener miedo. Para aceptar la diversidad, el primer paso es superar el miedo ante lo que no se conoce. El mejor tratamiento contra el miedo a lo diferente es el conocimiento. Y en las instituciones escolares es este conocimiento la herramienta perfecta para la formación y educación del alumnado.

3. PROFESORADO Y DIVERSIDAD

Los gobiernos han legislado para dar respuesta a la diversidad que se da en las aulas. Pero esa legislación se da desde una normativa que, en la mayoría de las ocasiones no acaba concretándose en actuaciones específicas. Es el profesorado el que tiene que implementarlas y hacerlas visibles. Y es éste el que une esa brecha entre lo que indica la normativa y la realidad que se encuentra en las aulas (Arroyo, 2012), tomando las medidas necesarias para hacer posible esa unión.

Para llevar a cabo esta labor el profesorado precisa la formación adecuada para unir esa normativa legislativa con las características del alumnado que le da clase. En muchas ocasiones esa formación es escasa y hay mucha distancia entre la formación teórica que ha recibido y la práctica en centros educativos de Educación Primaria (Domínguez y López, 2012), y otros niveles.

En muchas ocasiones, la actitud con que el profesorado se enfrenta a la diversidad puede marcar la diferencia entre acertar o no con la forma de que el aprendizaje sea más exitoso o no. Por ejemplo el hacer que los estudiantes se sientan que son importantes para el profesorado hace que les permita aprender de forma más efectiva (Ballesteros-Velázquez, Aguado-Odina & Malik-Liévano, 2014).

Los centros y profesorado que se sienten responsables de dar una educación real que atienda a la diversidad, sin excluir a nadie y según sus necesidades, tienen unas concepciones de la educación que Riera (2011) las concreta en las siguientes:

- Todo el alumnado debe de aprender en el seno de su comunidad, de la sociedad en la que ha crecido, de la escuela y clase que, según su edad, le corresponda.
- Se toma como base que todo el alumnado es "normal".
- Consideran que, no sólo los éxitos, sino también las dificultades y

los conflictos se ven como una oportunidad de aprender y mejorar como persona.

En la siguiente tabla podemos ver una comparación de las mentalidades con las que pueden afrontar la concepción de diversidad en el entorno escolar.

Profes sin mentalidad inclusora.	Profes con mentalidad inclusora
Exigen a los centros que pongan especialistas para que se hagan cargo del alumnado diferente.	Se hacen cargo de todo el alumnado, con sus diferencias.
Viven la actividad educativa como complicada y con resignación	La actividad educativa es una aventura apasionante, llena de retos.
Los problemas del alumnado son de éste o del entorno, nunca de la escuela.	La escuela asume como suyos los problemas del alumnado.
No se valoran o revisan las metodologías que se emplean.	Las metodologías están en constante revisión.
El aprendizaje se basa en una concepción individualista y competitivo.	Se le da mucha importancia al aspecto cooperativo del aprendizaje.
Hay una concepción de transmisión y unidireccional del aprendizaje.	Mantiene un enfoque constructivista, valorando el aprendizaje a través de la interacción entre el alumnado.

Riera (2011) nos muestra un perfil de profesorado que encajaría bien dentro de la escuela inclusora, y sus características serían:

- Valorar el afecto y el respeto al alumnado como elemento impulsor del aprendizaje.
- Tener el mejor conocimiento posible del alumnado para comprenderlo y ayudarle mejor a progresar.
- Valorar el trabajo en equipo en su aula y ser capaz de hacerlo y que sea valorado por sus propios compañeros y compañeras.
- Mantener siempre una actitud crítica y de revisión de su trabajo.
- Ser exigente pero a la vez flexible.
- Tener capacidad de observación para adelantarse a los problemas.
- Debe ser modelo y referente para su alumnado.
- Mantener una actitud activa hacia su propio reciclaje y formación.
- Ser capaz de mantener una comunicación fluida con alumnado, padres y madres y compañeros y compañeras.

4. DIFICULTADES DE APRENDIZAJE

Una de las causas más comunes de diversidad, y que se da aunque el alumnado proceda del mismo entorno socio-cultural, es el éxito con que afrontan el aprendizaje escolar. Y no sólo si tienen éxito o no, sino la forma de hacerlo. Las diferencias entre el alumnado son notables en aspectos como el tiempo en terminar las tareas, el grado de dificultad de éstas, etc., son factores que hacen se produzcan dificultades en el aprendizaje y que influyen de manera decisiva en la diversidad del grupo.

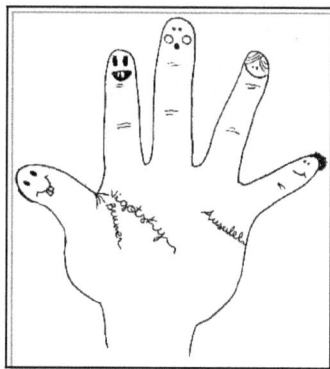

Por ello, para atender adecuadamente la diversidad es muy importante que el profesorado sea capaz de atender adecuadamente las dificultades de aprendizaje (Goenechea, 2008), por lo que su formación es muy importante y hay que darle el valor que tiene tanto en la formación inicial del profesorado como en la continua. Estas dificultades se pueden dar principalmente en el área de Lengua, de Matemáticas, de lectura, de escritura.

5. ALUMNADO CON NEAE (Necesidades de Apoyo Educativo)

En la legislación que regula el sistema educativo a nivel del estado, la LOE (Ley Orgánica de Educación) de 2006, se introduce un nuevo concepto de necesidad, el alumnado con necesidades específicas de apoyo educativo, neae.

El alumnado con neae tiene una serie de características, y dentro de este podemos incluir los siguientes tipos de alumnado (García de los R., 2010):

- Alumnado con n.e.e. (necesidades educativas especiales), entre los que se incluyen diferentes tipos y niveles de capacidades, tanto de orden físico, psíquico, cognitivo y sensorial.
- Alumnado que poseen altas capacidades, en relación a la media.
- Alumnado que necesita actuaciones de carácter compensatorio, como puede ser los de zonas especiales o marginales, relacionadas a sus condiciones socio-culturales.
- Alumnado procedente de otros países, con diferencias culturales significativas e incluso lingüísticas.
- Alumnado con incorporación tardía al sistema escolar o con periodos de ausencia en el mismo.

Para la adaptación al alumnado con neae al proceso de enseñanza-aprendizaje y poder compensar las desigualdades existentes entre el alumnado, García de los R. (2010) nos propone considerar las grandes teorías psicopedagógicas del aprendizaje para conseguir los objetivos previstos.

Estas teorías son: el Aprendizaje significativo de Ausubel; el Aprendizaje centrado en la zona de desarrollo próximo de Vigotski; el Aprendizaje que considera los conocimientos previos, y su desarrollo de forma gradual y al Aprendizaje por etapas de Bruner (manipulativa, gráfica y simbólica).

Sin duda el potencial que pueden aportar estas teorías a la diversidad educativa es muy amplio, y su puesta en práctica puede ser de gran ayuda en diferentes partes del proceso educativo.

Para saber más

Si quieres puedes profundizar un poco en cada una de las teorías mencionadas antes de los autores: Ausubel, Vigotski y Bruner.

ACTIVIDADES SUGERIDAS

1. *Después de leer los diversos conceptos de diversidad elabora una definición propia con tus palabras.*
2. *Con la información que saques del tema y con otras búsquedas que realices, haz un decálogo de cómo sería la actuación de un profesor/a que actúe bajo la mentalidad inclusiva.*

PREGUNTAS DE EVALUACIÓN

1. *Relaciona los conceptos de diversidad e inclusión.*
2. *Escribe cinco características que debería tener un profe que actúe bajo las premisas de la escuela inclusiva.*

2 LA ESCUELA INCLUSIVA: PRINCIPIOS DE ACTUACIÓN

INDICE

OBJETIVOS

Los objetivos de aprendizaje para este capítulo son los siguientes:

- Comprender el concepto y características de la escuela inclusiva.
- Acercarse a los principios de actuación que deben contemplarse en una escuela inclusiva.
- Entender el perfil de una escuela democrática
- Contemplar la diversidad como una forma de heterogeneidad.
- Asumir los principios de atención a la diversidad.

RESUMEN

El capítulo plantea el origen y las características de la escuela inclusiva. Desglosa también los principios de actuación en la misma, partiendo del perfil democrático de las escuelas y lo que esto significa para la educación. También se constata la concepción de heterogeneidad que contempla una escuela que atiende a la diversidad, frente a la homogeneidad de la misma. Habla también de cómo las ideas preconcebidas son un importante lastre para la atención a la diversidad. Y se proponen una serie de principios que deben orientar la actuación ante la diversidad.

MAPA DE CONTENIDOS

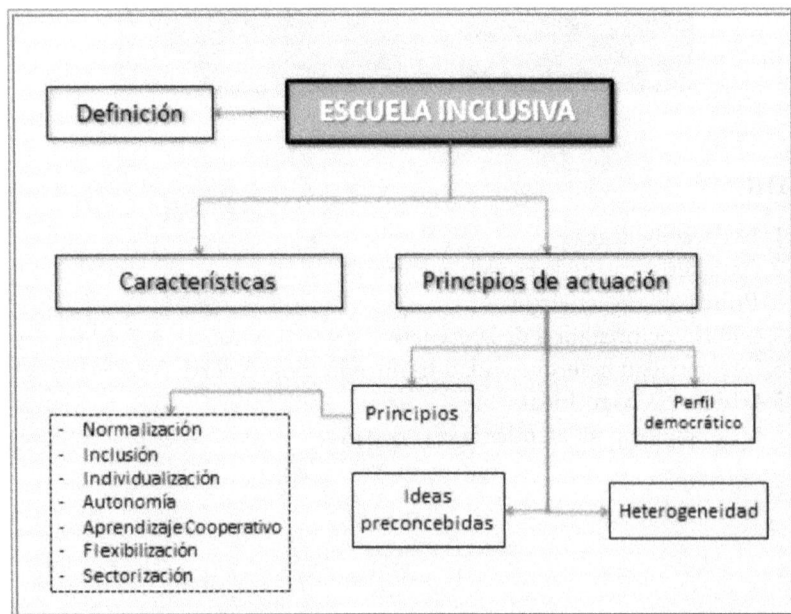

1. ESCUELA INCLUSIVA

En algunas ocasiones se asocia diversidad con necesidades educativas compensatorias, dificultades de aprendizaje, discapacidad, etc. Y no debe hacerse así, sino que se deben de considerar diverso a todo el alumnado (Parrilla, Martínez y Zabalza, 2012). Hay suficiente variabilidad entre éste alumnado para considerarlo diverso, con sus características que generan una necesaria individualización del aprendizaje.

Para Moliner, Flores y Durán (2011), las escuelas que actúan bajo el paraguas de la escuela inclusiva, tienen un potencial estratégico que le ayuden a hacer su trabajo más eficiente en su pretensión de atender a todo el alumnado, frente a las que sólo tienen una propuesta formativa.

La asistencia a centros educativos no ha sido siempre obligatoria, ni se han aceptado a todos los sujetos. En la actualidad, la asistencia de todo los alumnos a centros regulares, es un derecho, no un privilegio (Arnaiz, 2008), es más durante el proceso educativo hay que considerar diverso a todo el alumnado (Parrilla, Martínez y Zabalza, 2012), ya que en realidad no hay ninguno que sea igual a otro.

El concepto de integración quiere decir que el alumnado con necesidades especiales se integra en un aula ordinaria, dotando su actuación de los medios necesarios para el progreso de este alumnado. En cambio el concepto de inclusión, nacido en los años noventa, con vocación de sustituir al de integración, es más amplio que éste (Bisquerra, 2011) ya que hace referencia a que todo el alumnado de una comunidad aprenda junto, sin desarrollar ningún requisito de selección, porque todos se benefician de una enseñanza adaptada a sus necesidades. En este caso al sujeto no hay que integrarlo, es un miembro de pleno derecho en esa comunidad, y por lo tanto de recibir la atención educativa adecuada a sus capacidades. Está incluido como el resto del alumnado.

La ideología de la escuela inclusiva está relacionada con la llamada educación intercultural. En esta hay una implicación de toda la comunidad educativa, alumnado, profesorado, familia, todos comparten el proceso educativo desarrollando el sentido de pertenencia a una comunidad (Bisquerra, 2011). Actuaciones que requieren una reestructuración escolar que debe ser abordada institucionalmente.

2. CARACTERÍSTICAS DE LA ESCUELA INCLUSIVA

A la hora de proponer un modelo de escuela inclusiva, nos encontramos con la dificultad de que es complicado encontrar uno que se adapte a todos los contextos (Ainscow (2013). Es necesario tener en cuenta una serie de aspectos que influyen en el mismo. Ainscow nos propone una serie de aspectos a tener en cuenta a la hora de definir lo que sería necesario para caracterizar una escuela inclusiva. Estos serían:

- Definir las necesidades de la escuela inclusiva para tomar las medidas políticas y prácticas necesarias para su desarrollo.

- Tener en cuenta de que las prácticas inclusivas en el aula implican la participación de los recursos humanos que se dispongan para conseguir la plena participación y llegar al aprendizaje.

- Es también necesario planificar y coordinar la actuación entre el profesorado implicado para el uso de apoyos pedagógicos adicionales.

- A pesar de la diversidad de formas de este tipo de escuelas, todas tienen en común el uso de forma positiva de la diversidad del alumnado que hay en ellas.

El propósito de la escuela es el de respetar las diferencias que se dan entre el alumnado, y que estas diferencias no lleguen a convertirse en desigualdades. No es posible desde la escuela dar respuesta a las causas de esas diferencias, pero si se puede plantear como objetivo que esas desigualdades que se dan no interfieran, o lo hagan lo menos posible, en el proceso educativo. Hay que intentar mantener un equilibrio entre la diversidad y la necesidad de tener un currículum común, diversificando la intervención y creando las condiciones para que progrese todo el alumnado (Riera, 2011).

"… la educación vincula necesariamente calidad y equidad. La equidad como principio ético se expresa socialmente como igualdad de oportunidades; la equidad educativa significa la igualdad de oportunidades y resultados, lo que implica el máximo desarrollo del potencial de todos los estudiantes" (Ballesteros-Velázquez, Aguado-Odina & Malik-Liévano, 2014:4)

Para saber más
Igualdad-Diversidad-Equidad

La atención a la diversidad tuvo sus raíces en el principio de igualdad de oportunidades. Se pretendía conseguir esa igualdad para todos. Pero si se lleva a término de forma literal, esto es, dar a todos la misma educación, estaríamos faltando al principio de ajustar la educación a las necesidades del alumnado, a sus características. Por ello parece más razonable el cambio de término igualdad por el de equidad, que ya implica la valoración de los sujetos para ofrecerles lo que necesiten. La equidad se puede vincular con el principio de justicia "dar más al que más lo necesita". Así, el principio de equidad permite una atención a la diversidad, así como el desarrollo de una escuela inclusiva con sensibilidad para tratar las diferencias de su alumnado (Bisquerra, 2011).

Atender a la diversidad es tener en cuenta las capacidades, lo que pueden llegar a hacer, no sólo centrarse en las dificultades. Evaluando éstas tendremos el punto de partida para llevar a cabo esa atención a la diversidad, que por otra parte siempre hay que tenerla presente en cualquier actuación educativa. Por ello, no se puede atender bien a la diversidad si antes no se ha evaluado el potencial y las necesidades del alumnado al que se pretende educar.

3. PRINCIPIOS DE ACTUACIÓN

3.1. Perfil democrático de la escuela

Actualmente son muchos los países que pretenden que la escuela sea abierta, crítica, flexible, pluralista, abierta a la diversidad, un lugar democrático que potencia la persona y sociedad de diversas formas y que generalmente coinciden con los que tienen un régimen democrático (Fernández, 2009)

La educación debe estar marcada por un perfil democrático donde tenga cabida la libertad frente al autoritarismo, la igualdad frente dominación, así como la participación frente a la pasividad. En este sentido el centro educativo se convierte en el lugar de la respuesta educativa a la diversidad

La educación es cosa de todos, todo el alumnado debe tener acceso a la enseñanza, mediante aprendizajes significativos, sin que nadie se sienta excluido. Inclusión es lo contrario a segregación

3.2. Diversidad: heterogeneidad frene a homogeneidad

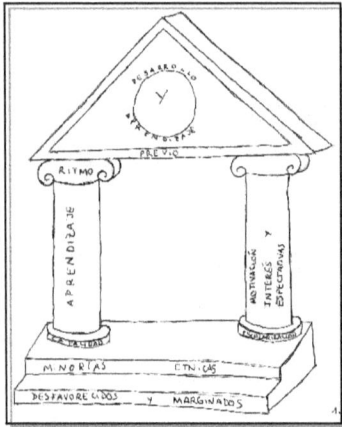

Hay muchos factores que constatan la diferencia entre el alumnado, entre ellos se encuentran los siguientes:

- *Diversidad de ritmos*: no todos asimilamos los aprendizajes en el mismo momento ni de la misma forma.
- *Diversidad de estilos de aprendizaje*: éstos varían de unos alumnos a otros.
- *Diversidad en la capacidad para aprender*: No todos los alumnos aprenden con la misma facilidad y al mismo tiempo

- *Diversidad de niveles de desarrollo y aprendizajes previos*: el alumnado parte de diferentes de conocimientos previos aprendizaje y presentan diferente madurez ante los aprendizajes.
- *Diversidad de intereses, motivaciones y expectativas*, siendo éstas diferentes de unos alumnos a otros.
- *Diversidad en la escolarización*. Algunos no han estado escolarizados y la de otros ha sido inadecuada o tardía.
- *Pertenencia a minorías étnicas*. Hace que necesiten apoyos especiales.
- *Pertenencia a grupos sociales desfavorecidos y marginales*. Minusvalías, sin recursos económicos, emigración.

3.3. Ideas preconcebidas

Los episodios de discriminación en la escuela puede tener muchas causas y orígenes, y diferentes protagonistas. En este caso comentaremos dos con los protagonistas al alumnado y al propio profesorado.

En la escuela se dan situaciones en las que aparecen nuevos estudiantes, de otras razas, de otras lenguas y costumbres. Muchas veces el alumnado genera sentimientos de rechazo ante nuevos compañeros. El rechazo a la diferencia, a la diversidad, es una reacción ante una realidad desconocida. Es un sentimiento de incertidumbre por prejuicios hacia otros que no conoce, y mantiene una concepción negativa y amenazadora, porque no lo conoce (Commins, 2003)

En algunas ocasiones se da que el profesorado tiene unas bajas expectativas sobre el alumnado que proviene de lugares o entornos desfavorecidos, lo que hace que no pongan demasiado interés en buscar estrategias para dar respuesta a la diversidad de los estudiantes, y que puedan acceder al currículum.

3.4. Principios para atender la diversidad

La respuesta a la diversidad conlleva una serie de medidas de tipo funcional, organizativo y metodológico que ayuden a la consecución del desarrollo de las máximas capacidades de todos los sujetos. Para estas medidas algunos autores como García de los R. (2010), Cantero (2010) y Riera (2011) nos propone una serie de principios o pilares en las que basarse para su desarrollo. Así, partiendo de estos autores proponemos los siguientes principios en los que basar las acciones para atender la diversidad:

- **Normalización**. Hace referencia a que se deben de integrar en el sistema educativo ordinario a todo el alumnado, y proporcionar a este una respuesta educativa en consonancia a sus necesidades. Se aceptan las diferencias de cada estudiante y se ve lo que aporta en el proceso educativo.

- **Inclusión**. Según el cual se considera la diversidad como un principio, y no como una medida especial con la que hay que dar respuesta a las necesidades de unos pocos. Todos tienen el derecho a la educación que necesiten, no es una medida especial que se adopta para algunos sujetos, es la escuela la que tiene que aportar la solución educativa más conveniente a la que tiene derecho.

- **Individualización**. Después de una evaluación de las características y necesidades de los sujetos, hay que adaptar el currículum a los diferentes niveles de los mismos, así como a la propia realidad y contexto específico para adaptar al máximo la respuesta educativa.

- **Autonomía.** También hay que potenciar al máximo la *autonomía* del alumnado, sobre todo en lo referente en que puedan aprender solos, con la menor ayuda posible.

- **Estructura cooperativa del aprendizaje**. Implementar una *estructura cooperativa* del aprendizaje, donde el alumnado se ayude mutuamente a aprender

- **Flexibilización**. Las adaptaciones que se lleven a cabo en el currículum, no deben de ser algo inamovible, sino flexible, ya que las necesidades pueden evolucionar y cambiar, por lo que un plan de seguimiento es necesario para ir valorando la evolución y adaptar el currículum en consecuencia.

- **Sectorización**. Es cuando se adapta el medio al sujeto, se prevén y detectan las necesidades, mediante el diagnóstico, valoraciones, etc.

Personas que trabajan en centros donde se tiene muy en cuenta la diversidad hacen la siguiente reflexión sobre la flexibilidad que necesita tener una educación que se basa en la diversidad.

"Los agrupamientos son flexibles y no hay barreras rígidas marcadas por la edad, el género o los "niveles". Se llevan a cabo actividades que rompen la separación en función de esos criterios y en las que estudiantes de diferentes edades, niveles y género cooperan, comparten." (Ballesteros-Velázquez, Aguado-Odina & Malik-Liévano, 2014:9)

Flexibilidad en todos los sentidos a la hora de hacer los agrupamientos y estructurar la dinámica del aula: en niveles de conocimiento, en diferentes edades,… para atender mejor a la diversidad del alumnado.

ACTIVIDADES SUGERIDAS

1. Escribe un resumen personal de las características de la escuela inclusiva.
2. Elabora dos columnas donde se especifiquen las características del perfil democrático que debe tener la escuela frente a lo contrario.
3. Haz una relación de los diversos factores que hacen que el alumnado sea diverso, y busca una imagen que lo represente, insertándola al lado.
4. De los principios para atender la diversidad pon un ejemplo real de cada uno de ellos.

PREGUNTAS DE EVALUACIÓN

1. Relaciona los conceptos de diversidad e inclusión.
2. Escribe cinco características que debería tener un profe que actúe bajo las premisas de la escuela inclusiva.
3. Escribe cuatro características educativas que hacen que ésta sea heterogénea.

3. COMUNICACIÓN EMOCIONAL Y DIVERSIDAD

INDICE

OBJETIVOS

Los objetivos de aprendizaje para este capítulo son los siguientes:

- Comprender la importancia que tiene al concepto de Expresión y comunicación emocional para la persona.
- Distinguir la diferencia entre expresión emocional e inteligencia emocional.
- Entender la importancia de la expresión y comunicación emocional en la escuela y la necesidad de establecer espacios de expresión.
- Ser conscientes de la problemática que puede generar la incomunicación emocional y como prevenir dificultades mediante la expresión y comunicación emocional.
- Distinguir los objetivos que se pueden conseguir con la expresión y comunicación emocional.

RESUMEN

El capítulo pretende incluir la expresión y comunicación emocional como una parte de la actividad académica. Para ello empieza mostrando como afecta a las personas la comunicación emocional, y también más en concreto en la escuela. Se establece una diferencia clara de la inteligencia emocional con la expresión emocional. Se muestra la necesidad de crear espacios de expresión y comunicación emocional en las aulas, y la problemática que puede darse en casos en que se radicalice la incomunicación de las emociones. También se plantea este tipo de actividad como una herramienta para prevenir dificultades, y se proponen una serie de objetivos que se pueden cumplir con esta actividad expresión y comunicación emocional, así como unas propuestas para su desarrollo.

MAPA DE CONTENIDOS

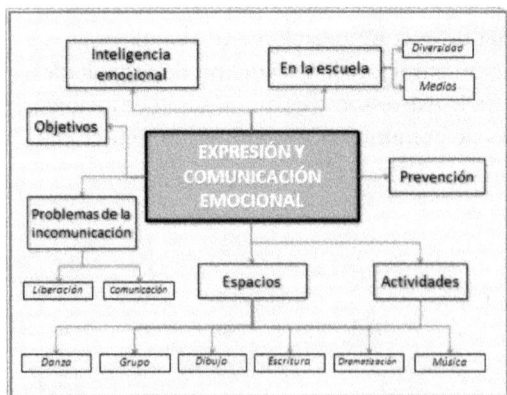

1. COMUNICACIÓN Y EXPRESIÓN EMOCIONAL

Las grandes diferencias que existen entre el alumnado en sus experiencias vitales desde que son engendrados hasta que entran en las instituciones educativas hacen que se dé una inmensa diversidad emocional, que se ha de tener en cuenta en su proceso educativo. Esta variedad de experiencias con las que el alumnado va nutriendo su estructura como ser humano hacen que la interpretación de los estímulos que les llegan del exterior esté marcada por las características propias de cada persona.

Por otra parte hay un elevado consenso en considerar la gran influencia que tienen las emociones en el aprendizaje del ser humano, así lo confirman autores como René Diestrack, Mark Greenberg, Richard Davidson, entre otros. El conocimiento o la información que emocionan son aprendidos o retenidos en la memoria con mayor rapidez y con mayor duración de la misma que aquellos otros que no emocionan y carecen de interés. Luego la emoción influye e incluso en algunos casos, puede llegar a determinar lo que aprende y las formas de aprender.

También se está de acuerdo con la idea de que la expresión de las emociones ayuda en gran media a su gestión y tratamiento por parte del sujeto que las siente. De todos es conocida la sensación de alivio y compensación emocional que siente alguien cuando comparte una intensa emoción con los demás, tanto si es positiva como negativa, e incluso cundo no recibe ninguna respuesta directa a la que se plantea.

Sólo el hecho de la propia comunicación ya supone una actividad gratificante y positiva. En las instituciones educativas se empieza a dar importancia a la educación emocional como parte fundamental de la persona y que afecta en gran medida el desarrollo cognitivo. Pero desde aquí queremos centrarnos, o darle mayor importancia , a la simple comunicación o expresión emocional. Pensamos que con las actividades en este sentido, se consiguen importantes objetivos sin la necesidad de que el sujeto tenga que ser consciente o analizar lo que está sintiendo, como es el caso de la inteligencia emocional.

Por ello la generación de espacios en la escuela para permitir la comunicación emocional del alumnado, se vislumbra como una propuesta que puede enriquecer tanto la vida personal de los estudiantes como su vida social y académica.

2. INTELIGENCIA EMOCIONAL & COMUNICACIÓN EMOCIONAL

A partir de la segunda mitad de los años noventa, con la aparición de autores como Gardner, Salovey, Mayer, Caruso, Elias, Tobias, Fiendlander, Lanteri, Bracket, etc, y en especial con la obra de Goleman *Inteligencia emocional*, cuando empieza a desarrollarse, como dice Bisquerra (2011), una revolución emocional.

La aplicación práctica de la inteligencia emocional es la educación emocional, tomando elementos de otras teorías como las inteligencias múltiples, las habilidades sociales, la autoestima, las habilidades para la vida, el bienestar, la neurociencia y la psiconeurociencia (Bisquerra, 2011).

Para saber más

Para profundizar en el tema haz un resumen de las aportaciones que hacen estos autores en relación con el tema: Gardner, Salovey, Mayer, Caruso, Elias, Tobias, Fiendlander, Lanteri, Bracket.

La educación emocional tiene como fin el conocimiento de las propias emociones, en sí mismo y en los demás, para poder comprender las emociones del otro y a la vez ser capaz de regular las emociones propias. Mejorando así la relación consigo mismo y con los demás, lo que redunda en un mejor bienestar personal y con el entorno social.

Nosotros nos centraremos en la expresión o comunicación emocional, no haremos protagonista a la gestión consciente de las emociones, sino en su expresión o comunicación a los demás, quedando esta gestión en segundo plano y su gestión inconsciente por parte del sujeto.

Desarrollando actividades de expresión o comunicación emocional en el aula conseguimos tres amplios, y fundamentales, objetivos:

1. Generar un espacio de expresión donde el alumnado pueda manifestar sus inquietudes y compartirlas con los demás, reduciendo así la tensión emocional que genera tanto la escuela como su entorno más cercano.
2. Empatizar con los compañeros y compañeras al comunicarse entre ellos lo que sienten, lo que les preocupa o interesa, generando un mejor ambiente y cohesión en el grupo.
3. Conocer por parte del profesorado lo que piensan, sienten, les preocupa, sus intereses, sus problemas, etc. lo que redunda en que pueda ayudarles mejor.

3. EXPRESIÓN EMOCIONAL EN LA ESCUELA

Las emociones están presentes en la vida de las personas, y las ponen de manifiesto en cualquier situación y circunstancia. Esto afecta también y muchas veces en gran medida al ámbito escolar. La escuela tiene una presencia y una importancia decisiva en la vida de los niños y niñas, es en ella donde tiene lugar muchos de los acontecimientos decisivos en su vida futura. Del contacto con situaciones nuevas, con experiencias impactantes, nacen emociones con diferente grado de intensidad, pero que están conformando la estructura futura de la persona.

La emoción es un proceso natural en la persona, que surge de la interacción con el entorno o de la propia vivencia interior de ciertos acontecimientos. No es malo emocionarse, al contrario, es una experiencia natural que puede tener un componente positivo o negativo , según esté originada por una circunstancia agradable o desagradable. Pero las dos forman parte del aprendizaje y necesarias para la vida.

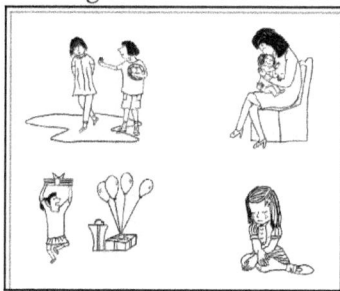

Recuérdese la defensa de la vida que suponer para un hombre cazador de la prehistoria la emoción de la lucha a vida o muerte con el animal que quería cazar. Esa intensa emoción paralela a la subida de adrenalina hacían que defendiera su vida con mayor ímpetu y vigorosidad que si fuese una tarea carente de emoción e interés.

La escuela, en su más amplio sentido, es un lugar plagado de oportunidades para sentir emociones y tener vivencias que, en muchos casos, van a perdurar mucho tiempo en la memoria de los sujetos, y las que pueden marcar la vida académica del alumnado en cualquier sentido.

Una de las expresiones de la diversidad en el alumnado es atender a sus emociones. Los temas que les gustan, lo que les motiva, lo que les preocupa, etc. son tan variados como la propia naturaleza infantil. Su diversidad es manifiesta, por ello al ocuparse de que puedan expresar y comunicar sus emociones se está contribuyendo a desarrollar esa diversidad.

Y no sólo generando espacios de comunicación emocional, para que expresen sus sentimientos y los demás los conozcan y respeten, sino también proporcionando variados medios de expresión para que todos tengan la oportunidad de sentirse cómodo con el medio que mejor se le dé expresar sus emociones y sentimientos.

Cuanto más diversas sean las formas de expresión mayor posibilidad se tiene de dar cabida a los diferentes posibles modos de comunicación emocional y atender así a la propia diversidad del aula.

4. ESPACIÓS DE EXPRESIÓN O COMUNICACIÓN EMOCIONAL

La escuela nunca se ha ocupado de educar las emociones, hasta finales del siglo pasado sus actuaciones en este sentido se limitaban a permitir que se hiciesen dibujos, concebidos estos más como un pequeño descanso para el alumnado que había acabado la tarea, que como una actividad centrada en la expresión del sujeto. O también pedirle que hiciere alguna redacción sobre algún tema de los contenidos, y en raras ocasiones que estuviese centrada en su vida, en lo que sentía.

Más recientemente ha nacido una corriente, originada por la inteligencia emocional, de educación emocional cuyo objetivo es dotar al sujeto de un conocimiento emocional que le haga entender sus propias emociones y las de sus compañeros, dándose numerosos programas al respecto, y dando por sentado que el aspecto emocional de las personas influye de manera decisivamente, en su vida, en su rendimiento, y en los niños y niñas especialmente. Para ello han proliferado los currÍculums basados en la educación emocional.

Los beneficios de expresar o comunicar las emociones son múltiples y manifiestos, tanto para la persona como para la mejora del aprendizaje. Por ello, la creación de espacios de expresión es muy importante para cubrir esta parte de la educación escolar.

A modo de ejemplo propondremos algunos espacios de expresión que podrían tener cabida en el ámbito escolar, y entre los que estarían los siguientes:

- *Comunicación emocional en grupo.* Espacios temporales para manifestar en grupo sentimientos y emociones ante unos estímulos concretos.
- *Dibujando emociones.* Oportunidades para dibujar sobre lo que se siente sobre un tema o hecho importante para el alumnado.
- *Escribiendo sentimientos.* Posibilidades de expresar por escrito aquello que se lleva dentro y sobre lo que se piensa frecuentemente.
- *Dramatizando emociones.* Poder manifestar a través de dramatizaciones sentimientos y emociones de personajes a los que se interpreta.
- *Bailando con sentimientos.* Generar tiempos para la expresión emocional a través de bailar distintos tipos de músicas.
- *Haciendo sonar una emoción.* Tener la posibilidad de expresar mediante un instrumento musical distintos estados de ánimo.

Estas actividades de expresión o comunicación emocional completan su efectividad si se comparten con los demás, si tiene la posibilidad de llegar a otras personas. El efecto sobre la autoestima puede ser muy beneficioso si su creación u opinión es compartida con demás.

Como mínimo, sus compañeros y compañeras de clase que sean testigos de sus pensamientos, opiniones o creaciones, para lo que el profesorado dispondrá los medios para que sea así. Por ejemplo, dedicando espacios en el aula a la exposición de las creaciones, generando algún medio escrito que recoja las aportaciones u opiniones del alumnado, haciendo sesiones colectivas de expresión y comunicación, organizando dramatizaciones dirigidas y con objetivos concretos, etc.

Si se hace extensivo al resto del centro, a padres y madres, e incluso a la comunidad de las creaciones, opiniones la autoestima del alumnado se verá muy reforzada, además de servir de revulsivo para continuar con la actividad y perfeccionarla con el uso de la misma.

5. EL PROBLEMA DE LA INCOMUNICACIÓN EMOCIONAL

Le emoción es un hecho personal que se vivencia en el interior y que en la mayoría de las ocasiones se manifiesta en el exterior en diversos grados, intensidades y duración, y en casi la totalidad de las veces dejando testimonio físico de la misma en forma de pálpitos, sudoración etc.

Para el hombre y la mujer, como seres sociales, existe una tendencia natural a estar en contacto con los demás, a comunicarse con ellos, a compartir sus experiencias, y la propia vida. En ese contacto, algunos de los aspectos que comparten son sus vivencias, sus opiniones, sus dudas, sus valoraciones,… en definitiva todo lo que le importa. Y con las emociones y sentimientos tiene una especial necesidad de manifestarlas y compartirlas con los demás. De hecho, cuando ocurre algún acontecimiento importante, tanto positivo como negativo, se está deseando de contarlo a otros. Y esta comunicación hace que se reduzca el grado de ansiedad con el que se percibe a veces.

Algunos acontecimientos traumáticos o vividos con mucha intensidad pierden esa importancia al comunicársela a los demás. Quién no ha experimentado cierto alivio cuando ha comunicado un problema a un amigo o amiga, aunque éste/a no le haya dado ninguna propuesta de solución. Sólo con el hecho de comunicarlo se alivia la tensión con que se vive.

En los casos en que el sujeto vive para sí esa emoción o sentimiento, sin comunicarlos a los demás, llega a magnificar de tal manera el suceso, que en ciertas ocasiones se escapa a su control, produciéndose, desde el desinterés por el aprendizaje hasta en casos extremos, riesgos para la salud, e incluso para la propia vida. Lamentablemente conocemos casos en los que adolescentes se han quitado la vida, al no poder soportar el peso de ciertos acontecimientos o pensamientos, que en muchas ocasiones se hubiese podido evitar con una comunicación, simplemente a sus propios compañeros o compañeras.

No tenemos dudas, de que la comunicación o expresión emocional, es un canal de liberación por el que se regulan las emociones (Clares-López, 2013), además de establecer un vínculo empático con el otro o el grupo con el que se comparte. Por lo que en la escuela se ha de potenciar la comunicación y expresión emocional, tanto por el propio beneficio para la persona, como por lo que supone de mejora para las condiciones en las que se produce el aprendizaje.

> **Para recordar**
> La ausencia de comunicación emocional de las personas, en especial los más pequeños, puede producir daños, a veces irreparables, tanto para su vida académica como la personal

6. COMUNICACIÓN EMOCIONAL: PREVENCION DE DIFICULTADES

Una de las causas de dificultades escolares son los conflictos emocionales quese producen en el sujeto. Conflictos que puede tener su origen en el entorno familiar o social del sujeto, o que puede producirse dentro del propio contexto educativo. Estos conflictos hacen que el sujeto, de forma consciente o inconsciente, interfiera en su tarea educativa en forma de distracciones, apatía, rechazo, etc.

Los conflictos emocionales los vive el sujeto de forma muy intensa y se convierten en muchos casos, en el centro de su actividad vital, lo que hace que interfiera, en diferentes grados, con su propia actividad académica. De esta forma el sujeto pierde su concentración en la tarea académica sufriendo diferentes grados de interrupción en este proceso.

Para ayudar a orientarle en este proceso de interacción emocional, con el que está formando su propia personalidad, ya que forma parte del mismo, se pueden desarrollar actuaciones en el seno escolar por las que paliar y encauzar estos incidentes que forman parte del propio proceso de aprendizaje y formación. Sólo con generar espacios de comunicación y expresión emocional estamos proporcionando una potente herramienta de gestión con la que ayudar a quien esos episodios que forman parte de la naturaleza humana no afecten negativamente, ni se incremente su prejuicio si no que se le da salida desde el interior de sujeto. Cuando el individuo no externaliza sus conflictos, estos pueden derivar en problemas que afectan de manera seria y perjudicial a la salud psíquica del sujeto y a su propio rendimiento académico.

Así, un aspecto que apenas se ha prestado atención en el entorno, como es la comunicación y expresión emocional, puede resolver o prevenir, en muchos casos, con el tratamiento adecuado, cuadros de dificultad escolar en diferentes grados y características. Sólo el hecho de generar ese espacio de comunicación puede generar beneficios muy significativos al sujeto.

Para saber más
Ejemplo del efecto de la comunicación emocional.
Para ilustrar lo que puede ocurrir con permitir la comunicación emocional, recordemos una anécdota en la que sólo con la propia comunicación fue suficiente para la resolución de un conflicto. Se trata de una escena habitual en un centro de primaria, situada en la hora de recreo, en la que un grupo de primero jugaban un partido, mientras su tutor contempla la escena en una valla que circundaba el patio.
Dos alumnos tuvieron un altercado y fueron de forma rápida y airada a plantear al tutor el problema que había surgido entre ellos. Al llegar a él los dos alumnos le explicaron muy azorados lo que había pasado según su punto de vista, corrigiendo al otro cuando no estaba de acuerdo con lo que decía. Mientras el maestro seguía atento la explicación de ambos pero sin mediar palabra.
Cuando los dos pensaron que ya había explicado lo suficiente el origen del conflicto desde su punto de vista se callaron continuando mirando al maestro y esperando su decisión salomónica. Éste miró a los dos durante un instante sin pronunciar palabra. Los miraba haciendo un silencio significativo y extraño. Los dos alumnos se miraron significativamente, volvieron la mirada al maestro y viendo que no había respuesta de este se

volvieron y continuaron jugando como si nada hubiera pasado.
Fue suficiente dejarlos que se hablaran, que comunicaran esa intensa emoción que estaban sintiendo para que se calmaran y siguieran haciendo su vida normal. Sólo permitiendo la comunicación y expresión emocional el problema se había resuelto.

7. OBJETIVOS DE LA EXPRESIÓN Y COMUNICACIÓN EMOCIONAL

El desarrollo de las actividades de la comunicación y expresión emocional tiene una serie de consecuencias que van a afectar a diversas áreas relacionadas con la educación de los sujetos. Globalmente podemos considerar las siguientes áreas: el propio alumnado, el grupo clase y el profesorado.

Vamos a determinar los objetivos basándonos en ésta estructura de áreas que tiene su base en las actividades de comunicación y expresión emocional desarrolladas en el contexto de un grupo. Los objetivos para estas áreas serian los siguientes (Clares-López, 2014):

Por parte del alumnado:

- Desarrollar la atención y el análisis de situaciones cotidianas por parte del alumnado.
- Permitir que afloren sentimientos y emociones del alumnado.
- Potenciar la sensibilidad ante situaciones emocionalmente significativas.
- Calmar el estado emocional del alumnado al tener la oportunidad de manifestar sus emociones y sentimientos ante diversos acontecimientos de su entorno vital.
- Reafirmar el autoconcepto.

Por parte del grupo:
- Tener un mayor conocimiento de los sentimientos y emociones de los compañeros/as.
- Mejorar el clima de clase mediante el respeto a lo que sienten y piensan los demás.
- Aumentar el conocimiento de los demás favoreciendo así un clima de convivencia en varios niveles posibles (aula, nivel, ciclo, centro).

Por parte del profesorado:
- Mejorar el conocimiento que tiene el profesorado del alumnado.
- Conocer los sentimientos y emociones del grupo clase.

- Detectar posibles situaciones problemáticas que pueden interferir en el normal desarrollo del aprendizaje del alumnado.
- Mejorar el conocimiento individual del alumnado para una mejor tutorización.

8. ACTIVIDADES DE COMUNICACIÓN Y EXPRESIÓN EMOCIONAL

Las actividades que vamos a proponer están pensadas para fomentar la comunicación y expresión emocional dentro de un grupo. las podríamos agrupar en los siguientes tipos:

- *Reconocimiento de emociones en imágenes.* Se trata de interpretar que emoción o sentimiento ve reflejada el sujeto en un rostro. Lo importante no es identificar el sentimiento concreto, sino interpretarlo y justificar esa interpretación.
- *Selección de imágenes.* Se seleccionan, de entre un grupo imágenes que representen algún sentimiento o emoción propia, alguna que represente lo que se pretenda describir. Cada imagen es una "representación" donde se proyecta el sentimiento que la persona lleva dentro y quiere transmitir. Esto da mayor libertad de comunicación al proyectar en una imagen los propios sentimientos.
- *Iniciación a la expresión emocional escrita.* Se trata de iniciarse en la búsqueda de palabras que contengan el máximo de significado de lo que se quiere transmitir o de lo que se percibe en una imagen que puede ser un sentimiento, una emoción etc.

Expresión de sentimientos y emociones a través del dibujo. Se plasma en un dibujo tanto sentimientos y emociones propias ante algo como las que percibe que está sintiendo otra persona.

- *Expresión corporal y dramatización.* Representa corporalmente y con, o sin, palabras emociones y sentimientos propios ante emociones hipotéticas o bien sentimientos y emociones específicas que se intenten transmitir. Incluiría el baile y la danza como forma de expresión.
- *Expresión a través de la música.* Ésta daría la oportunidad de expresar mediante la música emociones y sentimientos propios o ajenos usando algún instrumento musical o mediante la propia voz.

ACTIVIDADES SUGERIDAS

1. *Recopila entre tres y cinco experiencias emotivas de amigos y familiares que no hayan olvidado.*
2. *Explica con tus palabras la diferencia entre expresión y comunicación emocional e inteligencia emocional.*
3. *Busca cinco razones que justifiquen el uso como actividad en la escuela de la expresión y comunicación emocional.*
4. *Plantea tres actividades o más que se puedan hacer en una clase, del nivel que elijas, sobre expresión y comunicación emocional.*

PREGUNTAS DE EVALUACIÓN

1. *Justifica las diferencias entre inteligencia emocional y expresión emocional.*
2. *¿Qué tres grandes objetivos se consiguen al realizar actividades de expresión y comunicación emocional en un aula?.*
3. *Explica por qué se pueden prevenir dificultades mediante la realización de actividades de expresión y comunicación emocional.*

4 ÁREAS DE LA DIVERSIDAD

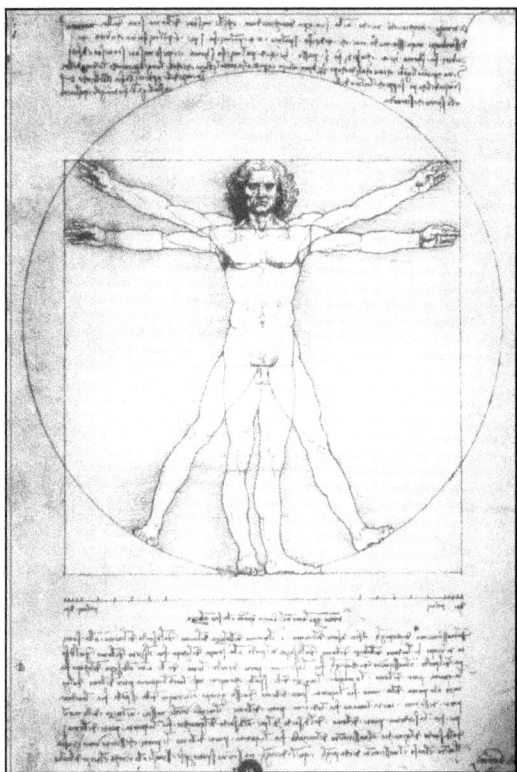

INDICE

OBJETIVOS

Los objetivos de aprendizaje para este capítulo son los siguientes:

- Asumir las diferentes áreas que pueden formar parte de la diversidad educativa.
- Conocer la diversidad derivada de la pertenencia a minorías étnicas o culturales.
- Conocer la diversidad derivada de enfermedades crónicas y hospitalizaciones.
- Conocer la diversidad derivada de la privación social y cultural.
- Conocer la diversidad derivada del maltrato infantil.

RESUMEN

Este capítulo muestra una clasificación de las diferentes áreas que forman parte de la diversidad, menos la que proviene de necesidades educativas que se tratará en el capítulo siguiente. En este se verán áreas de la diversidad provocan diversidad como las derivada de la pertenencia a minorías étnicas o culturales; la derivada de enfermedades crónicas y hospitalizaciones; la diversidad derivada de la de privación social y cultural y la diversidad derivada del maltrato infantil.

MAPA DE CONTENIDOS

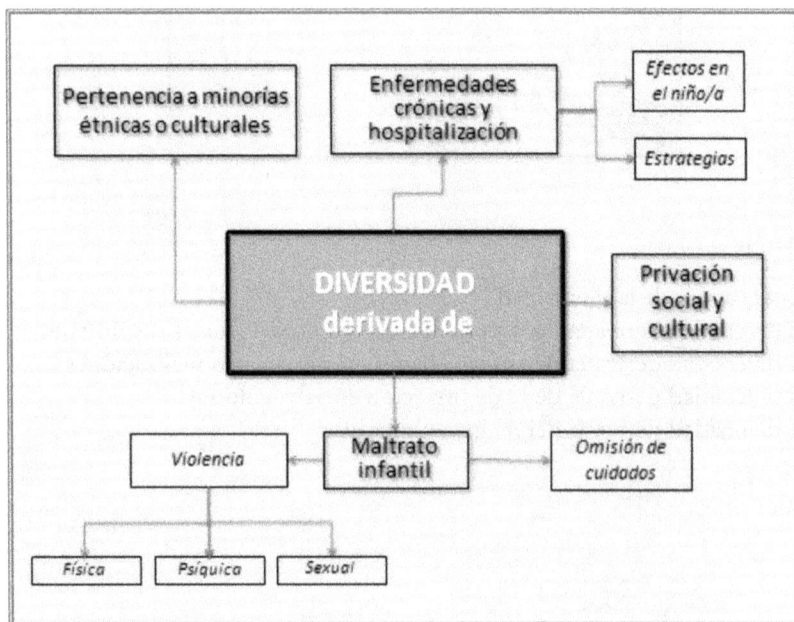

1. CLASIFICACIÓN DE LA DIVERSIDAD

El concepto de diversidad, extendido a nivel educativo a principios de los años noventa, engloba una tipología muy amplia. Díez y Huete (1997) clasifican la diversidad en tres factores diferentes: Factores *físicos*, como podrían ser el desarrollo motor, problemas visuales, auditivos, etc.; Factores *socioemocionales* como podrían ser la raza, contexto social, etc. y factores *académicos* como podrían ser el retraso madurativo, altas capacidades, etc. Por su parte Bizquerra (2011) encuentra diferencias en el género, edad, diferencias intelectuales, estilos de aprendizaje, grupos en riesgo de exclusión, ambientes desfavorecidos, minorías étnicas y culturales, minusvalías físicas psíquicas y sensoriales (Bisquerra, 2011).

Por su parte Fernández (2009) nos propone algunas diferencias a la hora de establecer las áreas de la diversidad. Nosotros nos basamos en su propuesta y la ampliamos, resumiéndola en la Figura 1.

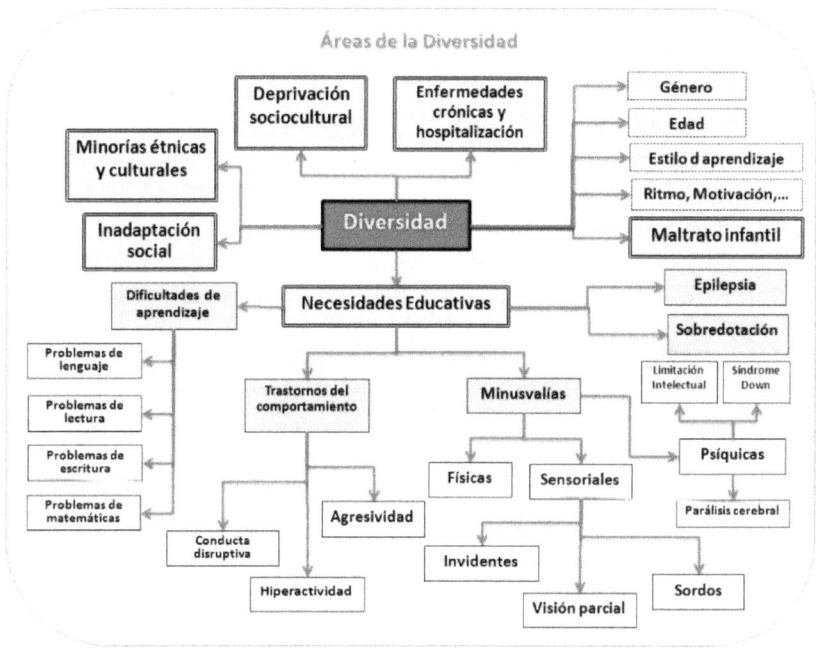

Figura 4.1. Áreas de la diversidad

La diversidad derivada de necesidades educativas, por su extensión se tratará en un capítulo aparte.

2. LA DIVERSIDAD DERIVADA DE PERTENENCIA A MINORÍAS ÉTNICAS O CULTURALES.

Son alumnos que proceden de otras culturas o etnias generalmente marginadas. Entre ellos se encuentran: los gitanos, procedentes de sectores de alta marginación, procedentes de familias de inmigrantes: norte de África, países latinoamericanos, países de Europa del Este, países de Oriente y por último hijos de familias itinerantes.

Las necesidades educativas especiales de este alumnado perteneciente a estas minorías serían:

- Respecto al patrón cultural. En el aspecto religioso hay que ser consecuente con los ritos y tradiciones que la familia quiere transmitir.
- Necesitan que se les acepten y que haya manifestaciones de afecto y cariño.
- Debe existir una buena relación entre el profesorado y la familia.
- Sería necesario adaptar el curriculum a sus necesidades, capacidades, intereses para la adquisición de los aprendizajes.
- Las condiciones socioculturales y económicas condicionan los procesos educativos de estos menores y hay que tenerlos en cuenta en las programaciones del profesorado.

3. LA DIVERSIDAD DERIVADA DE ENFERMEDADES CRÓNICAS Y HOSPITALIZACIONES.

Las enfermedades crónicas modifican el carácter y la personalidad de los niños que la padecen. Los padres se sienten muy angustiados ante las enfermedades y hospitalizaciones de sus hijos.

Los hospitales están dotados de un servicio educativo para estos niños.

La hospitalización produce a los niños angustias, frustraciones, aburrimiento. Pueden aparecer conductas de rebelión, inmadurez, depresión, ansiedad o generarles fortaleza y paciencia ante estas situaciones.

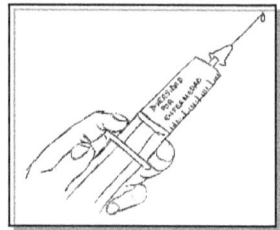

Estrategias para la atención a las necesidades educativas especiales:

- Es necesaria la coordinación con la familia para atender a las necesidades educativas, que requieren el apoyo psicológico, educativo y social.
- Será necesario la adaptación individualizada de contenidos, actividades, metodología.., para favorecer la adquisición de sus aprendizajes.

4. LA DIVERSIDAD DERIVADA DE LA DE PRIVACIÓN SOCIOCULTURAL.

Son aquellos que proceden de economías precarias, situación de desempleo, desestructuración familiar, están sometidos a malos tratos o pertenecen a grupos étnicos en situación de marginación.

Las necesidades educativas especiales del alumnado con de privación social serían:

- Necesitan adaptarse al entorno escolar.
- Se les debe presentar un modelo con el que identificarse.
- Necesitan normas pero no impuestas sino dialogadas y en las que participen ellos en su elaboración.
- Necesitan vencer estereotipaciones y dar una imagen positiva.
- Necesitan participar, saber que son alguien y que se cuenta con ellos.
- Crear ambientes adecuados en los que el niño muestre sus sentimientos y emociones, favoreciendo su autoestima
- Que la escuela se adapte a ellos.

5. LA DIVERSIDAD DERIVADA DE MALTRATO INFANTIL.

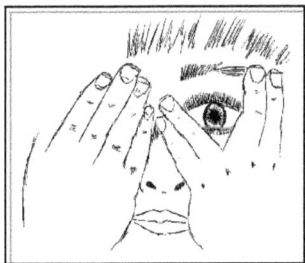

Se considera que el niño sufre maltrato infantil cuando se dan por parte de las personas o instituciones encargadas para su cuidado. Son comportamientos anómalos de violencia física, psíquica, sexual o hay omisión grave de los cuidados y alteraciones necesarias para su correcta maduración o desarrollo.

Para quienes lo padecen supone un gran sufrimiento, suelen tener retrasos cognitivos o intelectuales.

Manifiestan síntomas depresivos, tristeza, apatía ante el aprendizaje, hiperactividad y dificultades de atención.

Son alumnos que responden de forma muy positiva al afecto, al interés por ellos y a la atención.

La escuela debe ser capaz de detectar posibles casos de maltrato. Se deben presentar modelos de relación positivos y personales, favoreciendo una actitud positiva ante el aprendizaje, fomentando el trabajo en grupo, para evitar su aislamiento. Siempre se deben valorar positivamente sus progresos.

ACTIVIDADES SUGERIDAS

1. La diversidad derivada de la pertenencia a minorías étnicas o culturales.

- Busca imágenes de niños o niñas que ilustren la diversidad procedente de minorías étnicas o culturales.
- Pon las imágenes en la parte superior todas unidas, y en la parte inferior, haz un listado de las necesidades educativas de este tipo de alumnado.

2. La diversidad derivada de enfermedades crónicas y hospitalizaciones

Haz un listado de las características, personalidad, conductas,… de este alumnado y lo colocas en la parte izquierda de un cuadro. Y haz lo mismo con las estrategias educativas para atender estas necesidades y ponlo en la parte derecha. Hecho esto, une con flechas los aspectos de la izquierda con la respuesta educativa que puede paliar esta dificultad. (Puede haber más de una flecha tanto en los apartados de la primera columna como en la segunda).

3. La diversidad derivada de la de privación social y cultural

- Elige fotos que representen: economías precarias, situación de desempleo, desestructuración familiar, malos tratos, grupos étnicos de marginación. Pon el nombre en la parte baja de cada una de ellas.
- Haz un cuadro de texto con cada necesidad educativa y colócalos sobre las fotos, de manera que se permita ver las mismas.

4. La diversidad derivada del maltrato infantil.

- Haz tu propia definición de maltrato infantil, en la que se incluyan todos los aspectos del mismo.
- Elabora un listado de actuaciones escolares positivas para este tipo de alumnado.

PREGUNTAS DE EVALUACIÓN

1. *Enumera las áreas que forman parte de la diversidad.*
2. *Di dos actuaciones educativas que habría que llevar a cabo en alumnado con periodos largos de hospitalización.*
3. *Cuando podemos decir que un niño o niña está sufriendo maltrato infantil.*

5 DIVERSIDAD DERIVADA DE NECESIDADES EDUCATIVAS

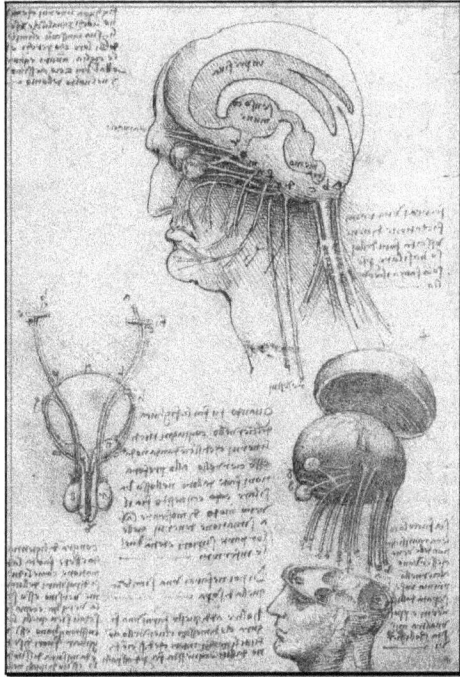

INDICE

OBJETIVOS

Los objetivos de aprendizaje para este capítulo son los siguientes:

- Conocer las áreas de la diversidad procedentes de las necesidades educativas.
- Comprender las dificultades derivadas de las distintas necesidades educativas.
- Asumir las distintas estrategias que se llevan a cabo para atender la diversidad procedente de las necesidades educativas.

RESUMEN

En este capítulo se describen las áreas de la diversidad procedentes de las necesidades educativas como son: la limitación visual, la limitación auditiva, la limitación de movilidad, la limitación intelectual, el síndrome de down, las altas capacidades para aprender, los problemas de aprendizaje, las dificultades de atención y conducta disruptiva y los trastornos graves del desarrollo. Se tratan sus características y las principales estrategias que se pueden llevar a cabo.

MAPA DE CONTENIDOS

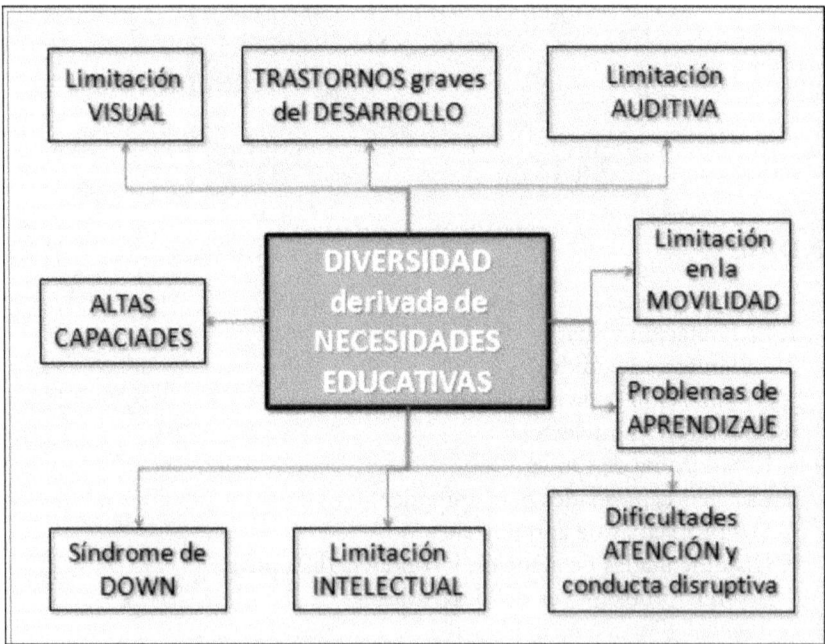

1. LA LIMITACIÓN VISUAL.

Cuando hablamos de ceguera nos referimos a la falta de visión total o un tanto por ciento muy pequeño. Entre el 75% y el 80% del alumnado con dificultades visuales presenta un resto útil de visión

Necesidades educativas especiales de este alumnado:

Necesitan de los demás sentidos para incorporase a la sociedad y relacionarse con su entorno social y cultural.

Deben desarrollar técnicas para orientarse y desplazarse en el espacio.

Adquirir hábitos de autonomía personal.

Aprender a leer y a escribir por otros métodos: táctil…

Aceptar su ceguera.

El niño ciego para aprender a leer y escribir necesita un papel de grosor especial y una regleta y una máquina Perkin. Estos alumnos se han de integrar en todas las actividades del centro, proporcionándoles la ayuda necesaria.

2. LA LIMITACIÓN AUDITIVA

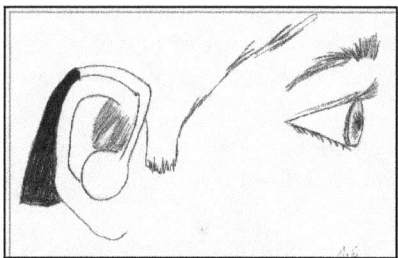

Decimos que un alumno/a tiene una deficiencia auditiva cuando tiene una pérdida o disminución auditiva en mayor o menor grado. Las necesidades educativas especiales del alumnado con déficit auditivo serían las:

- Desarrollarse cognitiva, motora, afectiva y socialmente.
- Realizar una adaptación en su aprendizaje y ser valorado positivamente.
- Relacionarse con sus compañeros y compartir el aprendizaje.
- Participar lo más posible en el curriculum ordinario.
- Aprovechar restos auditivos y otros canales.
- Intentar que su aprendizaje sea autónomo, en la medida de sus posibilidades.
- Potenciar su autoestima y autoconcepto positivo.
- Emplear un sistema lingüístico útil y mayoritario.

El profesorado dará respuesta a las necesidades educativas, mediante medidas complementarias de diferente tipo:

a) *De acceso al curriculum.*

- Hay que tener las condiciones óptimas de luminosidad y sonoridad del aula, favoreciendo su aprendizaje. Poner las mesas en forma de U para facilitar el acceso a la lectura labial y las explicaciones, dictados y lecturas…, que se harán de frente.
- Se le facilitará material necesario que favorezca su aprendizaje. Si es necesario, se empleará el lenguaje de signos o el bimodal.

b) *Ajustes curriculares:*

- Priorizar contenidos referidos a procedimientos.
- Proponer objetivos referidos a valores, normas y actitudes.
- Globalizar los contenidos en el área de lenguaje.
- Aportar contenidos referidos a la deficiencia auditiva.
- Utilizar el lenguaje de signos para los sordos y los oyentes que quieran utilizarlo.
- Realizar adaptaciones para estos alumnos para facilitarle el aprendizaje.

3. LA LIMITACIÓN DE MOVILIDAD

Este alumnado es aquel que presenta minusvalía en los miembros inferiores o superiores, con problemas de desplazamientos, de manipulación o ambos. Entre las deficiencias motóricas que nos podemos encontrar en la escuela se encuentran la parálisis cerebral, la espina bífida y la distrofia muscular

Las necesidades educativas de este alumnado las podemos agrupar en cuatro apartados:

- *Derivadas del desplazamiento.* Las dificultades para el desplazamiento varían desde aquellos en que su movilidad es nula a los que se desplazan en silla de ruedas.
- *Derivadas de la manipulación.* Encuentran dificultades en la escritura.
- *De un buen control postural.* Una buena postura es esencial para evitar malformaciones óseas.
- *De comunicación.* Sobre todo el alumnado con parálisis cerebral, con sistemas de comunicación aumentativos o alternativos.

4. LA LIMITACIÓN INTELECTUAL

El grupo con estas limitaciones es el más numeroso. En este se engloban aquel alumnado con diferentes niveles de inteligencia, con bajas capacidades para aprender. Su desarrollo cognitivo es más lento y tienen dificultades en el lenguaje. Presentan déficits de memoria y dificultad para prestar atención durante un tiempo razonable.

Entre las necesidades educativas de este alumnado destacan las

siguientes en lo referente al desarrollo cognitivo:
- Mayor cantidad de experiencias de aprendizaje.
- Proponer metodologías y actividades variadas y secuencialización de los contenidos.
- Plantear actividades que faciliten la generalización del aprendizaje.
- Controlar su impulsividad, mediante diferentes técnicas.
- Desarrollar actividades que potencien su memoria a corto y a largo plazo.
- Intentar solucionar sus problemas en la comprensión y en la expresión.
- Configurar una identidad propia que le permitan asumir los cambios físicos, sexuales y reelaboración del esquema personal.
- Desarrollar una aceptable autonomía personal y social intentando eliminar estereotipos del discapacitado.

5. EL SÍNDROME DE DOWN.

El síndrome de Down es una alteración genética caracterizada por la presencia de un cromosoma extra en el par 21.

Las necesidades educativas especiales del Síndrome de Down son:

- *Relacionadas con las características básicas.*

  Su ritmo de desarrollo es diferente en cuanto al ámbito psicomotor, cognitivo del lenguaje y social. Es conveniente una adecuada estimulación desde que el niño es pequeño e inicia la escolarización.

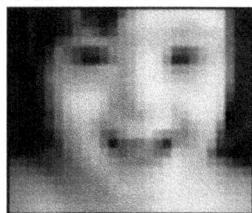

  Sus necesidades más relevantes son:
  - o La mejora de su capacidad visual y auditiva
  - o El desarrollo de las habilidades y destrezas motoras
  - o Estimular la atención y la memoria
  - o La adquisición y consolidación del lenguaje oral expresivo y compresivo

- *En relación con los ámbitos y áreas del curriculum.*
  - o Búsqueda de métodos adecuados para el aprendizaje de la lectoescritura, estímulos visuales, globalización, funcionalidad y significación de las actividades.
  - o Llegar a comprender los conceptos matemáticos y aplicarlos en la práctica en la vida cotidiana, la numeración, el cálculo y la resolución de problemas.
  - o Entender y comprender los diferentes contenidos de los diferentes ámbitos adaptados a sus características particulares.

o Es necesaria la utilización de materiales didácticos apropiados para poder llegar a comprender todos los contenidos.

o Intentar su autonomía en la alimentación, en la higiene, en el vestido y en el desenvolvimiento en el hogar.

o Desarrollar habilidades sociales que favorezcan su incorporación y participación en los diferentes grupos sociales con los que se relaciona y procurar eliminar conductas no deseadas

- *Relacionadas con el tipo de respuesta educativa y su organización:*
  o Sería necesaria la realización de una evaluación psicopedagógica de sus competencias curriculares y estilos de aprendizaje.

  o Realizar una adaptación curricular en función de sus necesidades, intereses, capacidades…

  o La asistencia al aula de la profesora de apoyo a la integración.

  o La supervisión, asistencia y cuidados por parte de la monitora de educación, si hubiera alguna alteración en su comportamiento.

6. LAS ALTAS CAPACIDADES PARA APRENDER

Las altas capacidades, como necesidad educativa, se ha descubierto cuando se ha empezado a tener en cuenta las necesidades de todo el alumnado, además de los que tenían dificultades por falta de capacidad. También en la última década se está intentando atender a otras capacidades más específicas, además de la inteligencia general. En este sentido, Gadner (1995) propone ocho tipos de inteligencias: Lingüística, musical, lógico-matemática, viso-espacial, cinético-corporal, intrapersonal, interpersonal, naturalista.

Usamos diferentes terminologías como sobredotación, talento, altas capacidades, genio, precocidad, eminencia, etc. al referirnos a personas con una capacidad especial para aprender. Vamos a contar con Castelló & Martínez (1999) y Miguel & Moya (2011) para aclarar el significado de estos conceptos.

- Así, podremos entender las *altas capacidades o sobredotación* a alguien que tiene elevados todos los recursos intelectuales. Una persona que es eficaz en cualquier tarea y sus respuestas son cualitativamente mejores. Pueden aprender cualquier materia y resuelven los problemas de forma más creativa.

- El *talento* se manifiesta porque el sujeto posee una elevada aptitud en un ámbito concreto, pero no el los demás, que pueden ser bajos.

- La *precocidad*, está relacionada con el ritmo de desarrollo, alcanzando los periodos madurativos en un tiempo más breve que los demás, aunque después se normalizan.

- El *genio*, ha creado una obra importante para la sociedad basada en su gran capacidad intelectual y a su elevada creatividad.
- Se habla de *eminencia* cuando alguien crea una obra genial sin que sea preceptivo tener un alto nivel intelectual, sino el poseer factores como la constancia, perseverancia, oportunidad, suerte, etc.

Este tipo de alumnado necesita una tipología de actividades diferenciadas. Gallego y Ventura (2007) clasificaron las estrategias usadas en el aula para trabajar las altas capacidades en las siguientes:

1. Ampliación de las unidades didácticas.
2. Enriquecimiento mediante talleres o rincones.
3. Desarrollando trabajos de ampliación por proyectos para un área.
4. Introducción contenidos que no aparecen en el currículum.
5. Desarrollar programas de enriquecimiento cognitivo.
6. Introducir programas de desarrollo personal y social.

En la actuación con alumnado con altas capacidades, Albes et al. (2013) nos proponen unos principios en los que basar la actuación educativa, que no sólo vale para este alumnado, sino también para el resto de la clase. Estos principios son:

1. *Generación del ambiente adecuado*. Un lugar en el que se haya buenas relaciones entre iguales, fomentando expectativas realistas positivas.
2. *Motivación hacia el objeto de aprendizaje*. Que los objetivos estén muy claros, y sobre todo que estén negociados con el alumnado.
3. *Promover estrategias de participación*. Que haya lugar para la opinión y las dudas, así como que esté clara la finalidad del aprendizaje.
4. *Potenciar la autonomía* en el aprendizaje y no sólo estrategias transmisoras.
5. Hacer un *uso integrado y significativo de las TIC*, que pueden ser muy motivadoras y a la vez ofrecen muchas posibilidades de trabajo y recursos.
6. Apostar por fuentes *alternativas al libro de texto*.
7. Usar *diferentes formas de expresar lo aprendido*; oral, escrito, con TIC, etc.
8. Aplicar mucha *flexibilidad* a la hora de gestionar los tiempos y espacios.
9. Priorizar la *evaluación formativa*. Es más importante el proceso, es cuando se aprende.
10. Enseñar a *que generalicen lo aprendido* a otros ámbitos de la vida fuera de la escuela, y que apliquen sus metodologías para aprender en su vida cotidiana.

Estos alumnos tienen manifestaciones destacadas o habilidades potenciales en algunas o varias de las diferentes áreas como habilidad intelectual general, aptitud académica específica. Pensamiento creativo, artes visuales o de representación, habilidades psicomotrices, liderazgo, etc. Se caracterizan por su dedicación y alto rendimiento en aquellas áreas de su interés. Las necesidades educativas de estos alumnos son:

- o Se potencian sus habilidades cuando el aprendizaje se desarrolla en clases que son dinámicas, flexibles en sus horarios y actividades y cuando participan en la planificación y evaluación de los contenidos y actividades.
- o Necesitan ser aceptados por todos los miembros de la comunidad educativa y por la sociedad
- o Realizar una adaptación en función de sus capacidades.

7. LOS PROBLEMAS DE APRENDIZAJE.

Problemas de aprendizaje son los que tienen el alumnado que no poseyendo dificultades conocidas, intelectuales, físicas, sensoriales o perceptivas, presentan carencias o errores en su aprendizaje. Las necesidades educativas del alumnado con problemas de aprendizaje:

- o Es conveniente la realización de tareas colaborativas en el grupo clase, que les ayuden en sus problemas, en cuanto a contenidos y actividades. Halagando y premiando los logros obtenidos.
- o Emplear una metodología adecuada para el desarrollo del lenguaje y trabajar adecuadamente el ámbito afectivo-emocional.
- o Enseñarle estrategias de planificación, revisión, de autorregulación, de autoinstrucción, y autorrefuerzo.
- o Desarrollar metodologías adecuadas para el aprendizaje del cálculo matemático, operaciones, problemas.
- o Realizar sesiones en las que se desarrolle la psicomotricidad.

8. LAS DIFICULTADES DE ATENCIÓN Y CONDUCTA DISRUPTIVA.

El alumnado hiperactivo se caracteriza por la imposibilidad de mantener la atención en una situación en un periodo de tiempo prolongado. Sus características principales son:

- o No termina las tareas que empieza.
- o Comete muchos errores.
- o No se centra en los juegos.
- o Muchas veces parece no escuchar cuando se le habla directamente.

o Tiene dificultades para organizarse.
o Evita las tareas que requieran esfuerzo.
o Muy a menudo pierde cosas que necesita.
o Se distrae con cualquier cosa.
o Es muy descuidado en las actividades.

Las necesidades educativas de los niños con déficit de atención por hiperactividad serían:

o Realizar actividades para focalizar y mantener la atención en clase.
o Presentación de problemas y actividades de clase de forma muy clara y estructurada.
o Proponer al alumnado que lea varias veces antes de comenzar la tarea escolar, para asegurarnos que la entienden y si es necesario leerla en voz alta.
o Prepararles para que puedan corregir sus propios errores, sin desmoralizarse.
o Desarrollar ejercicios de habilidades sociales para potenciar su adaptación.
o Fomentar su autoestima y su autocontrol.
o Establecer contratos y acuerdos de cambios de conducta, para mejorar el clima de familia y de la clase.

9. LOS TRASTORNOS GRAVES DEL DESARROLLO.

El autismo y trastornos del desarrollo no especificado. Son trastornos neurológicos que afectan a las habilidades del niño/a en cuanto a la comunicación, comprensión del lenguaje, juego y su relación con los demás. Las características del autismo son las siguientes:

o Lenguaje nulo, limitado o lo tenía y dejó de hablar.
o Ecolalia, repite lo mismo o lo que oye (frases o palabras).
o Parece sordo, no se inmuta con los sonidos.
o Obsesión por los objetos, por ejemplo, le gusta traer en la mano un montón de lápices o cepillos sin razón alguna.
o No tiene interés por los juguetes o no los usa adecuadamente.
o Apila los objetos o tiende a ponerlos en línea.
o No mira a los ojos, evita cualquier contacto visual.
o No juega ni socializa con los demás niños.
o No responde a su nombre.
o Muestra total desinterés por su entorno, no está pendiente.
o No obedece ni sigue instrucciones.
o Pide las cosas tomando la mano de alguien y dirigiéndola a lo que desea.

o   Evita el contacto físico. No le gusta que lo toquen o carguen.
o   Aleteo de manos (como si intentara volar) en forma rítmica y constante.
o   Gira o se mece sobre sí mismo.
o   Se queda quieto observando un punto como si estuviera hipnotizado.
o   Camina de puntitas (como ballet).
o   No soporta ciertos sonidos o luces (por ejemplo, la licuadora o el microondas).
o   Hiperactivo (muy inquieto) o extremo pasivo (demasiado quieto).
o   Agresividad y/o auto agresividad (se golpea a sí mismo).
o   Obsesión por el orden y la rutina, no soporta los cambios.
o   Se enoja mucho y hace rabietas sin razón aparente o porque no obtuvo algo.
o   Se ríe sin razón aparente (como si viera fantasmas).
o   Comportamiento repetitivo, es decir, tiende a repetir un patrón una y otra vez en forma constante.

Las necesidades educativas de estos niños serían las siguientes:

Relacionadas con los problemas de interacción social:

o Desarrollar comportamientos que sean socialmente aceptados.
o Aprender a relacionarse con los demás en diferentes situaciones y contextos.
o Expresar emociones y pensamientos propios.

Relacionados con los problemas comunicativos:

o Aprender a entenderse y a reaccionar a las demandas de su entorno.
o Conocer habilidades de comunicación funcional de la vida real.
o Estudiar un código comunicativo.
o Aprender a iniciar y mantener conversaciones con los demás.

Necesidades educativas especiales relacionadas con el estilo de aprendizaje:

o   Requiere un contexto educativo estructurado y directivo, donde se prioricen los contenidos funcionales y ajustados a su nivel competencial.
o   Se propiciaran situaciones educativas específicas y concretas que favorezcan la generalización de los aprendizajes.
o   Estos aprendizajes se deben desarrollar en ambientes sencillos que faciliten la percepción y comprensión adecuada de los mismos.
o   Los contextos donde se desarrollan los aprendizajes deben ser lo más naturales posibles.

o La adquisición de los aprendizajes se realizarán de forma individualizada. Aplicando diferentes tipos de actividades, para aprender y reforzar estos aprendizajes.

ACTIVIDADES SUGERIDAS

1. La diversidad derivada de la limitación visual.

Pon una imagen de un niño/a ciega en el centro y a su alrededor imágenes representativas de las necesidades educativas especiales que tienen uniéndolas con flechas a la imagen central.

2. La diversidad derivada de la limitación auditiva

- Actividad igual a la anterior, pero cambiando las imágenes por la de un sordo/a y las de sus necesidades educativas.

- A la imagen anterior, se le suma otra al lado que corresponde al profesorado, y que tenga a cada lado de la figura las dos áreas de respuestas (acceso al currículum y ajustes curriculares), con su contenido, que el profesorado debe dar ante esta situación.

3. La diversidad derivada de la limitación en la movilidad

- Busca en internet imágenes sobre la parálisis cerebral, la espina bífida y la distrofia muscular, y en lo que consisten, y pon debajo de cada imagen la descripción de la deficiencia.

- En una tabla, con dos columnas, pon en la primera las cuatro necesidades educativas que presenta el alumnado, y en la segunda columna las posibles respuestas que se pueden dar a esta necesidad. (Busca información si la necesitas para dar las respuestas)

4. La diversidad derivada de la limitación intelectual

- Escribe en un cuadro, en apartados de forma independientes, las características que del alumnado con limitación intelectual.

- De cada una de las ocho necesidades educativas del alumnado con limitación intelectual, propón varios ejemplos, de manera que tengas claro lo que quieren decir. (Busca los significados que no entiendas).

5. El Síndrome de Down.

- Haz una relación de actuaciones educativas que se pueden llevar a cabo con alumnado que tenga Síndrome de Down.

6. La diversidad derivada de altas capacidades para aprender

- Dibuja un cerebro donde se noten las diferentes partes del mismo, o usa una imagen, y escribe en las diferentes partes las habilidades y características del alumnado con altas capacidades para aprender.

- Haz un listado ordenado, según la prioridad que pienses que tienen, de todas las necesidades educativas que aparecen para este tipo de alumnado.

7. *La diversidad derivada de necesidades educativas por problemas de aprendizaje.*

- Pon entre cinco y diez ejemplos de carencias o dificultades en el aprendizaje, que se puedan presentar.

8. *La diversidad derivada de n.e. por dificultades de atención y conducta disruptiva.*

- Pinta o coge dos imágenes de un niño/a, una de ellas en la que tenga una manifiesta conducta disruptiva, y otra en la que exprese un comportamiento adecuado. Y sitúa alrededor de la primera imagen las características del alumnado con conducta disruptiva, y alrededor de la segunda las actividades que vendrían bien para este tipo de necesidades.

9. *La diversidad derivada de trastornos graves del desarrollo.*

- Lee atentamente las características del autismo y busca las imágenes que mejor creas que expresen dichas características. Pon después las imágenes haciendo un gran cuadrado, escribiendo sobre ellas una o dos palabras que definan la característica que has querido expresar con la misma. (Alguna imagen puede representar dos características). Pon a cada imagen un número.

- Haz un listado de las necesidades educativas de este alumnado, en sus diferentes áreas, y trata de asociarlas con los números de las imágenes que buscaste, intentando que la respuesta educativa se asocie a la dificultad que se manifiesta en la foto. Puede haber varias fotos a las que se asocien a una necesidad.

PREGUNTAS DE EVALUACIÓN

1. *Marca la afirmación más exacta. De alumnado con dificultades visuales tienen un resto útil de visión...*
   - a. Entre el 50% y 65 %.
   - b. Entre el 65% y 75 %.
   - c. Entre el 75% y 80 %.

2. ¿Cuáles son las principales características que tiene el alumnado con síndrome de down?

3. Explica la diferencia entre talento y genio.

6 ESTRATEGIAS PARA LA DIVERSIAD

INDICE

OBJETIVOS

Los objetivos de aprendizaje para este capítulo son los siguientes:

- Concienciar que la atención a la diversidad requiere un esfuerzo extra.
- Conocer algunas medidas ordinarias para dar respuesta a la diversidad.
- Adentrarse en la forma de aprendizaje sobre comunidades de aprendizaje.
- Aprender el uso del aprendizaje cooperativo en un contexto de escuela inclusiva.
- Conocer algunos usos de la tecnología para tratar la diversidad.

RESUMEN

En este capítulo se muestran estrategias para atender la diversidad. Lo primero es confirmar que la atención a la diversidad requiere un esfuerzo extra por parte del profesorado. Se muestran también medidas ordinarias para atender a la diversidad, así como ejemplos de como usar comunidades de aprendizaje, aprendizaje cooperativo incluso, se dan algunas propuestas de cómo usar la tecnología para ayudar en la educación en la diversidad.

MAPA DEL CONTENIDOS

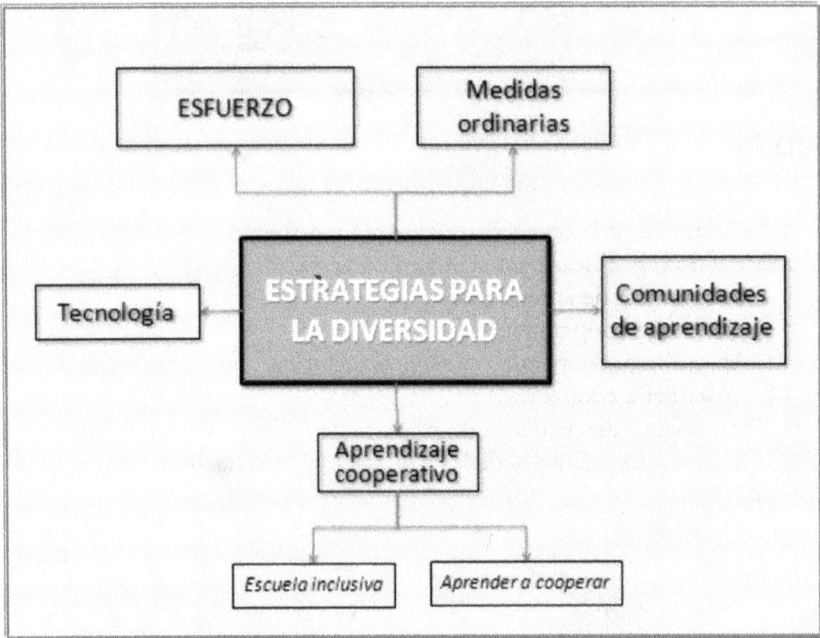

1. LA ATENCIÓN DE LA DIVERSIDAD REQUIERE UN ESFUERZO

Nadie asegura que sea sencilla de llevar a cabo la actividad de ocuparse de las diferencias del alumnado. Azorín y Arnaiz (2013) confirma en su investigación que la atención a la diversidad no es una tarea fácil, requiere establecer unos objetivos, unos horarios, unas actividades, incluso la adaptación de los niveles curriculares. Requiere, además, un compromiso como docentes. Estas actividades requieren planificación, dedicarles tiempo a organizar horarios, apoyos, etc., elaborar materiales, e incluso preparación del profesorado en muchos casos.

Parece lógico pensar que al tener en las aulas diferentes alumnos y alumnas con diferentes niveles curriculares, va a requerir el uso de un mayor número de estrategias para dar respuesta a estas diferencias (Parrilla, Martínez y Zabalza, 2012). Además, el atender las necesidades de la diversidad, requiere que las escuelas estén dotadas de recursos didácticos, medios materiales y humanos con propuestas novedosas para que la escuela responda a todos (Arnaiz, 2011).

Para saber más

Materiales para la diversidad. Azorín y Arnaiz (2013) implementan en un centro de primaria, en tercer curso, en la región de Murcia, una unidad didáctica de la asignatura de música bajo los principios del Diseño Universal para el Aprendizaje (que tiene como objetivo el que todos los estudiantes tengan las mismas oportunidades), incluyendo medidas ordinarias de atención a la diversidad.

Es importante, y evidente, que a la hora de diseñar los materiales didácticos se tenga en cuenta la diversidad de alumnado a los que van dirigidos. Así, cuando se desarrollen las propuestas de actuación, se han de contar con las características del alumnado, sus intereses, sus necesidades, en definitiva, sus diferencias (Azorín, 2014). Esta es una actuación propia de las escuelas inclusivas, que llevan a cabo los cambios organizativos y metodológicos necesarios para hacer más efectivo el aprendizaje para todo el alumnado (Moliner, Flores y Durán, 2011).

---

2. MEDIDAS ESPECÍFICAS PARA ATENDER LA DIVERSIDAD

Para establecer medias específicas de atención a la diversidad vamos a seguir a Fernández (2014), aunque dada la amplitud de su propuesta sólo vamos a esbozarla, pudiendo profundizar en su propuesta en la obra de referencia de este autor.

Así, las medidas que el citado autor propone para actuar ante la diversidad son las siguientes:

1. Adaptaciones de acceso al currículum.
2. Adaptaciones curriculares individuales significativas (ACIS).
3. Apoyo del maestro especialista para alumnos con necesidades específicas de apoyo educativo (ANEAE).
4. Programa de diversificación curricular.
5. Programa de cualificación profesional inicial.
6. Flexibilización del periodo de escolarización para alumnado que se incorpora tarde al centro educativo.
7. Programas de refuerzo específicos, como pueden ser:
   a. Programas de refuerzo de áreas o materias instrumentales básicas.
   b. Programas de refuerzo para la recuperación de los aprendizajes no adquiridos.
8. Programas o actuaciones de educación compensatoria. Programa de Refuerzo, Orientación y Apoyo (PROA).
9. Programas de educación compensatoria. Algunos ejemplos de las temáticas para estos programas serían: preescolar en casa, absentismo escolar, escuelas rurales, alumnos con déficit sociocultural, aulas hospitalarias, atención domiciliaria, atención a minorías étnicas, etc.

Cuando se habla de estrategias para atender la diversidad, a veces se piensa, que es algo muy complejo y que necesita de actuaciones muy especiales. Sin embardo, hay medidas que pueden ser más o menos ordinarias para poner en marcha la atención a la diversidad del alumnado, estas otras podrían ser (Azorín y Arnaiz, 2013):

- Aprendizaje por tareas
- Aprendizaje autónomo, autoaprendizaje
- El contrato didáctico o pedagógico
- Métodos de aprendizaje cooperativo
- Aprendizaje por proyectos
- Aprendizaje por descubrimiento, basado en problemas
- Enseñanza multinivel
- Talleres de aprendizaje
- Trabajar por rincones
- Organización de los contenidos por centros de interés
- Grupos interactivos
- Elección de materiales y actividades

- Graduación de las actividades
- Refuerzo curricular de contenidos trabajados
- Tutorías entre iguales
- Apoyo en el grupo ordinario
- Enseñanza compartida o co-enseñanza entre profesores en el aula
- Desdoblamiento del grupo
- Agrupamiento flexible del grupo
- Uso flexible de espacios y tiempos
- Redes de colaboración y coordinación del profesorado.
- Inclusión de TIC
- Estrategias que favorezcan la participación y autodeterminación del alumnado.

La mayoría de estas medidas se ponen en marcha en muchos centros, y su uso suele ser bastante común en profesorado concienciado con su tarea.

3. COMUNIDADES DE APRENDIZAJE

Las comunidades de aprendizaje tienen un gran potencial para combatir el fracaso escolar y los problemas de convivencia que se puedan dar en los centros (Ortega y Gómez, 2014).

Flecha y Puigvert (2002) entienden una comunidad de aprendizaje como un proyecto de los centros educativos mediante el que pretenden transformar éstos para responder a los conflictos que se dan en ellos, así como a luchar contra el fracaso escolar. Mediante este proyecto de cambio se intenta conseguir que ningún alumno o alumna se le estigmatice por su origen, en el amplio sentido del término: étnico, género, económico, social, etc.

El grupo interactivo va casi siempre asociado a una comunidad de aprendizaje, y es en ella donde alcanza su máxima significación (Ortega y Gómez, 2014).

Las comunidades de aprendizaje van más allá de la organización tradicional de la escuela, participando en ella toda la comunidad educativa incluyendo padres, profesorado, alumnado, asociaciones, y cualquier ente o persona que pueda tener alguna relación con la escuela (Flecha, Padrós y Puigdellívol, 2003). En ella se da una participación activa de todos los implicados tanto en la planificación, como en la ejecución o evaluación de las actividades se pretende conseguir la educación prevista, a la vez que se convierten en motores sociales y culturales de entornos con una diversidad cultural muy grande y con alto riesgo de marginalidad. Esta variedad de personas que participan enriquecen mucho el proceso educativo, tomando contacto con una diversidad social, cultural y académica muy rica y variada aumentando sus expectativas tanto de estudios como profesionales (Valls y Munté, 2010).

Se suelen hacer grupos heterogéneos, en todos los sentidos, incluido el nivel de aprendizaje, de entorno cuatro o seis alumnos, dinamizados por una persona adulta, siendo la actividad de en torno a veinte minutos. Una vez finalizada la actividad los grupos van rotando (Flecha y Puigvert, 2002).

Uno de los aspectos que definen este tipo de aprendizaje, (Puigvert y Santacruz, 2006) es que su objetivo es que aprendan todos, sin competitividad. Todos, incluyendo el propio alumnado y sus padres, quieren y ayudan para que el aprendizaje sea el máximo en los demás. Se da una clara mejora de la solidaridad. Además con este tipo de relaciones intersubjetivas, hacen que ayude a que el alumnado construya una imagen más positiva de sí mismo, a la vez que aumenten su autoestima. (Flecha y Larena, 2008).

Para saber más

Grupos interactivos y comunidades de aprendizaje. Dentro del aula los que actúan son los grupos interactivos, dándole un carácter más permeable del entono, así como democrático en un intento de superar la marginalidad. Hay una gran flexibilización del tiempo, distribución más libre y racional de los espacios, y una máxima optimización de los recursos. Éstos aumentan el aprendizaje con las interacciones entre todos los participantes, favoreciendo la relación entre iguales y potenciando el trabajo en equipo. (poner algún ejemplo)

Dos ejemplos a nivel nacional de este tipo de escuelas que forman parte de la Red de Comunidades de Aprendizaje son el CEIP Mare de Déu de Montserrat (Terrassa) y el CEIP La Paz (Albacete). También está el l CEIP Andalucía, situado en el Polígono Sur de Sevilla que desarrolló la experiencia con éxito en el curso 2006-2007. (Ortega y Gómez, 2014).

Además Ortega y Gómez (2014) nos ofrecen una valiosa información para profundizar en los grupos interactivos y las comunidades de aprendizaje como la siguiente:

- Tesis de Molina Roldán (2007) titulada *Grupos interactivos: una práctica de la comunidades de aprendizaje para la inclusión del alumnado con discapacidad.*
- Flores (2009) maestra que trabajó en escuelas con alto grado de vulnerabilidad, tanto económico como social en Chile.
- Odina, Buitrago y Alcalde (2004) que, desde el IES de Zaragoza, desarrollaron grupos interactivos en áreas tales como matemáticas, historia y geografía.
- Molina, Robles y Sánchez (2011) desarrollaron grupos interactivos

---

en el IES Virgen del Mar, en Almería.

- García de Andoin (2009) trabajó con grupos interactivos en el IES Mungia de Vizcaya.
- Píriz Collado en el 2011, trabajó con grupos interactivos en un centro público de la comunidad de Madrid

4. APRENDIZAJE COOPERATIVO
4.1. Aprendizaje cooperativo y escuela inclusiva

Vivimos en una sociedad plural, tanto a nivel sociocultural como étnico. El progreso está basado en los grupos humanos, por lo que el trabajo en equipo es fundamental como forma de estructuración de las relaciones laborales humanas. Por lo que encontramos el aprendizaje cooperativo en la escuela como un medio eficaz de entrenamiento para el futuro profesional. Ya reconocido hace bastantes años por autores como Piaget (1978), o Johnson & Johnson (1989). Esta forma de abordar el aprendizaje, proporciona soluciones a muchos de los problemas escolares dadas las características del mismo, ya que el individualismo perjudica las relaciones sociales en la escuela, se basa en la competitividad y no todos, más bien pocos, consiguen tener éxito en su tarea, resaltando las dificultades y las diferencias (Riera, 2011).

La educación inclusiva y el aprendizaje cooperativo están estrechamente relacionados, ya que al poner en marcha una aula inclusiva, necesita estructurar el aprendizaje de forma cooperativa, y además los valores que se transmiten con el aprendizaje cooperativo necesitan para su desarrollo de la filosofía de las escuelas inclusivas (Pujolás, 2012)

El aprendizaje cooperativo, no es unidireccional (profesorado → alumnado), no pretende transmitir los conocimientos, sino que tiene en cuenta las capacidades de cada sujeto para aprovecharlas y desarrollarlas en la interacción con los demás, y con el profesorado.

El aprender con los demás implica una interacción profunda con el grupo. Dicha interacción conlleva la puesta en común de conocimientos y opiniones, lo que hace que se necesiten desarrollar habilidades comunicativas para ello. Pero además se necesita reestructurar la información para comunicarla a través del lenguaje a los otros, sirviendo esta comunicación para aclarar sus ideas, darles forma, percibir errores, en definitiva construir de forma más firme su conocimiento.

El aprendizaje cooperativo permite hacer grupos más homogéneos para que sus ritmos de aprendizaje sean más próximos, además esta colaboración hace que se ayuden entre sí y resuelven en grupo la mayoría de las dudas que puedan surgirles. Pudiendo formar equipo alumnado con capacidades diferentes ocupándose cada uno de tareas adecuadas a su capacidad, desarrollando una faceta solidaria en el grupo.

Con este modelo de escuela, el papel del profesorado va perdiendo su protagonismo, para dejárselo al alumnado. Este es el que aprende, el profesorado dirige en ese proceso de aprendizaje.

ESCUELAS DE ENSEÑANZA	→	ESCUELAS DE APRENDIZAJE

El aprendizaje cooperativo es una forma de organizar el proceso de enseñanza-aprendizaje. Esta está conformada por la formación de grupos heterogéneos de pequeño tamaño. En estos grupos sus componentes intentan resolver tareas o problemas que se le ponen, o bien profundizar en algún tema, mediante su trabajo conjunto y coordinado. Una de las cosas que aportan esta forma de aprendizaje es el potencial educativo que suponen las relaciones interpersonales entre los miembros del grupo, que interactúan y se implican en el trabajo del grupo (Riera, 2011).

"La escuela, el instituto son lugares de regalos, de generosidad, pues recibimos la experiencia, el saber, la ayuda de otros. Uno de los maestros nos recuerda su gratitud hacia la maestra que le "regaló el abecedario". Se aprende compartiendo y con el ejemplo de los demás." (Ballesteros-Velázquez, Aguado-Odina & Malik-Liévano, 2014:9)

Uno de los objetivos de la educación es la formación de sujetos autónomos, para lo que hay que combinar el aprendizaje individualizado con otro de tipo más comunitario y cooperativo (Ruiz, 2004) (Serrano, Pons y Ruíz, 2007)

Para Pujolás (2012) el alumnado muestra diferentes intereses, capacidades motivaciones, culturas, origen social, etc. y el aprendizaje cooperativo es una metodología capaz de dar respuesta a la diversidad ya que favorece la aceptación, la valoración y la integración de todo el alumnado.

4.2. Aprender a cooperar

El aprendizaje cooperativo aporta un valor añadido al proceso de enseñanza-aprendizaje, éste no sólo atiende a que el alumnado interiorice los contenidos de estudio, sino que además pone de relieve la necesidad de que se haga también responsable del aprendizaje de sus compañeros, convirtiéndose en un contenido más, haciéndose realidad un principio de esta metodología, donde se coopera para aprender y se aprende a cooperar (Arnedo y Benito, 2012).

Las técnicas usadas en el aprendizaje cooperativo hacen que el papel alumnado adquieran un protagonismo importante en su propio proceso de aprender (Domingo, 2008). Este protagonismo hace que su grado de implicación en este proceso sea muy alto, con sus compañeros y con los contenidos de aprendizaje.

Algunas formas de aprendizaje cooperativo pueden ser: *Grupos de Investigación, Equipos Torneo, Puzles, Estructuras de Controversias, Aprender Juntos, Equipos de Rendimiento, Equipos de Enseñanza Individualizada Asistida, Equipos Cooperativos para la Lectura y la Comprensión.*

Requisitos para que funcione el aprendizaje colaborativo. El aprendizaje cooperativo funciona realmente cuando se hace de forma correcta y siguiendo una serie de requisitos, como los que proponen Slavin (1990) y Johnson & Johnson (1989) citados por Riera (2011), en los que también hace su aportación Domingo (2008), y que proponemos como los siguientes:

- *Interdependencia positiva.* El éxito del grupo depende de ellos mismos, de la coordinación que sean capaces de hacer. Un estudiante sólo tiene éxito si todo el grupo lo tiene.

- *Interacción cara a cara.* El trabajo del grupo debe hacerse principalmente en presencia de todos los miembros. Las situaciones de aprendizaje se resuelven con debates, argumentaciones, etc. algo positivo para desarrollar las habilidades interpersonales y autoestima.

- *Responsabilidad personal, implicación individual.* Se fomenta la autoevaluación de cada miembro para realizar el trabajo grupal. Todos los miembros han de trabajar de forma equitativa, el profesorado debe ocuparse de que es así mediante preguntas, exámenes, presentaciones al azar, etc

- *Habilidades grupales y relaciones interpersonales.* Se desarrollan estas habilidades por la necesidad de aprender a esperar turno, negociar, exponer puntos de vista, saber compartir, etc.

- *Autoevaluación grupal, reflexión sobre el propio trabajo.* El grupo reflexionará sobre el proceso que han seguido para hacer el trabajo y compartirlo entre ellos, sus compañeros y el profesorado. Dentro de cada grupo han de responder a las preguntas: ¿qué hizo cada miembro que sirviera para el grupo?, ¿qué puede hacer cada uno para que el grupo mejore?

- *Igualdad de oportunidades.* Todos los miembros del grupo deben tener oportunidades de participar en la medida de sus capacidades y disfrutar del éxito colectivo por haber aportado su parte.

- *Habilidades cooperativas.* Como la capacidad de liderazgo, de comunicación, de empatía, de resolución de conflictos, etc.

5. TECNOOGÍA Y DIVERSIDAD

Habar de tecnología y educación supera con creces lo pretendido con este trabajo. Estamos en un momento donde la investigación del uso de las TIC en Educación es uno de los sectores más trabajados, por no decir el que más. Una de sus manifestaciones, las redes sociales, pueden aportar muchos beneficios a la educación. Entre estos beneficios podemos encontrar el aumento del compromiso de los estudiantes, poder compartir tareas, ideas, dudas y soluciones, el aumento del sentimiento de pertenencia a un grupo así como poder compartir con expertos temas de interés para ellos (Pérez, Maeso, Ezkerro & Otaduy, 2012).

Torras (2013) ha desarrollado una investigación sobre el uso de las TIC para el aprendizaje del inglés como medio para atender a la diversidad, con unos resultado positivos y la recomendación de que se usen por las posibilidades educativas que tiene, entre ellas la que le permiten *hacer*, y no sólo *ver* y *oír*.

Las TIC están transformando la educación, la funciones que están cumpliendo las comentan Majó y Marquès (2002), para ellos las funciones educativas de las TIC pueden aportar al proceso educativo son las siguientes:

- Canal de comunicación interpersonal;
- Fuente de datos e información muy potente;
- Medio de expresión y creación multimedia;
- Medio didáctico;
- Medio lúdico;
- Los *mass media* y TIC producen aprendizajes significativos.

5.1. Algunas posibilidades de las TIC para la diversidad

Cabero y Córdoba (2009) nos proporcionan una serie de posibilidades que pueden proporcionar las TIC para ayudar a responder a los retos que plantea la atención a la diversidad en las aulas, y serían:

- Posibilitan una educación más personalizada, permitiendo aprender al ritmo de cada uno.
- Ayudar a mejorar las comunicaciones entre el alumnado.
- Fomentan la autonomía del propio alumnado al permitir hacer tareas sin ayuda externa, o con poca ayuda.
- Pueden ayudar a superar dificultades derivadas de alguna discapacidad.
- Se reduce el tiempo de aprendizaje al estar más motivados con la actividad.
- Permiten que el aprendizaje sea más significativo al aprender haciendo.
- La retroalimentación es inmediata.

Para saber más

Algunos proyectos de TIC y diversidad. El proyecto *Aprender*, nace en el 2003 con el apoyo del Ministerio de Educación y Ciencia para dar respuesta al alumnado con necesidades educativas especiales mediante el diseño de actividades multimedia de tipo interactivo, como complemento a las actividades de clase, con el objetivo de desarrollar las diversas capacidades de este alumnado, como pueden ser las afectivas, físicas, cognitivas y comunicativas.

El proyecto Shere Rom a l'Escola, se inició en el 1998 que contó con el apoyo del Departamento de Educación de la Generalitat de Catalunya y la Diputación de Barcelona, crea comunidades de aprendizaje a través de las tecnologías en escuelas públicas, centrándose en alumnado perteneciente a minorías y grupos de exclusión social. Esta red da posibilidad de compartir los proyectos que llevan en cada escuela, y que tiene como objetivo la inclusión de alumnado en riesgo de exclusión, mediante la consideración de sus motivaciones, ritmo y estilo de aprendizaje.

Casado Lezcano y Delgado (2014) han realizado un estudio en la universidad de Burgos, sobre la valoración que hacen 35 estudiantes de segundo de pedagogía sobre el uso educativo de la red social twitter así como herramienta de búsqueda de recursos para la atención a la diversidad.

ACTIVIDADES SUGERIDAS

1. Haz un listado con las tareas extras que requiere la puesta en marcha de una educación que contemple la diversidad.
2. Elige cinco medias ordinarias para atender la diversidad y explica cómo las llevarías en la práctica.
3. Explica cómo plantearías en clase una actividad basada en el aprendizaje cooperativo.
4. Desarrolla una actividad basada en el uso de la tecnología que atienda a la diversidad y que permita una educación más personalizada.

PREGUNTAS DE EVALUACIÓN

1. De los diferentes autores que hablan de comunidades de aprendizaje, explica la que te haya parecido mejor.
3. El aprendizaje cooperativo hace que el sujeto tenga un alto grado de protagonismo lo que puede hacer que…
   a. Su grado de implicación sea muy alto con compañeros, y contenidos.
   b. Su responsabilidad pueda estar por encima de sus posibilidades.
   c. Su nivel de conocimientos no satisfaga los requerimientos mínimos.
4. Enumera los requisitos que son necesarios para que el aprendizaje cooperativo funcione.

PARTE B INNOVACIÓN E INTERVENCIÓN

7 APROXIMACIÓN A LA INNOVACIÓN EDUCATIVA

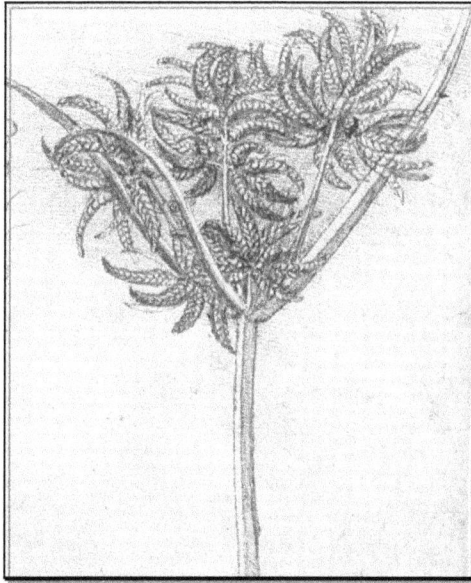

INDICE

OBJETIVOS

Los objetivos de aprendizaje para este capítulo son los siguientes:

- Introducir el concepto de innovación y sus posibilidades.
- Incidir en las actuaciones que no se consideran innovación.
- Dejar claro cuándo una actuación se considera innovación.

RESUMEN

En este capítulo se introduce el concepto de innovación. Se hace una descripción de cuándo una actuación no se considera que es una innovación, ya que todo lo que hace no se puede decir que sea innovación. En la última parte del capítulo se aclara lo que se puede decir que es una actuación educativa de carácter innovador.

MAPA DE CONTENIDOS

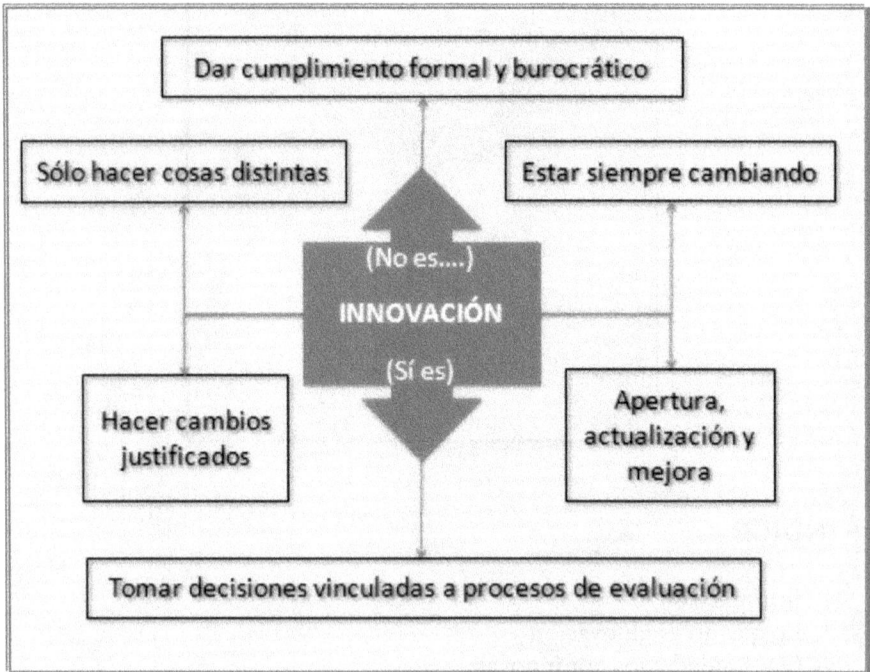

1. INTRODUCCIÓN

Vamos a ofrecer una panorámica del concepto de innovación, por estar muy relacionado con las TIC, así, podremos ver que con el mero hecho de usar TIC no estamos haciendo innovación y que el cambio por el cambio tampoco es innovación.

Para ello vamos a tomar de base la aportación que hace Zabalza (2000)[1] por encontrarla bastante completa y clarificadora de este concepto así como situar lo que llamamos innovación en su justo término, sin semantizaciones que hacen que su significado alcance o se proyecte a otros significados.

En las siguientes tablas vemos, a modo de resumen, los contenidos que se tratarán en los siguientes apuntes.

Innovar no es...	Innovar es...
Sólo hacer cosas distintas	Introducir cambios justificados
Estar siempre cambiando	Apertura, actualización y mejora
Dar cumplimento formal y burocrático	Tomar decisiones vinculadas a procesos de evaluación
Todo	

Condiciones elementales para que se dé la innovación...	Recursos básicos para la innovación
Practicidad	Estructura
Combinación de componentes doctrinales, personales, organizativos y culturales	Información
Cierto nivel de formalización	Evaluación
Debe llevarnos al cambio (cosas, personas, instituciones)	Formación
Se ha de incorporar al currículum	

Contradicciones de la innovación	Problemas de la innovación
Dimensión personal y dimensión	Dificultad de legitimación

---

[1] Zabalza, M.A. (2000) Innovación en la enseñanza como mejora de los procesos y resultados de los aprendizajes: condiciones y dilemas. En: Estebaraz, A. *Construyendo el cambio: perspectivas y propuestas de innovación educativa.* Sevilla: Secretariado de publicaciones de la Universidad de Sevilla.

técnica	
Currículum oficial y originalidad	Enquistamiento
Autonomía y control	Fagocitación
Contenidos, procesos y resultados	Entre lo personal y lo colectivo
Punto de la perspectiva	

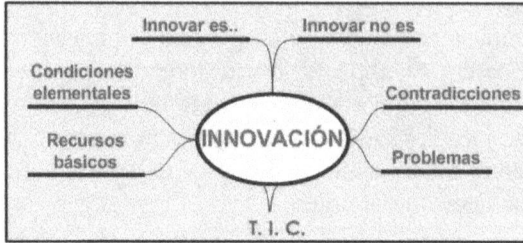

Figura 7.1. Ámbitos a estudiar de la innovación

2. LO QUE NO ES INNOVACIÓN

Innovar no es...
Sólo hacer cosas distintas
Estar siempre cambiando
Dar cumplimento formal y burocrático
Todo

Antes de empezar a definir lo que es innovación hemos de tener claro lo que no consideramos innovación. Podemos decir que *innovar no es sólo hacer cosas distintas*. No podemos referirnos a algo como que es innovador si sólo plantea hacer algo distinto de lo que se está haciendo sencillamente. Para poder calificarlo así debe además hacer algo mejor lo que antes se hacía.

Muchas veces confundimos innovar con cambiar. *Innovar no es estar siempre cambiando*, si lo que se valora o se pretende es el cambio por el cambio. Lo importante es introducir procesos innovadores que vayan afianzando unas prácticas que nos aporten una mejora en la calidad de lo que estamos haciendo.

Algunas veces llevamos a cabo cambios que están promovidos por las administraciones educativas, principalmente, con el objetivo, en muchos casos de mejorar procesos administrativos. Pero *innovar no es cumplimentar formal y*

burocráticamente requerimientos de la administración educativa. A lo sumo podríamos llamarlas innovaciones burocráticas. Estas suelen darse en ámbitos más formales como pueden ser en nuevos órganos gestores, formalización de reuniones, etc. que en la mayor parte de los casos no suponen una mejora en la calidad de la práctica educativa. Un ejemplo lo podemos tener en los proyectos de centro, que nacieron como una posibilidad de que los centros pudiesen adoptar libremente y después aparecieron como una exigencia administrativa, relegándose a un papel totalmente burocrático.

Por otra parte, cuando hablamos de innovación educativa no podemos incluir en ésta a todos los elementos del sistema, ya que la *innovación no lo es todo*. Al hablar de innovación hemos de distinguir conceptos como *educación innovadora, profesorado innovador, centros innovadores, programas innovadores*. La cualidad innovador matiza los otros sustantivos (profesorado, centros, programas, etc.) que son lo fundamental de cualquier proceso innovador.

Al hablar de profesorado innovador, realzamos en primer lugar al profesorado, y de forma complementaria la innovación. Lo primero que hemos de atender es que el profesorado sea *profesor*, si además es innovador, genial. Hay muchos y muy buenos profesores que no se inclinan fácilmente por llevar a cabo experiencias innovadoras, y por ello no tienen que ser *malos profesores*. El buen profesor desarrolla su labor con responsabilidad, dedicación y conocimiento de lo que está haciendo. La innovación es algo que hay que añadirle, y no queremos quitarle su importancia, que la tiene.

Este razonamiento no es aliarse con el inmovilismo o la desestimación de la propia innovación. De él podemos extraer unas consecuencias importantes para la concepción que estamos desarrollando de la innovación.

- No podemos identificar innovación con *buenos profesores*, y al profesor innovador como el buen profesor, ya que corremos el riesgo de tildar al profesorado que no sea innovador como *mal profesor*, y esto no tiene por qué ser así.

- No podemos afirmar que cualquier innovación nos va a dar respuesta a los problemas que nos plantea la educación. Los procesos innovadores también pueden fallar, y el profesorado que los lleva a cabo también. Cuanto más rígidas sean las posturas, más complicado es llegar a un consenso entre los posibles participantes, y por ende, más complicado que la innovación sea llevada a cabo de forma colectiva.

- La etiqueta de *innovador* no debe hacernos perder la cuenta de que lo importante es *ser profesor* primero. Que no nos confundan con el adjetivo de *innovador* y luego no cumplan con la premisa primera, la de ser un buen profesor.

- Hemos de aceptar el hecho de que cualquier proceso de cambio puede ser vivido de forma diferente por personas diferentes. Y que haya profesorado que no vea tan claro participar en esos cambios. Que el respeto y la aceptación de otros puntos de vista puede facilitar en el futuro su incorporación al proceso, si resulta ser positivo, más que si se producen descalificaciones por no adherirse a la causa.

Así, estamos abogando por una defensa de una perspectiva tranquila y constructiva de la innovación, y no permitir que esta se convierta en un elemento de ruptura institucional e incluso incomunicación entre el profesorado de un centro.

3. QUÉ ENTENDEMOS POR INNOVAR

Innovar es...
Introducir cambios justificados
Apertura, actualización y mejora
Tomar decisiones vinculadas a procesos de evaluación

Podemos decir que ***innovar es introducir cambios justificados*** en un proceso, haciendo hincapié en que estén justificados esos cambios más que en el propio proceso.

Hay tres condiciones importantes en el ejercicio profesional que están muy relacionadas con la innovación, como son la *apertura*, la *actualización* y la *mejora*.

El que el profesional mantenga una actitud de **apertura**, es importante en cuanto se opone a rutina, a anquilosamiento de actitudes, de conocimientos, de destrezas, de recursos a utilizar, etc. Esta apertura se entiende como flexibilidad, capacidad de adaptarse, etc. Cualquier innovación que se plantee de forma rígida, que esté demasiado acabada, cerrada, y que priorice el *compromiso activo* por parte del profesorado y su fidelidad al proyecto, es muy posible que no sea una buena innovación, especialmente porque no genera una cultura de innovación dentro del centro.

Siempre que introducimos nuevas formas de actuar, hemos de **actualizarnos**, de ponernos al día en sistemas de enseñanza, en recursos a

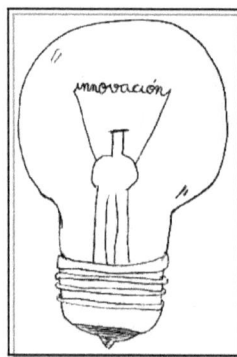

usar, etc. Entendemos actualización como opuesto a estancamiento, incapacidad de evolucionar, desconocimiento del progreso profesional.

Uno de los principios de la innovación es la *mejora de la calidad*. Por ello hay que tener en cuenta y evaluar pertinentemente los cambios que suceden, para asegurarse de que se está mejorando las cosas, no empeorándolas. Por ello hay que preguntarse, en lugar de lo que tiene de nuevo la innovación, las mejoras que produce en los procesos con respecto a la situación de partida.

La innovación siempre hay que *vincularla desde el principio a los procesos de evaluación*. Cuando queremos cambiar algo, tenemos que asegurarnos de que no funciona bien, y por ello es necesario que lo evaluemos. Es un buen principio el tomar decisiones basadas en datos que se hayan obtenido. Y no sólo el comienzo, cualquier proceso de cambio es necesario acompañarlo de un sistema de documentación, hacer las supervisiones adecuadas y las evaluaciones pertinentes. Evaluación que será también al final para determinar si los cambios llevados a efecto han dado los resultados esperados, o reajustar los procesos que sean necesarios.

ACTIVIDADES SUGERIDAS

1. Pon ejemplos de las cosas que no son innovar.

Innovar no es...	Ejemplos
Sólo hacer cosas distintas	
Estar siempre cambiando	
Dar cumplimento formal y burocrático	

2. Pon ejemplos de las cosas que son innovar.

Innovar es...	Ejemplos
Introducir cambios justificados	
Apertura, actualización y mejora	
Tomar decisiones vinculadas a procesos de evaluación	

PREGUNTAS DE EVALUACIÓN

1   De las siguientes afirmaciones marca la que sea más correcta al afirmar que una actividad sea innovadora.

a. Hacer un cambio innovador en una actividad.

    b. Responder a un requerimiento innovador de la autoridad educativa.

    c. Desarrollar una actividad nueva que nos lleve al cambio.

2   Desde el concepto de innovación, explica lo que significa tomar decisiones vinculadas a procesos de cambio.

8 NECESIDADES PARA LA INNOVACIÓN

INDICE

OBJETIVOS

Los objetivos de aprendizaje para este capítulo son los siguientes:

- Conocer quiénes son los agentes de la innovación educativa.
- Saber lo que es necesario para poder llevar a cabo una innovación en educación.
- Tener claro los recursos básicos para poder llevar a cabo la innovación educativa.

RESUMEN

En este capítulo se explica quiénes son los participantes en una innovación educativa. Se explica lo que se necesita para innovar, que en este caso es que tenga cierto nivel de practicidad, que formen parte del mismo componente de tipo doctrinal, personal, organizativo y cultural, que tenga un cierto grado de formalización, que tenga como fin el cambiar las cosas y esté previsto su inclusión en el currículum. Se explica también los recursos que son necesarios para llevar a cabo una innovación, como serían: contar con la estructura del centro, difundir la información de la innovación, hacer la evaluación de la propia innovación y que esté contemplada la formación de los participantes en la innovación si fuese necesario.

MAPA DE CONTENIDOS

1. AGENTES DE LA INNOVACIÓN EDUCATIVA

La innovación educativa hace una serie de aportaciones a la investigación que la hacen de mayor calidad e impacto en la práctica docente, de donde se derivan tres consideraciones que serían:

1. Ampliar la revisión de la literatura, no sólo al desarrollo de la investigación sino también a las temáticas de las innovaciones desarrolladas.

2. Se hace necesario reconsiderar el papel de los docentes en la investigación educativa. Pueden y deben tener un papel fundamental en la investigación, no sólo como "ayudantes" de los investigadores, sino dándoles un papel más activo creando equipos mixtos de investigadores y docentes.

3. Se replantean las metodologías de investigación, considerando que cualquier forma de aproximación a investigación será válida si se cumplen unos compromisos éticos y unos mínimos de calidad, ya que los diferentes enfoques pueden aportar la generación de conocimiento educativo y mejora de su calidad.

Así, teoría y práctica adoptan una nueva estrategia de colaboración conjunta donde el conocimiento se desarrolla en ambos sentidos: de investigación para la innovación y de la innovación para la investigación, formándose un punto de encuentro entre la investigación y la práctica.

2. ¿QUÉ SE NECESITA PARA INNOVAR?

Condiciones elementales para que se dé la innovación…
Practicidad
Combinación de componentes doctrinales, personales, organizativos y culturales
Cierto nivel de formalización
Debe llevarnos al cambio (cosas, personas, instituciones)
Se han de incorporar al currículum

2.1. Practicidad

Siempre se considera que una buena innovación tiene unos altos índices de *practicidad*, entendida, por una parte como algo *viable*, que es susceptible de llevarlo a la práctica, que no son utopías imposibles de poder implementarlas por falta de recursos de cualquier tipo.

De otra parte decimos que entendemos la practicidad como el tener *acceso a productos prácticos*. Ya que en muchas ocasiones las propuestas se quedan sobre el papel, o en palabras, e incluso en algunas acciones aisladas que no tienen un producto final.

2.2. Componentes doctrinales, personales, organizativos y culturales

No se daría la innovación si no hubiese profesorado que la llevase a efecto, como tampoco se daría, al menos de forma muy restringida, si no hubiese un contexto donde se organiza. Así, en las innovaciones se produce una *combinación de componentes doctrinales, personales, organizativos y culturales*. De esta manera, cuando un profesor o grupo decide innovar, esto pasa de afectar a ese profesorado a afectar a todo el centro. Detrás de cualquier actividad que se lleve a efecto, siempre hay detrás recursos de tipo organizativo.

No hay innovaciones sin profesorado innovador, como tampoco las hay sin recursos o condiciones organizativas que las hagan posibles. También es complicado que avance una innovación si no se desprende de la misma una cierta *cultura* del contexto en la que se preocupa de la calidad del proceso educativo. En una cultura eminentemente conservadora, inmovilista, resultaría difícil que prosperara un esfuerzo innovador.

2.3. Formalización

Creo que estamos de acuerdo en que cualquier actuación o iniciativa que se lleve a efecto debe incorporar *un proyecto que lo describa y pormenorice,* aunque sea de forma breve. Es necesario un mínimo nivel de formalismo, y hasta donde se pueda describir. Y esto es importante llevarlo a cabo por varias razones:

- En primer lugar porque nos obliga a tener que reflexionar sobre el proyecto antes de ponerlo en marcha. Así tendremos una visión más global de todo el proceso.
- También porque cualquier documento que escribamos convierte al proyecto en algo público, algo que se comparte con mucha gente. Esto hace que esté sujeto a críticas, sugerencias y a propuestas de mejora, que nos pueden servir para ajustar más el proyecto y poder compartirlo con más personas.
- El tener lo que vamos a hacer nos ayudará a confirmar la coherencia del proyecto, así como la viabilidad del mismo.

- Además de lo anterior, al tener lo que vamos a hacer por escrito, se convierte en un compromiso público y formal sobre la actividad que proponemos hacer.
- Si forman parte varias instancias del proyecto, al ponerlo por escrito hay un compromiso público de las responsabilidades de los que participan en el mismo.
- La existencia de algo escrito, no debe de entenderse como algo inamovible y rígido, ni que tenga que describir minuciosamente aquello que se va a llevar a cabo. Es más bien un punto de partida donde empezar a trabajar.

2.4. El fin será el cambio

Las innovaciones son tales porque incorporan nuevas formas de actuar, de pensar, recursos, estructuras, etc. por eso, una innovación debe llevarnos a *cambiar cosas, personas, e incluso la institución* donde se produce. Cuando hablamos de cambios en las personas, nos referimos a cambios en el alumnado, profesorado, y otros como padres, directivos, responsables de la administración, o cualquier profesional que esté implicado en el proceso.

Una innovación es importante cuando, no sólo hace sosas distintas, sino que también piensa de forma distinta, hace valoraciones distintas, amplía las perspectivas profesionales, las actitudes que tenemos, lo que conocemos de los procesos, etc.

2.5. Inclusión en el currículum

Para que una innovación no resulte marginal, no tenga apenas ningún impacto, no tenga sólo sentido en sí misma, no sea una experiencia estanca, debe de estar incorporada en el horario escolar, dentro de la planificación anual y de la organización del curso, y lo que es más importante *debe estar incluida en el currículum*. Si no se hace así, podrá ser una cosa muy interesante, pero no dejará de ser una actividad puntual e inconexa.

Para que una innovación se consolide y sea considerada provechosa, ha de estar incorporada al proyecto educativo y estar dentro de su oferta formativa. De esta forma no sólo es responsabilidad del que la lleva a cabo, sino que es la institución la que se compromete en su desarrollo y la garante de la continuidad del mismo como del resto del currículum.

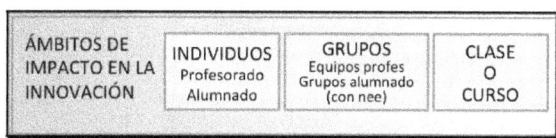

ÁMBITOS DE IMPACTO EN LA INNOVACIÓN	INDIVIDUOS Profesorado Alumnado	GRUPOS Equipos profes Grupos alumnado (con nee)	CLASE O CURSO

Figura 8.1. Ámbitos de impacto en la innovación

Los ámbitos de actuación donde la innovación puede ejercer su impacto se encuentran recogidos en la anterior figura.

Las innovaciones son más interesantes cuanto más amplio es su abanico e influencia. En algunos casos, su impacto va más allá de su ámbito de influencia en la propia institución traspasando sus fronteras y calando en el entorno social.

En cuanto al tiempo de duración de las innovaciones, las consideradas buenas innovaciones nacen como experiencias limitadas en el tiempo, para convertirse en algo habitual. Cuanto más tiempo se consideren como algo extraordinario, menos posibilidades tienen de convertirse en una innovación que se extienda, y por lo tanto no durará, ya que lo más importante de una innovación es su integración en la dinámica ordinaria de los centros.

3. RECURSOS BÁSICOS PARA LA INNOVACIÓN

Recursos básicos para la innovación
Estructura
Información
Evaluación
Formación

3.1. Estructura del centro

Para poder llevar a cabo una innovación, es necesario, en la mayoría de las ocasiones, modificar la estructura del centro escolar introduciendo pequeños cambios en la organización y funcionamiento del mismo.

Para que un programa sobreviva es necesaria la labor de coordinación del mismo, esto sería lo que se haría cargo del seguimiento de la iniciativa, así como de apoyar en la resolución de las dificultades que puedan sobrevenir.

Además de la estructura que se crea para la innovación en concreto, hay algunos componentes en la estructura organizativa de un centro que pueden tener gran influencia en el proyecto, y es necesario tener en cuenta. Nos estamos refiriendo a aspectos como *liderazgo, estructuras de coordinación, cultura institucional, clima de relaciones personales,...*

3.2. Difusión de la información

La información de una innovación es muy importante, sobre todo en las primeras fases cuando se da a conocer la misma. Es necesario hacer un buen número de reuniones para que todo el mundo se entere, especialmente los que no participen, para que se animen a hacerlo.

Estas explicaciones iniciales, a veces son algo molestas por el tiempo que

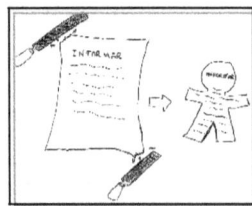

se pierde explicando, y se hacen bastante lentas, pero hay que asegurarse de que todo el mundo conoce la propuesta.

Durante este proceso se resuelven dudas, se discuten cuestiones, y se va perfilando aún más el proyecto, a la vez que nos permite aportar sugerencias de otros compañeros, y limar problemas que no se habían percibido antes.

3.3. Evaluación de la innovación

La evaluación nos va a permitir el conocer de forma sistemática y muy clarificadora el desarrollo del proyecto. Además nos va a aportar una valiosa información para tomar decisiones a la hora de decidir sobre su continuidad, modificaciones, etc.

Para todo ello ha sido necesario haber creado la evaluación a la vez que el proyecto, estableciendo los mecanismos necesarios para recoger la información necesaria. Esto es, establecer los momentos, las personas, las formas de registro de los datos, cuándo y cómo y por quién se discutirán los resultados, etc. que vamos a usar en la misma.

3.4. Formación de los participantes

No hay innovación sin formación, es necesario contar con una formación concreta para llevar a cabo cualquier innovación. Cuando queremos hacer una innovación lo primero que necesitamos es *querer* hacerla, tener esa actitud imprescindible para ello. Luego lo que se necesita es *saber* hacerla, tener la aptitud, y eso se consigue mediante la formación.

Lo ideal sería que todo proyecto de innovación fuese acompañado de una propuesta de formación para los que la llevasen a efecto. Formación en líneas generales, y también relacionada directamente con la innovación.

ACTIVIDADES SUGERIDAS

1. *Explica con tus palabras los conceptos de las condiciones mínimas que se tienen que dar para que una actuación se pueda considerar innovación.*

Conceptos	Explicación personal
Practicidad	
Combinación de componentes	

doctrinales, personales, organizativos y culturales	
Cierto nivel de formalización	
Debe llevarnos al cambio (cosas, personas, instituciones)	
Se han de incorporar al currículum	

2. *Ejemplos de recursos básicos para la innovación.*

- Pon un ejemplo de cada recurso que se considera básico para que se dé una innovación.

Ejemplo de: ESTRUCTURA

Ejemplo de: INFORMACIÓN

Ejemplo de: EVALUACIÓN

Ejemplo de: FORMACIÓN

PREGUNTAS DE EVALUACIÓN

1. Enumera los tres agentes de la innovación educativa.
2. Uno de los aspectos necesarios para que se dé una innovación es la practicidad. Explica lo que es.
3. ¿Cuáles son los tres ámbitos donde la innovación puede tener impacto?
4. Cuando hablamos de: Estructura del centro, difusión de la información, evaluación de la innovación y formación de los participantes, ¿de qué estamos hablando?

9 PROBLEMÁTICAS DE LA INNOVACIÓN

INDICE

OBJETIVOS

Los objetivos de aprendizaje para este capítulo son los siguientes:

- Poner de relieve los problemas que conlleva la realización de una innovación.
- Conocer las contradicciones en las que se puede caer al tratar de hacer una innovación.
- Ser conscientes de los problemas que pueden surgir en el desarrollo de una innovación.

RESUMEN

En este capítulo se pone de manifiesto la problemática que se puede dar al desarrollar una innovación. Pueden darse contradicciones como el tener que situarse entre lo personal y lo técnico, el currículum oficial y la originalidad, la autonomía y el control de la innovación, situarse entre los contenidos, los procesos y los resultados, y las diferentes perspectivas con las que se pueden enjuiciar las cosas. También se ponen de relieve los problemas que surgen con la innovación, como pueden ser la legitimación horizontal, el que se caiga en el enquistamiento o en la fagocitación, y el tener que moverse entre lo personal y lo colectivo.

MAPA DE CONTENIDOS

1. CONTRADICCIONES DE LA INNOVACIÓN

Contradicciones de la innovación
Dimensión personal y dimensión técnica
Currículum oficial y originalidad
Autonomía y control
Contenidos, procesos y resultados
Punto de la perspectiva

1.1. Dimensión personal y técnica

Cualquier actuación que se lleve a cabo siempre lleva consigo una serie de contradicciones y dilemas con los que tiene que convivir.

La acción educativa se construye, se lleva a cabo sobre tres elementos claves de la profesionalidad del docente:

Lo científico. Que son los contenidos y procesos que tiene que enseñar el profesorado.

- *Lo pedagógico.* Es el dominio que tiene sobre los procesos de enseñanza-aprendizaje.

- *Lo personal.* Son sus propias cualidades y características como persona y docente.

Este último componente ha podido pasar algo inadvertido, entre otras cosas por la enorme dificultad que puede tener el cambiar actitudes, introducirlo en una nueva cultura profesional.

Por ejemplo sería complejo que un profesor de corte autoritario incorporara a su forma de enseñar un modelo en el que el alumnado fuese el que tomara las decisiones. Tenemos la contradicción de que una persona que sea conservadora a nivel personal pueda ser innovadora a nivel profesional, o ser creativo en clase si en su vida personal no lo es.

No basta con saber cuáles son los procedimientos y técnicas que se necesitan para llevar a cabo las innovaciones, sino que hay condiciones previas necesarias como son las percepciones y modos de ser, de pensar, etc. del profesorado.

Esta cuestión es clave en la problemática de las innovaciones educativas. Incluso las instituciones que se ocupan de la formación, tanto inicial como continua, aun dándole una gran importancia a nivel teórico los aspectos personales del profesorado muy raramente entran en este campo, dada su complejidad. Así que tenemos una importante laguna en la formación y desarrollo de futuros profesionales.

Por otra parte podríamos desarrollar esta dimensión con sólo mantener diálogos grupales de aquello que estamos haciendo, viendo y vivenciando mientras se llevan a cabo actividades cotidianas de un grupo o actividad profesional. Así, podemos incorporar al debate la actuación profesional y experiencias concretas de los participantes en el mismo.

1.2. Currículum oficial y originalidad

Cuando tenemos un marco de referencia curricular centralizado, en él, se define el marco de las innovaciones. La opinión de algunos es que el currículum actúa como un entorno rígido al que hay que someterse. Lo que hay que hacer, en este caso, es someterse a la propuesta oficial y seguirla lo mejor posible.

Estos (los currículum oficiales) suelen proponer programas muy amplios y sin alternativas, y no dejan muchas opciones de implementar soluciones innovadoras, a excepción de aspectos más técnicos, esto es, métodos y recursos utilizados.

Es una encrucijada donde el profesorado innovador se sitúa entre su tendencia innovadora y abierta al cambio, y la obligatoriedad de tener que cubrir los contenidos de unos programas casi siempre sobrecargados.

1.3. Autonomía y control para innovar

Se da también un dilema entre la necesidad que tiene un profesional innovador para planificar y desarrollar su propuesta innovadora, y la necesidad de establecer controles para que una actuación de esta índole no se convierta, o sea, en una propuesta alocada que genere más prejuicios que beneficios.

Se ha pasado de construir propuestas basadas en el trabajo exclusivamente del profesorado hasta otra más respetuosa en la que se da una implementación de innovaciones en las que el profesorado es apoyado en su desarrollo.

1.4. Contenidos, procesos y resultados

No es recomendable que una innovación se centre en unos aspectos con el perjuicio de otros. No es suficiente con contar con unas innovaciones que son muy atractivas en sus contenidos, aunque no sean lo suficientemente claras en cómo se van a desarrollar y con qué objetivos. Como tampoco resultaría adecuado centrarse sólo en la mejora de los resultados a costa de la calidad de los procesos, ni tampoco justificar la innovación por los procesos, sin tener en cuenta los resultados.

Algunos hablan de ingeniería didáctica, donde se intenta conectar sin saltos los contenidos, procesos y resultados.

Encontramos de nuevo el dilema entra autonomía y control, donde se necesita un margen amplio de autonomía para llegar a poner en marcha procesos innovadores, sin poder conocer sus resultados que serán

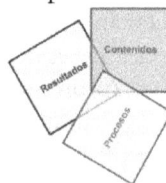

evaluados más adelante. No podemos meternos en usar la excusa de que no podemos evaluar de ante mano, para introducir proyectos poco justificables.

1.5. Diferentes perspectivas

En la educación se dan cita una serie de intereses diversos, dado que interactúan colectivos diversos como son alumnado, profesorado, equipo directivo, padres, administración, asociaciones, etc. Cada uno de ellos tiene una visión de lo que debe ser la educación, y tratan de defender lo que cree que son sus intereses.

Desde este punto de vista, las innovaciones están en una encrucijada de intereses, siendo difícil que la perspectiva que defienda coincida con el punto de vista de todos los colectivos implicados.

Así, en este sentido es necesario situarse en una posición crítica y de equilibrio operativo. Ya que camufladas como mejoras, se pueden esconder prácticas que sólo pueden procurar la mejora de alguno de los sectores, pudiendo suponer un perjuicio para los otros.

2. DIFICULTADES DE LA INNOVACIÓN

Dificultades de la innovación
Dificultad de legitimación
Enquistamiento
Fagocitación
Entre lo personal y colectivo

2.1. Dificultad de legitimación horizontal

El profesorado desarrolla su labor en un entorno de trabajo que está estructurado de forma horizontal, esto es, todos son iguales, con la misma titulación y nivel profesional. En esta situación **puede resultar difícil darle legitimidad a una propuesta innovadora**. Al menos basada en las personas que la proponen.

Al estar entre colegas, teóricamente todos saben lo mismo, y nadie está en condiciones de plantear cuál es la mejor dirección. Por ello desde la opinión personal y la opcionalidad es donde tienen cabida los procesos de innovación. Éstos no se hacen desde la imposición ni la presión, conductas que pueden ser contraproducentes y conseguir un rechazo frontal a la misma.

Esta dificultad puede aumentar cuando la respuesta que se da a la innovación no es pasiva (se inhibe de hacerla), sino que es realmente activa, descalificando la misma y a quienes la proponen. Es entonces cuando no se discute de la propuesta en sí (si es viable, oportuna, etc.) sino que se desautoriza quedando descalificado todo el proceso, no mediante posturas críticas o desacuerdos, sino que se ataca a quienes la proponen con juicios o prejuicios genéricos.

2.2. Posibilidad de enquistamiento

El enquistamiento de una iniciativa se produce cuando ésta queda reducida al ámbito estricto donde se originó, sin propagarse a otros ámbitos distintos. Esto, puede venir provocado por:

- La dinámica conservacionista del grupo o institución, que tendrá que superar la tendencia de mantener el equilibrio, homeostasis, de toda institución.
- Por la falta de visión institucional de los responsables de la innovación.

En las estructuras poco sujetas a las influencias del ambiente, como pueden ser las escuelas, la tendencia a la homeostasis acaba prevaleciendo. Los cambios tienen pocas posibilidades de perpetuarse, éstas se reducen cuanto más rompedora es la innovación.

Uno de los mecanismos de la homeostasis es el de mantener los cambios producidos en un nivel que no constituyan un problema para la institución en su conjunto. "Se cambia algo para que no haya que cambiar lo demás".

Así, una propuesta innovadora de un grupo de profesores se tiende a mantener enquistada en ese grupo sin darle facilidades para que se extienda a otros niveles. Otras veces son los propios proponentes los que impiden que otros se incorporen a ella, por la forma de concebirla, planificarla e implementarla.

2.3. Proceso de fagocitación

La inmensa mayoría de las innovaciones acaban siendo tragadas, fagocitadas, por los procesos que están funcionando ya en el centro. Muy a menudo, se pone en marcha una innovación y pasado algún tiempo entre a formar parte del sistema, pero sin modificar éste sustancialmente.

Por todo ello, hace falta mantener una actitud de alerta e intentar explicar lo más claramente posible cuál es la innovación que se propone. De ahí que sea interesante hacer una serie de actuaciones en torno a las innovaciones, que se pueden concretar en:

- Plasmar ésta en un documento escrito,
- Establecer o vincular ésta a una evaluación y seguimiento de la experiencia,

- Explicitar lo que se quiere hacer y las diferencias que se producirán con respecto a lo que se estaba haciendo.

2.4. Entre lo personal y lo colectivo

Una gran parte de las innovaciones se plantean a título individual. Esto viene dado, principalmente porque nos movemos en una cultura profesional que se basa en el individualismo. También porque es sumamente más fácil desarrollar una innovación individual que otra en la que participen un grupo de profesores. En las primeras las cosas dependen de una persona, en las colectivas dependen de los demás, y esto puede traer problemas.

Por el contrario, las innovaciones individuales tienen un potencial de cambio muchísimo menor que las colectivas, aunque sea sólo por el número de personas que intervienen. También sufren con mayor rigor el efecto de fagocitación y enquistamiento que las colectivas. Y lógicamente ejerce una influencia mucho menor en el proyecto educativo de la institución.

Suele también ocurrir que una innovación, sobre todo en sus fases iniciales, es mejor gestionada por un sujeto, o un grupo muy cohesionado. Así, la innovación mantiene mejor su identidad y objetivos, además de que en muchas ocasiones los compañeros son bastante reticentes a apuntarse a una aventura hasta no ver algunos resultados de la misma.

ACTIVIDADES SUGERIDAS

1. *Explica con tus palabras por qué se dice que hay contradicción entre los siguientes conceptos.*

Conceptos en contradicción	Explicación personal de la contradicción
Dimensión personal y dimensión técnica.	
Currículum oficial y originalidad.	
Autonomía y control.	
Contenidos, procesos y resultados	
Punto de perspectiva	

2. Busca imágenes que ilustren los problemas que pueda tener la innovación, y colócala en el lugar que le corresponda en la tabla. Y explica cada imagen y el significado que le has encontrado para que represente esa problemática.

Problemática	Imagen	Explicación
DIFICULTAD DE LEGITIMACIÓN		
ENQUISTAMIENTO		
FAGOCITACIÓN		
ENTRE LO PERSONAL Y LO COLECTIVO		

? PREGUNTAS DE EVALUACIÓN

1. *Expón cuáles son los tres aspectos que hay que tener en cuenta, sin dejar ninguno atrás, en los procesos de innovación.*
   Explica lo que es la dificultad de legitimización horizontal, al hacer referencia a la problemática de la innovación.
2. *¿Qué es la fagocitación referida a una innovación?*

10 INNOVACIÓN, INVESTIGACIÓN Y TIC

INDICE

OBJETIVOS

Los objetivos de aprendizaje para este capítulo son los siguientes:

- Resaltar la relación entre la investigación y la innovación.
- Conocer el uso de las TIC como medio para la innovación.
- Poner de relieve los aspectos a considerar para desarrollar proyectos de corte innovador.
- Relacionar las TIC y el currículum.

RESUMEN

En este capítulo se intenta destacar la relación que hay entre la investigación y la innovación, así como entre la innovación y el uso de las TIC. Dentro de este uso se proponen unos principios de cómo emplear las TIC en innovación, qué papel se le asignan a las TIC en la educación. También se distinguen los aspectos importantes para llevar con éxito proyectos innovadores, los factores que pueden incidir en los proyectos de innovación, la flexibilidad que permiten las TIC en la innovación, los modelos de introducción de las TIC, así como propuestas para mejorar la innovación y estrategias para innovar con TIC.

MAPA DE CONTENIDOS

1. INNOVACIÓN E INVESTIGACIÓN

Cuando hablamos de investigación en educación uno de los aspectos que parece que se comparte en la comunidad científica, es que hay una cierta descoordinación entre la investigación y la práctica educativa (Escudero y Correa, 2006). Otro aspecto que se puede resaltar es la innovación educativa como motor de la mejora educacional, y como elemento con el que contar en las investigaciones. García y otros (2013) han investigado las competencias del profesorado en investigación e innovación en su práctica profesional.

En este sentido autores como Escudero y Correa (2006) proponen una serie de áreas en las que es interesante investigar en innovación educativa, entre estas están: investigar el impacto que están teniendo las tecnologías en la educación; investigar el impacto que está ejerciendo la multiculturalidad en la educación; investigar también los planes de acción tutorial en las universidades y el apoyo que prestan a los estudiantes e investigar la propia calidad de la educación.

Hablando de las relaciones entre la investigación y la práctica, el modelo con en el que los docentes son los aplicadores de la investigación está superado, apareciendo una nueva visión en la que la investigación aporta un conocimiento válido para la práctica y a su vez la práctica aporta un conocimiento útil para la investigación. En este sentido Nieves Blanco (2005) considera y pone en valor el saber de los profesionales de la educación. Saber generado desde la práctica y validado por ella.

Si consideramos que los docentes son profesionales competentes tenemos que admitir que su práctica educativa es un espacio donde se producen saberes y no sólo un lugar donde se aplican los conocimientos originados en la investigación. La innovación contribuye a la investigación e impacta en ésta, en los siguientes sentidos:

a) La innovación ayuda a encontrar temas de estudio importantes para la práctica educativa y así se constituye en prioridades para la investigación educativa.

b) Las innovaciones se pueden convertir en objetos de estudio. En este sentido la investigación educativa prioriza la sistematización, la comprensión, la evaluación y la difusión de las buenas prácticas.

c) Las innovaciones nos aportan hipótesis factibles a las investigaciones, suponen una gran fuente de ideas para plantear hipótesis en las investigaciones.

d) Las innovaciones son un excelente marco donde validar los resultados obtenidos en las investigaciones.

Las TIC como elemento innovador es un campo que se necesita investigar para mejorar los resultados, y no sólo en el ámbito concreto de la educación sino en otras áreas. Un ejemplo podría ser el estudio del uso de twitter en organizaciones relacionadas con la salud (Rodgers & Stemmle 2013).

2. INNOVACIÓN Y TIC

Innovación y TIC
Principios del empleo de las TIC en Innovación
Papel asignado a las TIC
Aspectos de la implantación de proyectos innovadores
Factores que inciden en los proyectos de innovación
Flexibilidad de las TIC e innovación
Modelos de introducción de las TIC
Propuestas para mejorar la innovación curricular
Algunas estrategias para la innovación mediante TIC

2.1. Principios del empleo de las TIC en la innovación

Al tratar de relacionar el uso de las TIC con la innovación y mejora de la enseñanza, hemos de tener presentes algunos principios, entre los que destacamos los siguientes (García-Valcárcel, 2003):

- La inclusión de las TIC en la educación ha de llevarse a cabo desde una reflexión, siendo críticos con su uso y la consecución de los objetivos educativos.

- Se hace totalmente necesaria la educación en y para las TIC, como usuario y receptor de las mismas.

- Para que las TIC nos proporcionen una educación innovadora han de proporcionar a la vez de su uso un cambio metodológico.

- El uso de las TIC sólo cobra su auténtico sentido pedagógico si se pone al servicio de la consecución de unos objetivos educacionales. Como el uso de Twitter para evaluar el impacto de una charla (Elavsky, Mislan & Elavsky, 2011).

- Las actuaciones con las TIC deben de ir encaminadas a plantear temas y problemas, buscar información adecuada, aumentar la capacidad para establecer conexiones, realizar valoraciones informadas y en definitiva comprender el entorno en el que se desarrolla.

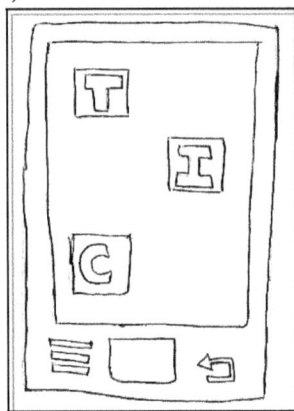

- Desde una perspectiva constructivista, para una implantación adecuada de las TIC en el proyecto educativo, han de tenerse presentes elementos tales como:
  o Diseño de tareas de aprendizaje y ambientes de aprendizaje.
  o Aprendizaje guiado por el alumnado (autogestión del aprendizaje).
  o Aprendizaje colaborativo.
  o Aprendizajes holísticos, integrados.

2.2. Papel asignado a las TIC

Con el uso de las TIC lo que pretendemos es una búsqueda de la eficacia. En este sentido, el papel asignado a la *tecnología educativa y nuevas tecnologías* podríamos resumirlo en los siguientes aspectos (García-Valcárcel, 2003):

- Las TIC se constituyen por sí mismas en un contenido básico de capacitación de las personas, en aspectos como las habilidades de pensamiento, creatividad, resolución de problemas y tratamiento de la información.
- Las TIC cuando son aplicadas al ámbito educativo ofrecen grandes posibilidades de articular el funcionamiento de los sistemas escolares y de formación, afectando a criterios de eficiencia, eficacia y productividad en la consecución de los objetivos de aprendizaje.
- Las TIC pueden propiciar una transformación importante del sistema de escolarización formal, modificando aspectos como el espacio, los tiempos, condiciones de trabajo, etc. para todos los afectados.
- El diseño de programas mediante las TIC posibilitará el racionalizar, individualizar y controlar el itinerario de formación del alumnado.
- Nos da la posibilidad de incorporar una serie de elementos de tipo multimedia y con interactividad que serán elementos motivadores importantes para el proceso de enseñanza-aprendizaje.
- El rol del profesorado cambia adquiriendo nuevas funciones, tales como: guía, asesor, facilitador del proceso de aprendizaje del alumnado.

2.3. Aspectos de la implantación de proyectos innovadores

A la hora de implantar proyectos innovadores hemos de considerar una serie de aspectos que pueden influir en ellos de forma decisiva. Entre estos aspectos tendríamos (Salinas, 2004):

a. El sistema de **apoyo al profesorado**. En él se incluyen las acciones del propio plan de formación y actualización del profesorado sobre el uso de las TIC en la docencia, así como todo el sistema de asesoría personal que se presta a éste, además de las diversas acciones de asistencia técnica como podrían ser la información de recursos disponibles, coordinación de las distintas actuaciones que tienen lugar, los distintos servicios que intervienen, etc.

b. El **apoyo al alumnado.** El alumnado también necesita acciones de formación en destrezas de comunicación, de selección de información, de organización y además es necesaria la asistencia técnica y la existencia de políticas de promoción para el uso de las TIC como podrían ser planes de compra de recursos tecnológicos (computadores, PDAs,...), facilitarle créditos blandos para su adquisición, etc.

c. Una **política de equipo**. El equipo que desarrolla el proyecto es una de las piezas clave para su éxito. Por ello resulta de especial importancia su configuración, las funciones de sus miembros, así como el lugar en el organigrama institucional y de la propia cultura y desarrollo histórico de la institución.

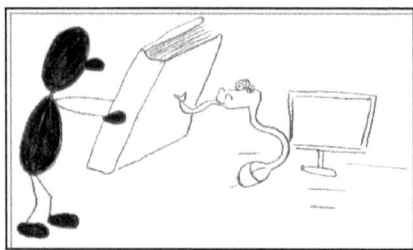

d. Las **nuevas relaciones.** Es indudable que al poner en marcha un proyecto nacen nuevas oportunidades de relaciones en el entorno académico. Tenemos nuevos contactos que pueden proceder tanto del entorno académico como del campo tecnológico, del sector económico, además de la nueva relación creada dentro de la institución y con otras instituciones.

e. La **infraestructura de red, hardware y software.** La infraestructura de diversos ámbitos resulta imprescindible en el desarrollo y mantenimiento de cualquier proyecto de este tipo.

2.4. Factores que inciden en los proyectos de innovación

Cualquier proyecto tiene una serie de aspectos que inciden en su éxito, en los proyectos de innovación, Salinas (1997) propone que su éxito depende de factores como:

El prestigio y la capacidad de innovación de las instituciones en las que esté insertado el proyecto.

- La flexibilidad con la que el profesorado que participe en el proyecto disponga.
- La propia calidad del contenido del proyecto.

- El entorno de comunicación de que dispongan o los propios ambientes de comunicación personal que se generen.

2.5. Flexibilidad de las TIC e innovación

La flexibilidad que nos proporcionan las TIC hacen que sea más sencilla la introducción de metodologías innovadoras en los procesos de enseñanza – aprendizaje. Flexibilidad en la amplitud de medios y maneras de implementarlos en la acción educativa.

Así, el propio proceso de innovación va mas allá del propio desarrollo curricular, y afecta a otras áreas como pueden ser el desarrollo profesional docente, el desarrollo organizativo de la institución donde se lleva a efecto.

2.6. Modelos de introducción de las TIC

Roberts, Romm y Jones (2000) proponen y describen en sus cuatro modelos en la introducción de las TIC:

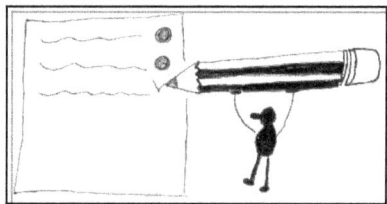

1. **Modelo de iniciación**. Este modelo se caracteriza por ofrecer apuntes y algún otro material en formato web. En general no se facilitan oportunidades para que exista la interactividad, ni otro tipo de recursos.

2. **Modelo estándar**. Pretende usar las ventajas propias de la tecnología para dotar de un cierto grado de comunicación e interacción entre estudiantes y profesorado. También ofrece otros recursos electrónicos como podrían ser las copias de los materiales impresos de un curso, presentaciones de las clases, notas de clases presénciales, enlaces, etc. El profesorado está experimentado la gestión de la enseñanza mediante la web, o los estudiantes participan por primera vez en experiencias de este tipo.

3. **Modelo evolucionado.** Más avanzado que el estándar ya que introduce otros elementos complementarios tanto para el entorno de enseñanza, donde estaríamos hablando de seguimiento del alumnado, gestión electrónica, etc., como de aprendizaje si se distribuye en CD-ROM, clases grabadas en audio o video, clases en *vivo* para responder a las demandas concretas de los estudiantes, etc.

4. **Modelo radical.** Aquí los estudiantes están organizados en grupos y aprenden interactuando entre ellos. Desde este modelo usan una gran cantidad de los recursos web existentes, y el profesor actúa realmente como guía, asesor, facilitador, etc. E interviene cuando se le requiere para ello por parte de los estudiantes.

2.7. Propuestas para mejorar la innovación curricular

Con el objetivo de mejorar los procesos de innovación curricular, podríamos dar una serie de propuestas (García-Valcárcel, 2003):

- Proporcionar una mayor formación del profesorado sobre medios y nuevas tecnologías en la enseñanza, tanto la formación inicial como la permanente y continua.
- Llevar a cabo una mejor gestión en la organización y de las infraestructuras que se lleva a cabo en los centros escolares en relación a la adquisición, gestión e integración curricular de los medios y las TIC.
- Integrar en el curriculum un tipo de educación en los medios que tenga por objetivo la formación de ciudadanos libres en cuanto al uso y desenvolvimiento en un contexto social dominado por dichos medios.
-

2.8. Algunas estrategias para la innovación mediante TIC

Algunas de las estrategias que se podrían usar para introducir innovaciones mediante el empleo de TIC podrían ser (García-Valcárcel, 2003) las siguientes:

- Dotar a las instituciones escolares de las infraestructuras necesarias (software y hardware) para el trabajo con las nuevas tecnologías.
- Proporcionar la formación suficiente a nivel de uso de la tecnología y metodologías didácticas que favorezca el uso adecuado de las TIC por parte del profesorado.
- Dar el apoyo necesario en el desempeño de las actividades de manera que el profesorado no se sienta solo ante los problemas que sucedan como consecuencia del uso de las TIC, nos referimos tanto a la solución de problemas en la infraestructura como a la necesidad de apoyo metodológico.
- Implementar proyectos curriculares en los que se contempla la incorporación de las TIC como recurso para el proceso de enseñanza - aprendizaje.
- Favorecer la creación de materiales didácticos interactivos usando las TIC por parte de grupos de profesorado.
- Favorecer las experiencias de aprendizaje a distancia compartido por estudiantes de diversa procedencia.

- Hacer propuestas mediante las cuales los estudiantes puedan llevar a cabo trabajos de investigación, donde la aportación de las TIC como fuente de datos tenga protagonismo.
- Proporcionar contextos de enseñanza-aprendizaje donde el propio trabajo académico esté íntimamente relacionado con el contexto y la propia vida del entorno de la institución escolar.

A modo de ejemplo tomamos las aportaciones de De Haro (2009) que nos muestra algunas experiencias de innovación educativa con TIC, basadas en la web 2.0 que serían: entornos de aprendizaje personalizado (PLE), blogs educativos, wikis educativas, redes sociales educativas. También se han estudiado diferentes uso del blog como herramienta de un aprendizaje innovador (Molina y otros, 2012).

ACTIVIDADES SUGERIDAS

1. *Plasma en la siguiente tabla los principios que deben regir el empleo de las TIC en innovación. Explícalos para que queden claros.*

2. Selecciona seis imágenes que ilustren el papel que se le asigna a las TIC y ponle dicho papel debajo de cada una de ellas.

3. *Imagina que eres director o directora de un colegio de Educación Primaria y te pide la Delegación de Educación y Ciencia que le hagas un informe indicando los aspectos que necesitas para implantar un proyecto innovador en tu Centro. Haz ese informe*

explicando los cinco apartados y lo que necesitarías en cada uno de ellos.

4. Busca cuatro imágenes que ilustren los modelos de introducción de las TIC en la enseñanza.

1. Modelo de iniciación	2. Modelo estándar
3. Modelo evolucionado	4. Modelo radical

? PREGUNTAS DE EVALUACIÓN

1. Para que las TIC nos ofrezcan una educación innovadora han de proporcionar también un cambio metodológico. Esta afirmación es ¿verdadera o falsa?

2. Enumera los cinco aspectos a considerar para implantar un proyecto innovador.

3. Explica dos estrategias para innovar mediante el uso de tic.

11 ADAPTACIÓN DEL CURRÍCULUM A LA DIVERSIDAD

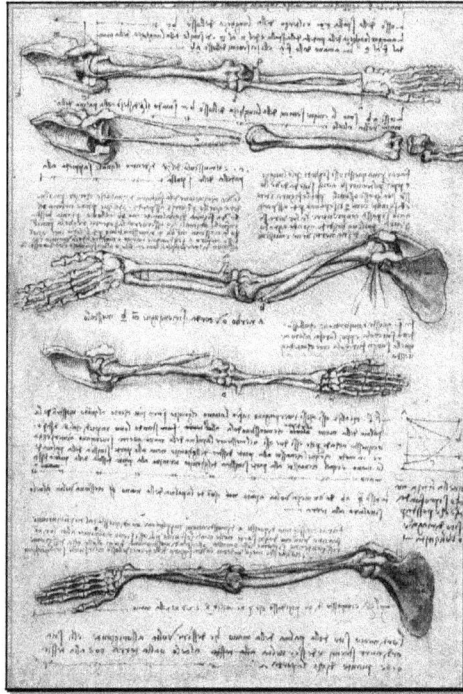

INDICE

OBJETIVOS

Los objetivos de aprendizaje para este capítulo son los siguientes:

- Plantear la diversidad en el currículum de Educación Primaria.
- Conocer algunas de las actividades que se pueden plantear para este fin.
- Tomar conciencia de la adaptación de contenidos y actividades como respuesta a la diversidad.
- Asimilar otras metodologías para atender la diversidad.

RESUMEN

En este capítulo se plantea la respuesta para atender a la diversidad desde el currículum. Para ello se proponen diferentes niveles de respuesta a la diversidad. También se propone una tipología de actividades en este sentido, como pueden ser obligatorias, de ampliación o de refuerzo. Como otras adaptaciones del currículum se propone la adaptación de los contenidos en las programaciones, así como proponer actividades adaptadas. Otras estrategias metodológicas para atender la diversidad de la que se habla es la del autocontrol del trabajo escolar y la autorreflexión del propio alumnado sobre lo aprendido.

MAPA DE CONTENIDOS

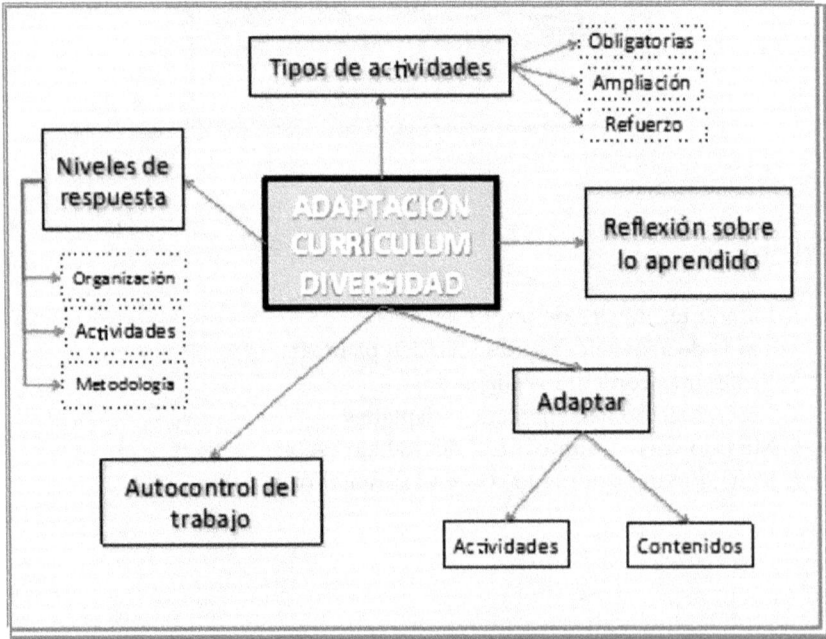

1. DIFERENTES NIVELES DE RESPUESTA

Se hace muy complejo que el profesorado pueda dar respuesta personalizada o diferenciada a su alumnado si su modelo didáctico se encuadra en una metodología expositiva, de corte tradicional, donde el libro de texto es el único material curricular y junto con el profesorado son la única fuente de saber, siendo la exposición la metodología habitual.

Para dar respuesta a estas necesidades de diversidad, sin duda, hay que plantearse modificar estos elementos. Y estos podrían ser los siguientes (López y Sentís, 2006):

Organización del aula

Dentro de la organización del aula, hay medidas que facilitan la atención a la diversidad. Entre estas tenemos:

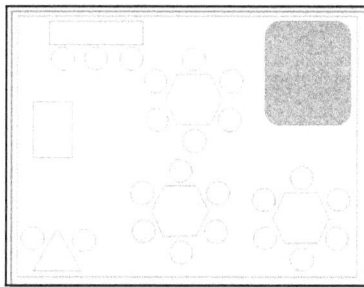

- ⅄ Disposición de las mesas de tal manera que permita el trabajo cooperativo del alumnado.
- ⅄ Creación de espacios y entornos de trabajo específico.
- ⅄ Temporalización de las actividades con cierta flexibilidad horaria, permitiendo que se puedan respetar los diferentes ritmos.

Con estas medidas se puede disponer de tiempo para poder proporcionar ayuda más específica a quien lo necesita.

Las actividades

Con un mismo contenido podemos diversificar las actividades atendiendo a las capacidades del alumnado. Se pueden descomponer en otras más sencillas. Conviene siempre tener presente que es recomendable contar con actividades que favorezcan el autoconcepto, que el alumnado se sienta capaz de realizarlas, compensando así su posible autoconcepto negativo.

Hay que cerciorarse de que el alumnado comprende bien la actividad, su objetivo, así como el conjunto de actividades que está realizando, para situarse en la secuencia de aprendizaje. Para ello es conveniente incluir en la programación algunas actividades de planificación y regulación de la propia actividad.

La metodología

Es conveniente indicar que no hay metodologías *buenas*, frente a otras *malas*; sino que pueden ser adecuadas o inadecuadas en función de los objetivos que nos planteemos.

Las metodologías utilizadas deben de potenciar la autonomía de aprendizaje, así como aprender a aprender, serán metodologías que respeten los ritmos y estilos de aprendizaje del alumnado.

En muchas ocasiones el libro de texto resulta algo muy cerrado, que no nos permite hacer muchas modificaciones metodológicas. En este sentido, para favorecer la diversidad en el aula, es muy recomendable contar con una amplia diversidad de materiales curriculares.

La evaluación ha de estar incorporada a la propia adaptación que se haga de los materiales y metodologías. Y en la evaluación sumativa, hemos de tener presente que la evaluación ha de estar en sintonía con las actividades de aprendizaje que el alumnado ha llevado a cabo. Evitando el error de poner las mismas actividades de evaluación que al alumnado que no ha tenido modificaciones.

2. TIPOS DE ACTIVIDADES QUE SE PUEDEN PLANTEAR.

Aunque cada clase y alumnado son diferentes, y hay que adaptarse a sus ritmos, estilos, etc. se puede plantear una programación de actividades variadas, graduadas y ordenadas en función de su dificultad. Estas actividades se pueden dividir en tres clases: obligatorias, de ampliación o de refuerzo. Se le pueden poner un símbolo a cada uno de ellos.

Obligatorias

Son actividades para todo el alumnado, que se deben adaptar a diferentes capacidades, ritmos y motivaciones. Esto puede considerarse una forma de medir el grado de atención a la diversidad que se da.

Se trata de partir de unos conceptos básicos, y a partir de ahí, sacar actividades diferenciadas y adaptadas, que cubran las necesidades del alumnado con déficit intelectual hasta otro superdotado. En clases homogéneas este trabajo es relativamente fácil, pero en clases más heterogéneas el profesorado tiene que centrar más el trabajo para que el alumnado desarrolle su actividad dentro de su zona de desarrollo próximo y se adapte a las necesidades, motivación y capacidad de trabajo.

De ampliación

Estas actividades son de tipo voluntario para todos, aunque sean de casi obligación moral para el alumnado con una capacidad que puede realizarlas sin mucha dificultad.

Tienen mayor grado de dificultad que las anteriores, y para resolverlas hay que poner en práctica estrategias y habilidades intelectuales de orden superior. Orientadas al alumnado con mayor capacidad intelectual y ritmo de trabajo, cuyo objetivo es estimularlos intelectualmente. El alumnado con menor capacidad sólo podría hacerlas con ayuda de terceras personas.

Se suelen presentar dos actividades para que elija una de ellas. La primera más sencilla, que la pueden hacer muchos alumnos, y les produce una gran satisfacción realizarla, y la segunda más complicada.

De refuerzo

El hacerlas también es voluntaria para todo el alumnado. Estas se ofrecen de modo ocasional, y cuando el contenido lo permite o es adecuado. Suelen ser actividades que se desarrollan en casa, y normalmente son actividades de investigación o de poner en práctica lo aprendido.

Suelen estar al alcance de la mayoría de alumnado de la clase, no suelen tener una dificultad especial, aunque requieren bastante esfuerzo y dedicación.

Se suelen utilizar cuadernillos graduados en las áreas de lengua y matemáticas, y el alumnado con tiempo suficiente lo hace de forma individualizada y sirven para reforzar los aprendizajes aprendidos. Son actividades sencillas o de tipo manipulativo que están al alcance de todo el alumnado.

La participación de todo el grupo en estas actividades facilita la integración y mejora la autoestima.

3. PROGRAMAR CONTENIDOS ADAPTADOS

Para poder programar los contenidos adaptados a la capacidad del alumnado se ha de tener un conocimiento bastante exacto del nivel de competencias del alumnado, sobre todo del nivel de los diferentes grupos, de sus capacidades, competencias, motivación,...

Se parte de la explicación de los contenidos empezando por sus elementos más sencillos para ir incorporando los de mayor dificultad. Esto permite que todo el alumnado, o la mayor parte, trabaje sobre los mismos contenidos, y no en actividades aparte como suele ocurrir con el alumnado más desfavorecido, haciendo actividades mecánicas y repetitivas, con las graves repercusiones para su aprendizaje y su nivel de autoconcepto y autoestima.

La motivación del alumnado es clave para su aprendizaje, y tiene mucho que ver con el miedo al fracaso y con la necesidad de logro del alumnado. La excesiva necesidad de logro suele ser contraproducente. Así, la planificación de las actividades debe de buscar el equilibrio entre ambos aspectos, adaptándose a la diversidad de sus necesidades.

4. PROGRAMACIÓN DE ACTIVIDADES ADAPTADAS

rogramación de actividades adaptadas al ritmo de trabajo y capacidad del alumnado.

En el aprendizaje llevado a cabo por el alumnado, existen diferentes vías (explicación del profesorado, interacción con compañeros/as, lectura de libros, materiales didácticos,…) pero es importante que generen retroalimentación, que es fundamental para el aprendizaje.

Cuando el perfil de clase que se encuentra el profesorado es muy heterogéneo, tiene importantes dificultades para planificar las actividades que den respuesta a esta diversidad. Entre las dificultades que se encuentran están las siguientes:

- El alumnado con más capacidad acaban rápidamente las tareas, y si no se tienen previstas actividades para ellos, pueden causar molestias a los demás, además de no aprovechar su capacidad o nivel intelectual.

- El alumnado con menor capacidad se desmotiva al enfrentarse a unas actividades que no están dentro de sus posibilidades, o si las lleva a cabo lo hace con una excesiva dificultad, que muchas veces no es capaz de realizar en horario escolar. Y a veces la ayuda que le prestan los padres y madres no es todo lo comprensiva que debería de ser.

- Es el alumnado con una capacidad media, que suele ser la mayoría, el que se ajusta al nivel de las actividades y al ritmo de trabajo.

5. METODOLOGÍA: EL AUTOCONTROL DEL TRABAJO ESCOLAR

El autocontrol del trabajo escolar como metodología para la diversidad.

Hay unos principios, con respecto al aprendizaje, sobre los que parece haber consenso. Se trata como por ejemplo de que los aprendizajes dependen de las características del propio alumnado; las experiencias previas de este influyen mucho en el aprendizaje que realiza; la forma en que el alumnado aprende, y su ritmo varía según sus capacidades, intereses y motivaciones.

Todo esto nos lleva a considerar que los aprendizajes son singulares y personales. Pero a esta diversidad es complicado darle respuesta en el aula, debido sobre todo a la falta de métodos y técnicas apropiadas para ello.

La siguiente metodología se adapta al ritmo de trabajo y capacidad del alumnado, permitiéndole autocontrolar su trabajo, incitándoles a reflexionar sobre cómo contribuye a su proceso de aprendizaje. Este modelo tiene dos aspectos fundamentales:

- Una programación de los contenidos y actividades adaptados a la capacidad, ritmo, motivación y posibilidades de cada sujeto considerado individualmente.
- Uso de una ficha de autocontrol del trabajo escolar.

Ficha de trabajo

Es una ficha de autocontrol donde el alumnado anota las actividades realizadas. Puede variar de unos cursos a otros. Se puede usar una ficha por quincena. Cuando el alumnado ha terminado una actividad hace la anotación del símbolo establecido en la casilla correspondiente.

Al terminar la quincena hacen una valoración, a la que tienen acceso profesorado y padre, madre o tutor/a, lo que supone un refuerzo que mejora su motivación y entendimiento.

FICHA DE AUTOCONTROL. Primaria. 2º ciclo.

Nombre y apellidos:..|
Quincena........................ Curso........................

Área de lengua castellana

Día	Contenidos	Actividades	Obligatorias	Ampliación	Refuerzo

Área de matemáticas

Día	Contenidos	Actividades	Obligatorias	Ampliación	Refuerzo

¿Cuánto he aprendido? Mucho ___ Bastante ___ Poco___ Casi nada___

Me he esforzado: Casi siempre___ A veces___ Casi nunca___

Firma del padre, madre o tutor/a

6. REFLEXIÓN DEL ALUMNADO SOBRE LO APRENDIDO.

Pérez (2006) nos propone el autocontrol de trabajo escolar del alumnado como metodología para atender la diversidad de éste. El que el alumnado reflexione sobre lo que ha aprendido es una tarea fundamental en su proceso de construcción personal. Es un proceso al que hay que habituarlo desde que tiene pocos años, usando una metodología adecuada.

Este es un proceso activo que tiene una serie de aspectos como:

⅄ *Propósito*. Se analiza el propósito de la tarea y por qué hay realizarla. ¿Por qué aprender?

124

⅄ *Estrategia*. Es la forma de organizar la tarea y la mejor forma de llevarla a cabo. ¿Cómo aprender?

⅄ *Revisión*. Se analizan los resultados obtenidos y se compara con lo que se pretendía para ver si se ha tenido éxito. ¿Cuánto ha aprendido?

ACTIVIDADES SUGERIDAS

1. Explica tres ejemplos de respuesta de atención a la diversidad. (Organización del aula, Actividades, Metodología).

2. Imagina que estás en un aula dando un tema, y tienes que plantear actividades obligatorias, de ampliación y de refuerzo para atender a la diversidad. Elije el tema que quieras y plantea estos tres tipos de actividades sobre el mismo.

PREGUNTAS DE EVALUACIÓN

1. Enumera los tres niveles de respuesta que se pueden dar para atender a la diversidad. Señala la respuesta correcta con respecto a las actividades de refuerzo.

    a. Se ofrecen siempre al alumnado para mejorar el aprendizaje.

    b. Requieren bastante esfuerzo y dedicación.

    c. La a y la b son correctas.

2. Explicita los aspectos sobre los que debe de tratar la autorreflexión del alumnado sobre lo que ha aprendido.

PARTE C. INVESTIGACIÓN EDUCTIVA

12 EL MÉTODO CIENTÍFICO EN EDUCACIÓN

ÍNDICE

OBJETIVOS

Con este capítulo, *"El método científico en educación"* se pretenden alcanzar los siguientes objetivos de aprendizaje:

1. Conocer los distintos tipos de conocimiento
2. Discriminar entre conocimiento científico y el que no lo es
3. Describir el método científico
4. Diferenciar las características del método científico
5. Distinguir las modalidades o metodologías científicas

RESUMEN

En este capítulo hablaremos de los tipos de conocimiento, centrándonos en el que nos interesa especialmente, el conocimiento científico. Describiremos qué es el conocimiento científico, cuáles son sus características principales, metodologías y fases que lo componen. En suma, tendremos una visión clara del método del que se vale la ciencia para estudiar las problemáticas de interés.

MAPA DE CONTENIDOS

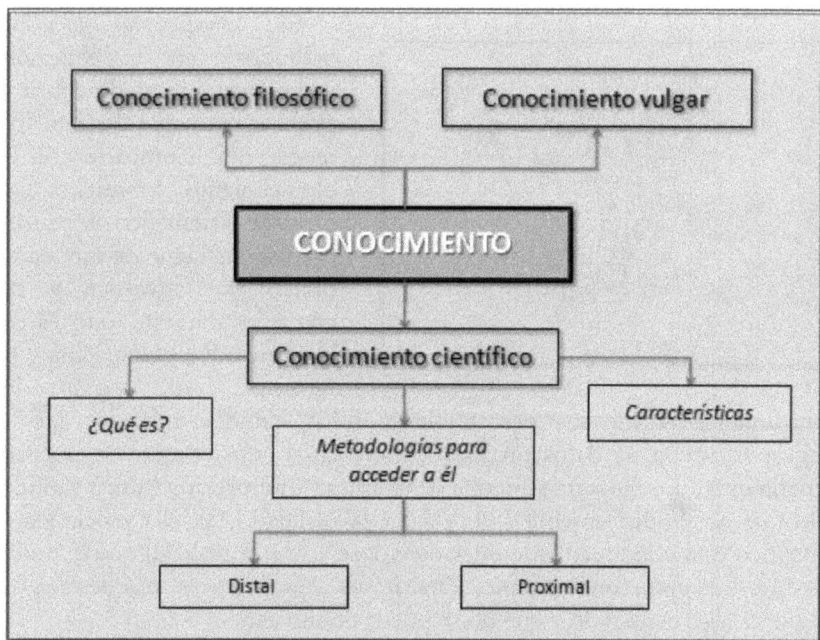

1. TIPOS DE CONOCIMIENTO

Desde que el ser humano empezó su evolución le caracterizó siempre la idea de intentar comprender los fenómenos que le rodeaban. Fue a partir de la aparición de la ciencia moderna, en el siglo XVII, cuando se complementaron las fuentes de conocimiento como la experiencia o el razonamiento, ya fuesen, deductivo e inductivo, con la investigación, como una actitud sistemática, ordenada, programable e incluso profesional (Nieto, 2010).

Hay muchos tipos de conocimiento, siendo el más desarrollado el conocimiento científico ya que se genera gracias a la investigación. Hay otras formas de conocimiento que, aunque son útiles, no se pueden considerar conocimiento científico. Entre estas podemos destacar:

El *conocimiento vulgar*, mediante al cual se resuelven los problemas más elementales mediante el conocimiento práctico y el sentido común, basado en la cultura popular. Aunque no hay una voluntad consciente de considerarlo conocimiento científico, es un conocimiento completo y muy práctico en el trabajo cotidiano y la vida social.

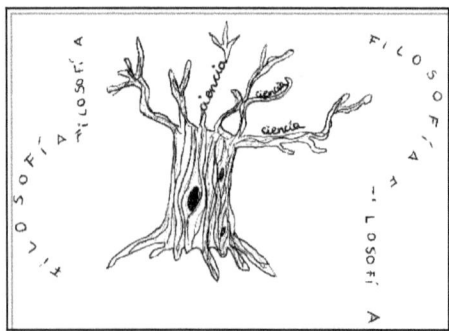

El *conocimiento filosófico*, basándose en la reflexión sistemática intenta descubrir y explicar por qué ocurren los fenómenos. Comparte con el conocimiento científico su carácter sistemático y crítico, pero se distingue de éste en el objeto que investiga y en cómo lo investiga, esto es en la metodología. Para la filosofía, su *objeto* lo conforman realidades no perceptibles por los sentidos, mientras que la ciencia se ocupa de datos próximos, inmediatos con los que se pueden experimentar. La filosofía se ocupa de justificar, interpretar y buscar sentido a lo que nos rodea, intenta comprender la realidad. Así, el conocimiento filosófico está continuamente interrogándose sobre la realidad que le rodea y sobre su propio conocimiento. Una de sus características más destacadas es que es algo inacabado y que no se puede contrastar.

Por su parte Kerlinger (1985) además del conocimiento científico, nos habla de otros tres tipos de conocimiento: el basado en la tenacidad, que son verdades tradicionales que se consideran ciertas; basado en la autoridad, se cree porque viene de una autoridad, bien sea religiosa, política, etc.;

basado en la intuición, es la base del saber filosófico y son afirmaciones evidentes y que se basan en la razón.

2. CONOCIMIENTO CIENTÍFICO: CARACTERÍSTICAS

El conocimiento científico se caracteriza por estar por encima del saber vulgar, o del sentido común, e intentar mejorar constantemente las soluciones propuestas para resolver los problemas, aunque muchas veces tengan que enfrentarse a las creencias de su propio tiempo.

Otra característica que diferencia al conocimiento científico es la metodología que utiliza; incluso se le llama conocimiento científico al que se ha adquirido a través del método científico.

Hay una serie de características que definen o son propias del método científico (Latorre y otros, 1996) y son las siguientes:

1. *Es objetivo*. Decimos que un conocimiento es objetivo cuando no depende de las preferencias u opiniones individuales, sino que se corresponde con la realidad del objeto, describiéndolo tal y como es, de una forma imparcial, siendo comprobable a través de la replicación, siendo los resultados independientes del investigador.

2. *Es fáctico*. El conocimiento es fáctico cuando está basado en la experiencia, en fenómenos reales, independientes del investigador. Tiene una base empírica y experimental. Esto indica que ese conocimiento procede de unos hechos, o se encuentra limitados por estos.

3. *Es Racional*. Esto es, que este conocimiento usa la razón como vía principal para llegar a los resultados, llegando así a construir teorías como un conjunto sistemático y racional de ideas de la realidad que se analiza.

4. *Es contrastable*. El que un conocimiento lo puedan comprobar distintas personas y en variadas circunstancias, hace que el conocimiento tenga una mayor fiabilidad. De esta forma el conocimiento científico se somete a prueba y se contrasta, superando así la intersubjetividad que pudiera tener.

5. *Es sistemático*. Nos indica que el conocimiento no es aislado, sino que está ordenado, se ajusta a un sistema, es coherente y con una serie de elementos interrelacionados e integrados en una totalidad o sistema, que nos lleva a comprender mejor la realidad; aunque nos podemos encontrar con dificultades por las numerosas variables que pueden estar interrelacionadas pudiendo originar diferentes teorías y explicaciones.

6. *Metódico*. El conocimiento científico surge a partir de planes muy elaborados, de una metodología rigurosa, con la que se pretende dar respuesta a preguntas o problemas.

7. **Comunicable.** El conocimiento científico ha de ser comunicado, expresado mediante un lenguaje preciso y apropiado, de manera que su significación sea reconocida y aceptada por la comunidad científica. Una confusión terminológica dificulta la comunicación efectiva.

8. **Analítico.** Por la vía del análisis ser obtiene el conocimiento, esto significa la selección de variables o interrogantes que fragmentan la visión de unidad, complejidad o globalidad de los fenómenos estudiados. El procedimiento analítico secciona la realidad para estudiar sus diferentes facetas con mayor éxito.

Para recordar

El *conocimiento científico* es el conocimiento que más se ha desarrollado y el que más ha aportado a la evolución del hombre y a sus relaciones sociales. Entre sus principales características, podemos decir de él que es un conocimiento crítico, metódico, sistemático, verificable, ordenado, universal, comunicable, racional, que explica la realidad y la predice mediante leyes.

---

3. MÉTODO CIENTÍFICO

Para la RAE (Real Academia de la Lengua Española) el método científico es el procedimiento que se sigue en las ciencias para hallar la verdad y enseñarla. **El método científico configura una forma de acercarse e intentar resolver diferentes tipos de problemas, y en función de su naturaleza o enfoque se podrían abordar a partir de diferentes metodologías.** Se puede hacer desde métodos deductivos o inductivos, yendo el deductivo de lo universal o general a lo particular; y por el contrario, el inductivo parte de lo particular a lo general. Estos dos enfoques no son opuestos, sino que actúan de forma complementaria, ya que en muchas ocasiones puede tener su arranque desde uno u otro enfoque.

La base del método científico es la duda de todo aquello que conocemos o que creemos conocer. Así, "no hay en la ciencia ningún conocimiento, ninguna ley, ninguna teoría, ningún descubrimiento de la misma, de los que no se pueda dudar, que no puedan ser sometidos siempre a nuevas revisiones y comprobaciones y que no puedan ser sustituidos por otros más exactos y verdaderos" (Nieto y Olmos, 2012, p. 72). Sólo mediante la duda se pasa de la creencia al saber.

Para saber más

John Dewey nos hace una propuesta sobre los puntos que debe contemplar el método científico, y para él debería de tener los siguientes:

1. Toma conciencia del problema o dificultad para la que no se tiene conocimiento que permita su resolución.
2. Identificación y definición precisa del problema o dificultad que se ha de resolver.
3. Plantear las hipótesis que pudiesen representar la respuesta a las preguntas formuladas así como la resolución a las dificultades o problemas.
4. Fase deductiva. Si las hipótesis planteadas fuesen ciertas, se derivarían unas consecuencias, que se deberían formular con precisión, y si la investigación fuese experimental, de forma operativa.
5. Validar o confirmar las hipótesis mediante la prueba estadística o de contraste.

García Ll., J.L.; González G., Mª Á. y Ballesteros V., B. (2001) Introducción a la Investigación en Educación. Tomo I. Madrid: UNED.

El método científico es una metodología general, que consta de una serie de etapas necesarias para desarrollar las investigaciones científicas. Podemos decir que es la forma de abordar la realidad y estudiar los fenómenos de la naturaleza, la sociedad y el pensamiento con el propósito de descubrir su esencia y sus interrelaciones, sin que por ello sustituya a la experiencia, la inteligencia o al conocimiento.

Toda producción científica, o práctica de investigación, se da siempre dentro de un marco conceptual, que es donde se orienta y cobra su sentido.

El saber científico es una estructura que justifica el tipo de pregunta que nos hacemos sobre los fenómenos, y para darle respuesta planteamos los experimentos. Por ello cualquier problema que investiguemos cobra su sentido y fundamentación en la teoría.

Así, el desarrollo de la ciencia se lleva a cabo al amparo de un **paradigma**, también llamada matriz disciplinar. Y es la comunidad científica la que aporta no sólo las nuevas ideas, sino también los procedimientos metodológicos recomendados para verificar las hipótesis que se plantearon.

Es la teoría la que le pone significado a los hechos que se observan para explicar e interpretar los fenómenos, además de ir acumulando progresivamente el conocimiento a partir de los datos que se obtienen en la investigación. La teoría constituye el marco en el que se orientan las investigaciones y donde se establecen las condiciones de las mismas. En este marco es donde se hacen las preguntas, que se convertirán en hipótesis para verificar si se cumplen o no.

Así, tenemos que una investigación científica es una investigación sistemática, controlada, empírica y crítica, de proposiciones hipotéticas sobre las presuntas relaciones que se dan entre los fenómenos naturales según nos dice Kerlinger (1985:11).

Nunca el proceso investigador, es una búsqueda aleatoria e indefinida de datos, sin ninguna relación con la teoría.

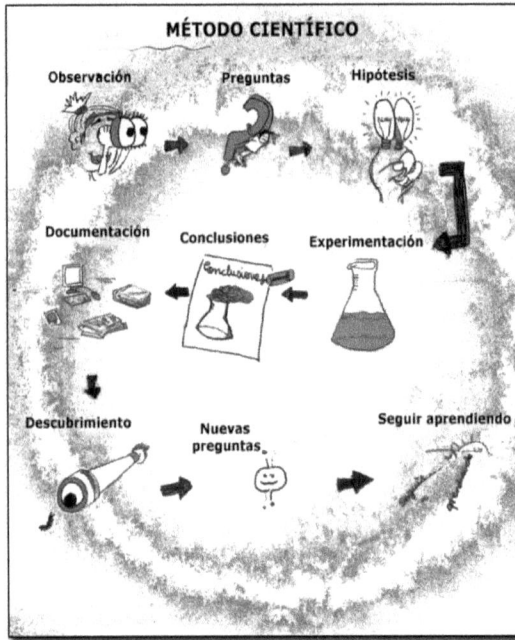

Figura 12.1. Método científico.

Cuando hablamos de un **programa de investigación** ponemos el énfasis, no sólo en la atención del desarrollo formal del mismo (metodología e instrumentos y validez interna), sino que se ha de vertebrar un plan de investigación, abierto al reconocimiento y compromiso, orientado según los contextos sociales e institucionales en los que se desarrolla el plan (validez externa).

Hay dos modalidades importantes donde se desarrolla la explicación científica, depende de la naturaleza del fenómeno investigado, así tenemos la metodología Distal o Proximal. La primera se refiere al uso del método científico en general para todas las ciencias, y la segunda a las especificidades del método científico para cada ciencia

4. METODOLOGÍA DISTAL.

La metodología Distal hace referencia a la aplicación del método científico de forma rigurosa, y aplicable a todas las ciencias. En este sentido Dewey (2007) concretó el método científico en los siguientes pasos:

- Tener conciencia del problema o experiencia para el que no disponemos de conocimientos suficientes para resolverlo o explicarlo.

- Identificar y definir el problema a resolver. Esta parte es de vital importancia ya que sin una formulación adecuada del mismo, es difícil avanzar y obtener resultados satisfactorios.

- Proponer hipótesis que puedan explicar o solucionar el problema.

- Deducir las consecuencias que se derivan de ser ciertas las hipótesis planteadas.

Para saber más

La metodología Distal tiene unos planteamientos muy abiertos, hasta el punto que dentro de ella tienen cabida diferentes métodos. Como es el caso que se pueden integrar tanto los métodos de razonamiento **deductivos** (de lo general a lo particular, llega a lo concreto a partir de lo abstracto), como los **inductivos** (van de lo particular a lo general).

También incorpora los métodos lógicos: **analítico y sintético,** el primero descompone la realidad en sus partes más elementales, mientras que el segundo busca integrar los resultados en el marco teórico.

Desde el área Distal, en relación con la educación, se aplican fundamentalmente los métodos de investigación **experimental, cuasiexperimental y correlacional.**

El método experimental, en general, pretende comprobar la existencia de relaciones causales entre variables. Se caracteriza por la manipulación controlada de variables independientes con el objetivo de verificar lo que varían las variables dependientes. En este sentido, con la experimentación se modifican de forma deliberada y controlada las condiciones que se dan en un fenómeno, y en observar lo que en él se produce. Se produce por tanto el *"control de todos los factores que afectan tanto a la validez interna como a la* *validez externa, garantizando la interpretabilidad del experimento y su externalización*" (Hernández y Maquilón, 2012, p. 114).

Aquí es muy importante tener en cuenta en el diseño experimental su *validez externa e interna*. La *validez interna* hace referencia a que el diseño que se plantea da respuesta de forma específica a las hipótesis planteadas previamente y que a su vez excluye otras interpretaciones del fenómeno, es decir, se puede confirmar los cambios en determinada variable por los cambios que se producen en la variable independiente, y no por otras causas (Mertens, 2010). Por su parte, la *validez externa* consiste en que se pueda generalizar los resultados del experimento realizado (Mertens, 2010).

Las fases del método experimental se podrían concretar en:

1º. Detección, delimitación y definición de un problema.
2º. Consulta a las fuentes de documentación.
3º. Formulación de hipótesis de solución.
4º. Delimitación, definición y control de variables.
5º. Selección de la muestra.
6º. Selección de instrumentos de medida y recogida de datos.
7º. Diseño.
8º. Procedimiento.
9º. Tratamiento estadístico.
10º. Conclusiones.
11º. Enjuiciamiento crítico.
12º. Implicaciones educativas.

> **Para saber más**
>
> En ámbitos educativos, por la complejidad de sus contextos, muchas veces se hace muy difícil llevar un control experimental. En estos casos se usa el método **cuasi-experimental;** en éste, el investigador carece del control total de las variables experimentales.
>
> Tenemos también la **metodología correlacional** que se caracteriza por observar la realidad en su propio contexto y aceptando los cambios que sufren las variables observadas sin que sean manipuladas por el investigador. Usa, en lo posible, técnicas estadísticas de muestreo que le permitan elegir muestras representativas de la población objeto de estudio. Los datos recogidos mediante la observación los analiza mediante técnicas como: correlación simple y múltiple, métodos de regresión, análisis de varianza, análisis factorial y multifactorial, etc.

5. METODOLOGÍA PROXIMAL.

Mientras que una metodología Proximal, hace referencia a las técnicas y estrategias concretas de cada disciplina, de su uso en situaciones puntuales, aunque siempre al amparo del método científico.

En esta metodología, en el ámbito educativo, es muy utilizada la **investigación descriptiva**, en la que el investigador intenta no intervenir ni alterar el fenómeno que estudia. Este método tiene como objetivo registrar dicho fenómeno, tal y como ocurre en un contexto determinado.

La descripción sólo pretende describir una realidad: qué características tiene, cómo evolucionan,... Podríamos decir que se intenta hacer una radiografía de dicha realidad, centrándose en "exponer o explicar la realización de alguna actividad relevante" (Hernández y Maquilón, 2012, p. 119).

Esta metodología la podemos conocer mejor sabiendo que se puede desarrollar siguiendo modelos de actuación como los siguientes:

- **Observación**. Pudiendo ir desde una observación totalmente sistematizada a una no sistemática.
- **Cuestionario**. Utilización de pruebas no estandarizadas para recoger los datos.
- **Test**. De tipo psicométrico y sociométrico.
- **Entrevista**. Que puede ser de tipo cerrada o abierta.
- **Experimentación**. Desarrollando una investigación operativa.

La investigación descriptiva puede tener diversas modalidades. Siguiendo a Van y Meyer (1983) podemos concretarla en la siguiente clasificación

Estudios-encuesta	Estudios de interrelaciones	Estudios de desarrollo
Encuestas escolares. Análisis laboral. Análisis documental y de contenido. Encuestas de opinión y de comunidad.	Estudios de casos. Estudios causales-comparativos (diseño ex-post-facto). Estudios de correlación.	Estudios evolutivos: longitudinales y transversales. Estudios de tendencias.

Tabla 12.1. Clasificación de modalidades de investigación descriptiva.

En el diseño de una investigación descriptiva podemos encontrar las siguientes fases:

1ª. Identificación del problema.

2ª. Formulación de hipótesis.

3ª. Enunciado de los supuestos en que éstas se basan.

4ª. Elección de temas y fuentes apropiadas.

5ª. Selección y elaboración de técnicas de recolección de datos.

6ª. Establecimiento de categorías precisas.

7ª. Verificación de la validez de las técnicas empleadas.

8ª. Describir, analizar e interpretar los datos.

ACTIVIDADES SUGERIDAS

1. *Pon un ejemplo de conocimiento vulgar, filosófico y científico y explica por qué pertenecen a ese tipo de conocimiento.*

2. *Completa la siguiente tabla sobre las características del método científico y explica con tus palabras lo que significa cada una de ellas.*

Características del método científico	Explicación personal
Objetivo	
Fáctico	

3. *Busca algún ejemplo de investigación descriptiva real. Puedes valerte del informe de la investigación para explicar por qué es descriptiva.*

4. *Realiza un ejercicio simulado de investigación para que entiendas bien los pasos en los que Dewey concreta el método científico. Para ello completa los apartados de la tabla.*

1. Nombra un problema que no sepas resolver o explicar.
2. Identificar, define y explica con detalle el problema.
3. Propón formas o actuaciones (hipótesis) que puedan explicar o solucionar el problema.
4. Explica qué consecuencias tendría si cada una de las actuaciones propuestas fuesen ciertas.

PREGUNTAS DE EVALUACIÓN

1. Tomar agua con azúcar para el dolor de agujetas, ¿es una práctica fruto del conocimiento vulgar o del científico? Argumenta tu respuesta.

2. ¿Cuál es la diferencia principal entre la metodología distal y la proximal?

3. Enumera las principales fases de una investigación cuya metodología sea descriptiva.

13 PARADIGMAS DE INVESTIGACIÓN EDUCATIVA

INDICE

OBJETIVOS

Con este capítulo se pretenden alcanzar los siguientes objetivos de aprendizaje:

- Tener una visión global del concepto de paradigma.
- Conocer los paradigmas desde los que se desarrolla la investigación educativa.
- Distinguir las diferencias entre los distintos paradigmas.

RESUMEN

En este capítulo de intenta aclarar el concepto de paradigma desde la concepción de la investigación educativa. Se hace una descripción más en profundidad del paradigma Positivista, Interpretativo, Crítico y de Cambio o Emergente. También se comparan características de los paradigmas Positivista, Interpretativo y Crítico.

MAPA DE CONTENIDOS

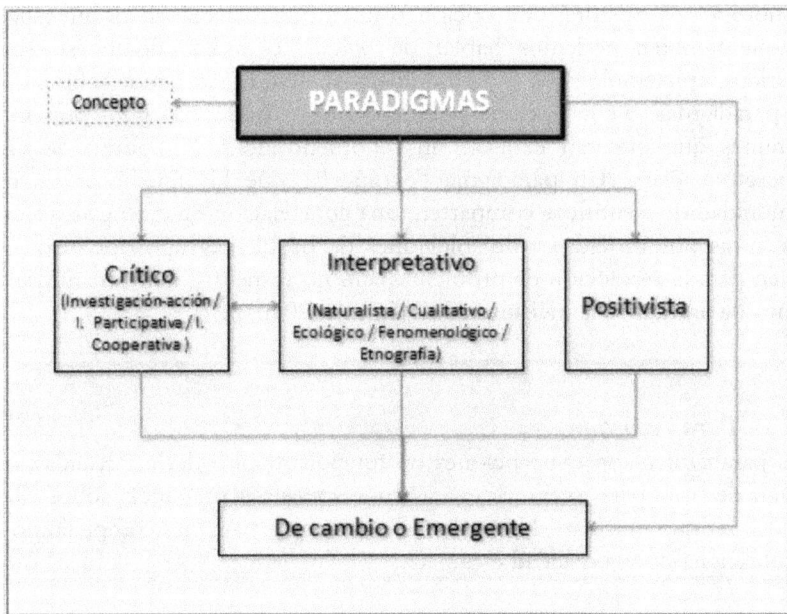

1. INTRODUCCIÓN

La investigación es la base de todo el desarrollo científico en cualquier área de conocimiento. Gracias a ella se van produciendo avances apoyados en otros conocimientos o descubrimientos anteriores que dan pie a nuevos contenidos científicos. Pero para dar coherencia al proceso de investigación, y que cada investigador no haga aportaciones inconexas, con diferentes conceptualizaciones, etc. es necesario que tengan un "mismo" lenguaje, que exista una base desde la que se parta y desde la que se hagan aportaciones.

La palabra paradigma fue usada por Kuhn (1978) para referirse a las diferentes conquistas del conocimiento científico que se iban imponiendo con el tiempo y que empezaban a desplazar a la teoría que estaba vigente convirtiéndose en un nuevo paradigma, hasta que el tiempo hacía que naciese otro que terminaba por imponerse, explicando así las diferentes revoluciones que la ciencia experimentaba. Sin embargo Lakatos (1993) prefirió usar el término o concepto "programas de investigación".

Con respecto al término *paradigma* podemos decir que se usa para dar nombre a una postura, una opción o un modo sistemático de investigar, aunque también podemos hablar de *enfoques* o *modelos* de investigación (teóricos, epistemológicos o metodológicos). Así, nos estamos refiriendo a los paradigmas, o concepciones, desde donde se parte, con unos principios comunes que intentan explicar un fenómeno desde un punto de vista concreto y claro. Un paradigma "es aquello que los miembros de una comunidad de científicos comparten: una constelación de creencias, valores y técnicas por un lado, y de soluciones de problemas tipo por otro, que sirven para la resolución de problemas aún no resueltos, que constituyen el punto de partida de la investigación" (Sandín, 2010, p. 7).

> *Para recordar*
> Los paradigmas son concepciones de funcionamiento de una realidad que sirven de base para explicarla, para dar respuesta a preguntas sobre ella y desde la que se van haciendo aportaciones para ir completando y comprendiendo esa realidad estudiada.

En lo referente a la investigación educativa, vamos a ofrecer una breve panorámica, con el objetivo de situarla, y hacer más comprensible su descripción.

A la hora de determinar los paradigmas existentes, tenemos algunas propuestas como por ejemplo la de Bisquerra, (1998) *Positivista, Interpretativo* y *Crítico*; Lincoln, (1990) los denomina *Postpositivista, Construccionismo,* y *Crítico*. García, González y Ballesteros (2002) que además de los tres clásicos, añaden uno que está apareciendo con cierta frecuencia, se trata del paradigma orientado al *cambio*. Hacen también estos autores un análisis comparativo y citan, por ejemplo, los paradigmas propuestos por Morin (1985), *Positivo, Naturalista* y de *Cambio*; Mertens (1998) *Positivista/Postpositivista, Interpretativo/Cosntructivista,* y *Emancipatorio*, etc.

Aunque, evidentemente hay matizaciones entre las diferentes propuestas, y aunque el paradigma nuevo de *Cambio* propuesto, se podría discutir si se trata de un nuevo paradigma o de un enfoque diferente del paradigma crítico, para nuestros propósitos vamos a quedarnos con la primera clasificación que nos ofrece Bisquerra e intentaremos describir sus principales características.

2. PARADIGMA POSITIVISTA

Hay que señalar, que dentro de este paradigma podemos integrar al llamado *Proceso-producto,* modelo creado por Dunking y Biddle (1974), recogido por Bisquerra, donde se describe este modelo, referido al ámbito educativo, que está constituido por cuatro variables principales:

- *variables presagio*: hacen referencia al profesor[2].
- *variables contextuales*: referidas al alumno y al contexto[3].
- *Variables proceso*: son las acciones observables de profesores y alumnos en sus clases[4].
- *Variables producto*: se refieren al postest, el comportamiento del alumno[5].

En esta perspectiva tenemos como variables más relevantes dentro de un sistema educativo *El comportamiento del profesorado*, como *Variable proceso*, y *El rendimiento académico* como *Variable producto*.

Para saber más

Este paradigma presenta dos aspectos problemáticos como son:
a) La continua confianza en los test de rendimiento, como criterio último de eficiencia.
b) La división molecular de la clase para poder analizarla.

---

[2] Formación profesional que tiene, experiencia profesional, características personales, edad, sexo, habilidades, clase social,...

[3] Formación que tiene el alumnado, situación a nivel de pretest, características personales, actitudes, sexo, edad, clase social, tamaño de la escuela, de la clase, materiales existentes,...

[4] Variables como: entusiasmo del profesorado, trabajo del alumnado dentro de la clase, tareas y deberes, corrección de ejercicios, corrección,...

[5] Variables como: crecimiento intelectual, emocional, social, habilidades, conocimientos, actitudes,...

La metodología usada por este paradigma es básicamente metodología cuantitativa.

3. PARADIGMA INTERPRETATIVO

Dentro de este paradigma se agrupan diferentes corrientes, que se caracterizan por estar en el polo opuesto al enfoque positivista. Entre estas corrientes tenemos: paradigma naturalista, paradigma cualitativo, paradigma ecológico, la fenomenología, la etnografía. Debido a que no lleva mucho tiempo aparecido no está plenamente consolidado.

4. PARADIGMA CRÍTICO

En este paradigma se duda de la neutralidad de la ciencia, e introduce explícitamente una ideología para trabajar desde ella. La investigación parte de la crítica de la realidad, basándose en una sociedad más justa, trata de liberar al hombre y lograr una mejor distribución del poder y de los recursos de la sociedad.

Entre sus tendencias están *La investigación-acción, La investigación participativa y cooperativa,*...etc.

5. PARADIGMA DE CAMBIO O EMERGENTE

Dado que los enfoques tienen limitaciones, y dada la complejidad de la realidad educativa, algunos autores han propuesto la aparición de un llamado "Paradigma para el cambio" (citado por Bisquerra, 1998, y García, González y Ballesteros, 2002), en el que se usan los tres anteriores enfoques.

En este enfoque se complementan los enfoques cuantitativos con los cualitativos. No sólo se ciñe a describir y comprender los procesos que tienen lugar en la fenomenología educativa, sino que se intenta una mejora de los mismos. Pero esta perspectiva está en proceso de formación y perfilarse, por lo que hará falta más tiempo para que se desarrolle y se configura como un paradigma con peso específico.

Para ver y comparar los tres primeros enfoques, dado que el cuarto es una conjunción de todos, vamos a ver cómo se comportan al compararlos con diferentes aspectos de los mismos. Para ello haremos una síntesis de las características y comparación que han hecho de los paradigmas Koettin (1984) y Morin (1985) en la recopilación de Bisquerra (1998).

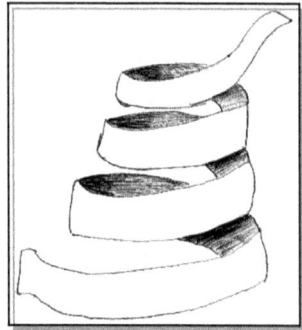

POSITIVISTA	INTERPRETATIV	CRITICO

	O		
Fundamento teórico	Positivista	fenomenológico	Praxeológico
Finalidad de la investigación	Explicar, controlar, predecir, verificar	Comprender, interpretar, descubrir	Liberar, criticar e identificar potencial de cambio, cambiar
Visión /naturaleza de la realidad	Única, dada, externa, tangible, fragmentable, convergente	Múltiple, holística, divergente, construido	Dinámica, Construida, múltiple, holística, divergente.
Relación sujeto – objeto	Independientes, muestral, libre de valores	Interrelacionado, relaciones influenciadas por factores subjetivos	Interrelacionad o, relaciones influenciadas por fuerte compromiso para la liberación humana
Papel de los valores	Neutros, libre de valores	Explícitos, dados, influyen en la selección del problema, la teoría y métodos de análisis	Integrados. Valores dados, crítica de ideología.
El contexto de los fenómenos	Aislado	Esencial	Interrelacionad o
Aproximació n de la realidad	Simplificada	Holística	Interactiva
Estilo del investigador	Interventivo	Selectivo	Participativo
Diseño de la Investigación	Determinado	Emergente	Negociado
El cuadro o lugar de investigación	Laboratorio	Natural	Circunscrito al propio medio
Propósito: Generalizaci ón	Generalizacnes libres del tiempo y contexto, leyes,	Hipótesis de trabajo en contexto y tiempo dado, explicaciones	Hipótesis de trabajo en contexto y

	explicaciones nomotéticas: - deductivas - cuantitativas - centradas sobre semejanzas	ideográficas, inductivas, cualitativas centradas sobre diferencias.	tiempo dado, explicaciones ideográficas, inductivas, cualitativas centradas sobre diferencias.
Explicación casual	Causas reales, temporalmente precedentes o simultáneas	Interacción de factores	Interpretación de factores
Las condiciones de recopilación	Controladas	Libres	Cogestión
El tratamiento	Estables e invariables	Variables	Adaptables
La comprensión de la realidad(1)	Molecular	Molar	Orgánica

Tabla 13.1. Comparativa de enfoques basada en Bisquerra (1998)

Cada paradigma tiene una forma de entender la realidad distinta. Así, el paradigma **positivista**, al considerar la realidad como algo único y tangible, tenderá a estudiarlo de manera analítica, dividiendo la realidad en pequeñas porciones o fragmentos de estudio (moléculas), como quien estudia las diferentes piezas, ruedas y engranajes de una máquina. De manera diferente lo hace el paradigma **interpretativo**, ya que, siguiendo con el ejemplo anterior, no se fija en las piezas de la máquina de manera individual, sino en la máquina en sí, su funcionamiento, su significado. Por último, el paradigma **crítico** lleva esto más allá y busca comprender cómo funciona la máquina y, al mismo tiempo, cómo se relacionan (o interaccionan) las diferentes piezas y mecanismos.

ACTIVIDADES SUGERIDAS

1. *Haz una búsqueda sobre el concepto de paradigma, y realiza un mapa con los diferentes conceptos que encuentres referidos al significado de paradigma.*

2. *Busca información y haz un resumen cada una de las corrientes que agrupa el paradigma Interpretativo, y elabora una definición propia de este paradigma teniendo en cuenta las concepciones de los paradigmas que lo incluyen.*

3. *Haz un rastreo por revistas científicas y encuentra tres investigaciones donde participen de cada uno de los paradigmas educativos.*

4. *Teniendo en cuenta la tabla donde se comparan los tres paradigmas, inventa un ejemplo de investigación basada en cada una de ellas, describiendo los distintos apartados en función del contenido de cada paradigma.*

PREGUNTAS DE EVALUACIÓN

1. *Explica con tus palabras lo que entiendes por paradigma.*

2. *Si te dicen que tiene una visión del mundo holística, nos referimos a:*

   a) Al paradigma positivista.

   b) Al paradigma interpretativo.

   c) Al paradigma crítico.

   d) Al paradigma crítico e interpretativo.

   e) Ninguno de los paradigmas tienen esa visión del mundo.

3. *Une con cada paradigma con el tipo de diseño que le corresponda, poniendo su número en el paréntesis.*

   1-Diseño negociado; 2-Diseño determinado; 3-Diseño emergente

   Paradigmas: Positivista ( )   Interpretativo ( )   Crítico ( )

14 PROCEDIMIENTOS DE INVESTIGACIÓN SEGÚN LOS PARADIGMAS

INDICE

OBJETIVOS

Los objetivos de aprendizaje para este capítulo son los siguientes:

- Conocer los procesos metodológicos de los principales paradigmas.
- Distinguir las diferencias entre los procesos metodológicos de las metodologías cuantitativa, cualitativa y crítica.
- Diferencias bien las características entre la metodología cuantitativa y cualitativa.
- Conocer los principales métodos de investigación, y las variantes que ofrecen los métodos positivistas.
- Acercarse a las características de la investigación aplicada a la educación: investigación educativa.

RESUMEN

En este capítulo se hace una descripción de las partes los tres principales procesos de investigación: Cuantitativo, Cualitativo y Crítico. Así como de los principales métodos de investigación de las tres metodologías. Explicando los que proceden de los métodos positivistas como los Experimentales, Cuasi-Experimentales y los No experimentales.

También se propone las partes en líneas generales de un proyecto de investigación, haciendo hincapié en las diferencias que cada metodología aporta. Y entrando en la descripción de las peculiaridades de la investigación cuando se desarrolla en el ámbito educativo.

MAPA DE CONTENIDOS

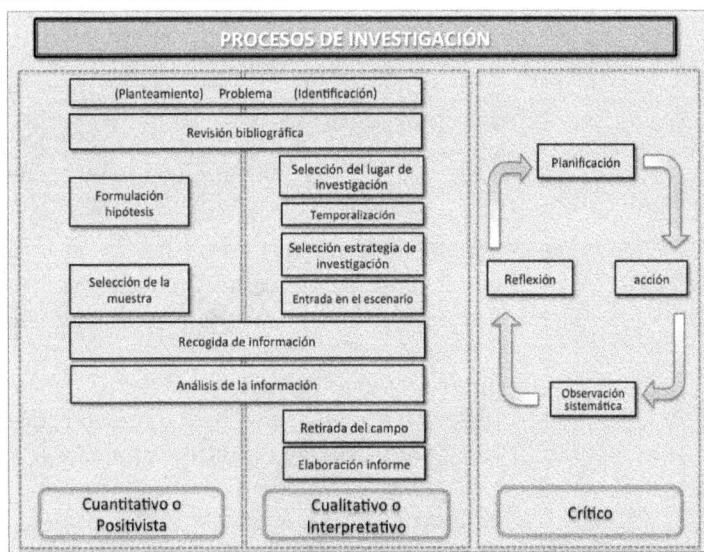

1. PROCESO DE INVESTIGACIÓN CUANTITATIVO O POSITIVISTA

La metodología constituye el plan o esquema de trabajo que sigue el investigador. Puede constar de las siguientes fases o tareas:

1. Planteamiento del problema.
2. Revisión bibliográfica.
3. Formulación de hipótesis
4. Selección de la muestra. (Podemos seleccionar la muestra al azar o cuando se selecciona una muestra lo más representativa posible).
5. Recogida de información.
6. Análisis de la información. (El análisis bajo este paradigma se lleva a cabo analizando los datos de forma cuantitativa)
7. Conclusiones.
8. Informe de investigación.

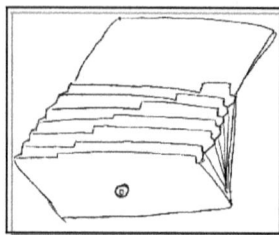

2. PROCESO DE INVESTIGACIÓN CUALITATIVO E INTERPRETATIVO.

Puede constar de las siguientes partes:

1. Fase exploratoria o de reflexión.
   o Identificación del problema.
   o Revisión bibliográfica
2. Fase de planificación.
   o *Selección del lugar de investigación.*
   o *Temporalización del estudio.*
   o *Selección de la estrategia de investigación.*
     ▪ Fenomenología. Es una investigación sistemática de la subjetividad. La muestra es el mundo tal y como se nos presenta a través de la conciencia.
     ▪ Etnometodología. Trata de comprender cómo las personas ven, describen y explican el funcionamiento de los fenómenos.
     ▪ Interaccionismo simbólico. Intenta descubrir cómo se interpretan las acciones humanas.
     ▪ Etnografía. La etnografía describe los acontecimientos que ocurren en un grupo, "lo que la gente hace, cómo se comporta, cómo interactúa. Se propone descubrir sus creencias, valores,

perspectivas, motivaciones y el modo en que todo eso se desarrolla o cambia con el tiempo o de una situación a otra. Trata de hacer todo esto desde dentro del grupo y desde dentro de las perspectivas de los miembros del grupo" (Woods, 2011, p. 18).

3. *Fase de entrada en el escenario.* El investigador debe negociar el acceso al lugar de investigación. Seleccionará una muestra en función de lo que se quiera investigar.

4. *Fase de recogida y análisis de la información.*
   o Recogida de información. Los datos son recogidos en forma de notas de campo y grabaciones.
   o Análisis de la información.

5. *Fase de abandono del campo o retirada del escenario.*

6. *Fase de elaboración del informe.*

3. PROCESO DE INVESTIGACIÓN CRÍTICO.

Puede consistir en el siguiente proceso cíclico.

1. Planificación.
2. Acción.
3. Observación sistemática.
4. Reflexión.

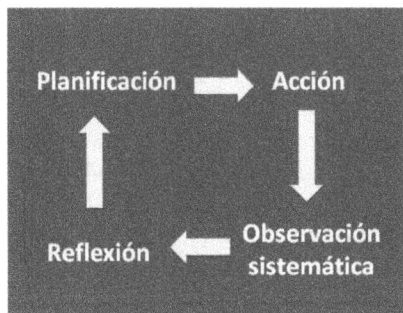

Figura 14. 1. Proceso de investigación cíclico.

Sabemos que en una investigación se hace todo y se planifica con el objetivo de extraer unas conclusiones sobre el objetivo de la investigación. Esta parte final se lleva a cabo porque se recogen una serie de datos y posteriormente se analizan. Es de este análisis de donde extraemos los resultados de todo el proceso.

Dado que todo el proceso deja caer su peso en los datos y en su análisis, estos, resultan vitales para la fiabilidad del proyecto. Por ello resulta interesante, cuanto menos, conocer las vicisitudes por las que discurrió la recogida de información.

Cuando comentamos o tenemos presente cómo se desarrolla la recogida de datos en el campo para audiencias que no han participado en la misma, estamos ofreciendo una información valiosa para comprender mejor los datos que se recogieron. La información recogida en el campo mientras se obtenían los datos puede darnos luz para comprender o aclarar algunos de los resultados que hemos obtenido. Algunas veces se pueden hacer interpretaciones, que sin conocer el contexto donde se produjeron, pueden inducir a error.

Por ello es recomendable aportar información del siguiente tipo para enriquecer los resultados obtenidos de los datos:

1. Descripción de las condiciones dónde se tomaron los datos en cada instrumento. (Tiempos, materiales, espacios físicos,...)
2. Dificultades y facilidades que se tuvieron durante el proceso.
3. Incidentes interesantes que ocurrieron.
4. Otros aspectos que se crea que puedan aportar para comprender mejor el significado de los mismos

4. MÉTODOS DE INVESTIGACIÓN.

A la hora de poner en marcha una investigación hemos de elegir el método con el que llevarla a cabo. Dado que hay un amplio abanico de tipología de investigaciones, se han sucedido una gran variedad de métodos con los que implementar la investigación.

Este conjunto de procedimientos con los que abordamos la investigación se pueden agrupar en tres grandes grupos de métodos de investigación: *positivistas, interpretativos y críticos*. De estos grandes apartados nos vamos a centrar en la investigación *positivista*.

Dentro de estos métodos *positivistas* podemos establecer diferentes niveles en el análisis de la información y búsqueda de explicaciones de los fenómenos estudiados de tipo educativo. Estas metodologías pueden ser de tipo *experimentalista* o de tipo *no experimentalista* o *ex-post-facto*. De entre estos segundos tenemos los métodos *descriptivos y correlacionales*, y para el primero el *experimental*.

Gráficamente podemos ver la relación entre las metodologías en la figura siguiente.

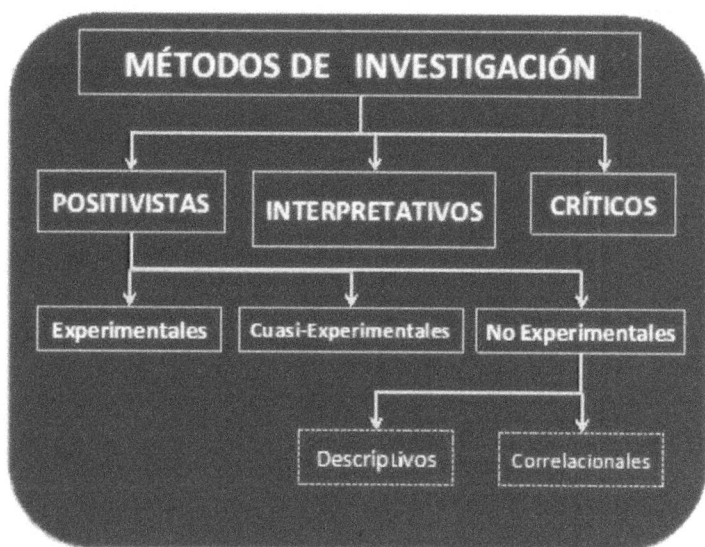

Figura 3. Clasificación de los métodos de investigación.

En los métodos experimentales podemos manipular las condiciones en las que se produce, mientras que en los *no experimentales* no se puede manipular, bien porque ya hayan tenido lugar o porque no se pueda o se deba manipular esta. Aquí la investigación se lleva a cabo después de que tenga lugar el fenómeno que se estudia, ex-post-facto.

En la investigación educativa es muy complicado llevar a cabo investigaciones experimentales debido a la complejidad de los fenómenos estudiados, así como su medición. Una alternativa usada en estas circunstancias es llevar a cabo una experimentación *cuasi-experimental*.

Los otros métodos de investigación no experimental, o ex-post-facto, son los *descriptivos*, que describen "situaciones, eventos y hechos, decir cómo son y cómo se manifiestan" (Sabariego y Bisquerra, 2012, p. 114), y los *correlacionales*, que tienen como objetivo "descubrir y evaluar las relaciones existentes entre las variables que intervienen en un fenómeno" (Sabariego y Bisquerra, 2012, p. 115). Tienen su fundamento en las relaciones que se observan así como en las relaciones entre los fenómenos estudiados.

5. EL PROYECTO DE INVESTIGACIÓN Y SUS PARTES.

Los proyectos de investigación, en líneas generales suelen tener una serie de partes, que luego, en función de las especificidades de los mismos pueden sufrir alguna modificación.

> **Para recordar**
> En general los proyectos de investigación suelen incluir los apartados
> siguientes:
> 1. Introducción
> 2. Planteamiento del problema
> 3. Hipótesis
> 4. Revisión bibliográfica
> 5. Metodología
>   a. Sujetos
>   b. Diseño
>   c. Instrumentos
>   d. Procedimientos
>   e. Controles
> 6. Técnicas de análisis de datos
> 7. Temporalización
> 8. Presupuesto
> 9. Referencias bibliográficas.

5.1. Investigación cuantitativa

El objetivo de la investigación consiste en establecer relaciones causales que
supongan una explicación del fenómeno. Se basa en las relaciones entre el
hombre y su entorno, intentando llegar a formular leyes generales. Intenta
lograr la máxima objetividad. Es una investigación nomotética. Son
ejemplos los métodos experimentales, cuasi – experimentales,
correlacionales, encuesta, etc. En la recogida de datos se suelen aplicar test,
pruebas objetivas y otros instrumentos de medida sistemática, y la
aplicación de la estadística en el análisis de datos.

El conocimiento se debe basar en la experiencia. Las características de
este tipo de investigación son:
- Empleo de métodos hipotético – deductivo.
- Estudio de grandes muestras por método de muestreo probabilístico,
  aplicación de tests y medidas objetivas del comportamiento.
- El investigador es un elemento externo.
- En el análisis de datos se aplican técnicas estadísticas.

5.2. Investigación cualitativa

Es una investigación interpretativa, referida al individuo, a lo particular, de
carácter idiográfico. Son ejemplos la investigación ecológica, la investigación
naturalista, estudio de casos....

Características de la investigación:

1. El investigador como instrumento de medida. En la investigación cualitativa el investigador es el instrumento de medida.
2. Estudios intensivos en pequeña escala. Se basa en la exploración intensiva de unos pocos casos.
3. Teorías e hipótesis. Es un método de generar teorías e hipótesis.
4. No tiene reglas de procedimiento. No se especifica previamente el método de recogida de datos.
5. Holística. Abarca el fenómeno en su conjunto.
6. Recursiva. Se va elaborando a medida que avanza la investigación.
7. Categorización. Suele preguntar frecuentemente ¿qué es un ejemplo de...?
8. Análisis estadístico. No permite un análisis estadístico.
9. Serendipity. Se incorpora hallazgos que no estaban previstos.
10. Emocionalmente satisfactorio. Es democrática.

Para saber más

En la investigación cualitativa se suelen emplear técnicas de recogida de datos como el estudio de casos, las entrevistas en profundidad, la observación participante, fotografías, videos, grabaciones, etc. Con ello se pretende saber lo que la gente dice y hace. Las crítias que recibe son:

- Es subjetiva.
- Sobrecarga de valores del investigador.
- No se puede replicar.
- Poca fiabilidad.
- Falta de exactitud y precisión.
- Poco rigurosa y sistemática.

INVESTIGACIÓN CUALITATIVA	INVESTIGACIÓN CUANTITATIVA
Aboga por el empleo de los métodos cualitativos	Aboga por el empleo de los métodos cuantitativos
Fenomenologismo y verstehem (compresión) " interesado en comprender la conducta humana desde el propio marco de referencia de quien actúa "	Positivismo lógico "busca los hechos o causas de los fenómenos sociales, prestando escasa atención a los resultados subjetivos de los individuos".
Observación naturalista y sin control	Medición penetrante y controlada
Subjetivo	Objetivo
Próximo a los datos; perspectiva desde dentro	Al margen de los datos; perspectiva desde fuera.

Fundamentado en la realidad, orientado a los descubrimientos, exploratorio, expansionista, descriptivo e inductivo	No fundamentado en la realidad, orientado a la comprobación, confirmatorio, reduccionista, inferencial, hipotético deductivo
Orientado al proceso	Orientado al resultado.
Válido: datos reales, ricos y profundos	Fiable: datos sólidos y repetibles
No generalizable: estudio de casos aislados	Generalizable: estudio de casos múltiples
Holista	Particularista
Asume una realidad dinámica	Asume una realidad estable

Tabla 14.1. Comparativa de las metodologías Cuantitativa y Cualitativa

5.3. Investigación acción / crítico

La investigación – acción pretende resolver un problema real y concreto, procurando mejorar la práctica educativa real en un lugar determinado "a través de ciclos de acción y reflexión" (Latorre, 2012, p. 24). Es un proceso planificado de acción, observación, reflexión y evaluación, de carácter cíclico, conducido y negociado por los diferentes participantes en la investigación. Se mueve dentro de la ciencia ideográfica. La investigación acción es la ciencia de la práctica; su propósito "no es tanto la generación de conocimiento como el cuestionar las prácticas sociales y los valores que la integran con la finalidad de explicitarlos. La investigación-acción es un poderoso instrumento para reconstruir las prácticas y los discursos" (Latorre, 2012, p. 27).

El origen de la investigación acción esta en:

a) Un profesor siente la necesidad de cambiar o modificar su práctica educativa

b) Un grupo de profesores creen necesaria la introducción de cambios en su labor educativa.

c) Un equipo de profesores que trabaja con un grupo de investigadores, propone cambios en la práctica educativa.

Claves de la investigación acción:

- Pretenden mejorar la práctica educativa
- Debe ser participativa; entre todos pretenden mejorar la práctica educativa
- Consta de ciclos de planificación, acción, observación, reflexión
- Todos colaboran en la realización
- Crea comunidades autocríticas
- El aprendizaje se realiza de forma sistemática.

- Se teoriza acerca de la práctica educativa.
- Es necesario un diario donde se anotan sus propios juicios, reacciones e impresiones.
- Es crítica
- Implica cambios en la práctica educativa
- Comienza con pequeños grupos que se van haciendo cada vez más grandes.
- Permite dar una justificación razonada de nuestra labor educativa.

Es relevante el carácter participativo de los implicados en el problema. No posee una metodología propia, las técnicas utilizadas suelen ser cuantitativas y cualitativas. Entre las técnicas de control están: entrevista, estudio de casos, registro anecdótico, anotaciones de campo, la descripción ecológica del comportamiento, el análisis de documentos, diarios, cuadernos, tarjetas de muestras, archivos, cuestionarios, métodos sociométricos, inventarios, grabaciones en cintas y en videos. La encuesta es usada en la investigación-acción, además de otras técnicas tanto cuantitativas como cualitativas.

Pasos en la investigación – acción:
1. Planteamiento del problema
2. Organización
3. Revisión de la literatura
4. Modelo
5. Formulación de la Hipótesis
6. Procedimiento
7. Comprobación del modelo
8. Evaluación continua
9. Realización del proyecto
10. Interpretación de los datos
11. Conclusiones
12. Aplicación inmediata de los hallazgos.

Para recordar
Características de la Investigación – acción
1.- Contexto situacional.   2. Generalmente colaborativo
3. Participativa   4. Auto – evaluativa
5. Acción – reflexión   6. Proceso paso a paso
7. Proceso interactivo   8. Feedback continuo
9. Molar   10. Aplicación inmediata.

---

6. LA INVESTIGACIÓN EDUCATIVA

La Investigación Educativa en la actualidad es una disciplina reciente. Su origen se sitúa a finales del siglo XIX (Arnal, Del Rincón y Latorre, 1992) y se encarga del estudio y el conocimiento de la realidad educativa. La metodología experimental se extendió a la educación a partir de ciencias afines, donde ya se había desarrollado, como eran la Medicina y la Psicología. Se ha incluido en los nuevos planes de estudio en Ciencias de la Educación como Métodos de Investigación en Educación.

Cuando tratamos de estudiar los fenómenos educativos siguiendo el enfoque experimentalista, nos damos cuenta de la dificultad de su uso por las características propias de estos fenómenos, además de lo que le suma por ser, además de educativo, un fenómeno de tipo social.

Los fenómenos educativos tienen una gran complejidad que se ve incrementada por su interacción con otros, lo que hace que pueda darse una serie de variables que no podemos controlar al no poder aislar los comportamientos que queremos estudiar. En estos fenómenos intervienen una serie de aspectos que lo hacen aún más complejo como el ser de tipo político, moral, ético, donde intervienen valores, sentimientos, etc. que no se pueden observar directamente.

A esto se le unen dos aspectos importantes como son las variaciones que pueden sufrir los fenómenos al desenvolverse en diferentes contextos, e incluso el investigador puede formar parte de éste.

Hay una serie de circunstancias que dan complejidad a este fenómeno a la hora de llevar a cabo mediciones en él, y que Gil, Rodríguez y García (1995) resumen en los siguientes:

    a. *Complejidad del objeto a medir.* Podemos medir características de personas que intervienen en el proceso; productos de aplicaciones; liderazgo educativo, clima escolar. Se puede complicar aún más si tenemos que medir de forma indirecta, a través de conductas concretas; es prácticamente imposible repetir la medida,...

    b. *La elaboración de la regla.* Para elaborar una regla necesitamos una teoría sobre la que ha de medirse, y luego hemos de contrastarla con la realidad. (El asignar una puntuación concreta a cada pregunta, no significa que todas las preguntas representen una cantidad de saber igual)

    c. *La unidad de medida.* Una misma nota puesta por profesorado diferente, no indica el mismo nivel de conocimiento.

d. *El instrumento de medida.* Los instrumentos han de medir lo que afirman medir (*validez*) y tienen que llevar a cabo esta medición de forma estable en distintas situaciones y contextos (*fiabilidad*).

e. *La operación de medir.* Se dan tres factores principalmente que pueden incidir cuando se mide: 1. El que aplica el instrumento de medida. Su relación y actitud con los sujetos. 2. Las circunstancias espacio temporales que rodean a la medición. (Comodidad, clima, hora a la que se haga, lugar,..) 3. Características externas e internas. (Pueden producir aceptación o rechazo del instrumento, y falsear los resultados)

Y, llegados a este punto, nos preguntamos ¿cómo podemos salvar estas dificultades e investigar los fenómenos educativos? La solución viene de la mano de otros diseños, o alternativas a los diseños experimentales.

Se trata de los diseños cuasi-experimentales, y diseños en los que hay un solo sujeto (de sujeto único). Pero se ha dado un paso más, muchos consideran que las investigaciones de corte positivista no son adecuadas para el estudio de la realidad social humana, por lo que han aparecido otros métodos o enfoque de investigación, como son el *Interpretativo* y el *crítico*.

Estos enfoques consideran que los fenómenos que se dan en la sociedad, y más concretamente en el mundo educativo, tienen su origen en las interacciones sociales, personales e individuales de los que concurren a ese hecho, que en rígidas leyes científicas establecidas de antemano.

La investigación que se intenta basar en el enfoque *interpretativo* tiene como objetivo la comprensión de la realidad desde el punto de vista del sujeto objeto de investigación. Trata de comprender cómo suceden los fenómenos educativos desde el punto de vista del educando, sin que interese establecer las leyes causales de tales comportamientos.

En la investigación *crítica* se utiliza esta para conocer la realidad e intentar su transformación. Las personas implicadas en la investigación son los protagonistas del cambio, basado en reflexiones propias y del grupo sobre la problemática investigada conforme van apareciendo los problemas.

Para saber más

Hay unas características que definen la investigación educativa y que son inherentes a ella. Entre estas podemos distinguir (Arnal, Del Rincón y Latorre 1992) que los fenómenos educativos:

a) *Son más complejos.* Su estudio es más complejo que el de las ciencias físico-naturales.

b) *Plantean mayor dificultad epistemológica.* No se disponen de instrumentos precisos; los fenómenos son irrepetibles o muy difíciles, lo que dificulta la replicación; interactúan muchas variables y es difícil su control.

c) *Tienen un carácter pluriparadigmático.* Se dan muchas perspectivas de estudio y métodos difíciles de conciliar.

d) *Tienen un carácter plurimetodológico.* Es necesario usar variadas metodologías para suplir las deficiencias que encierran cada una por separado.

e) *Tiene un carácter pluridisciplinar.* Este tipo de fenómenos se pueden contemplar desde diferentes disciplinas (psicología, sociología, pedagogía).

f) *Se establecen una relación especial entre el investigador y el objeto investigado.* El investigador forma parte del fenómeno social que investiga y participa en él con sus valores, creencias, etc. por lo que se hace muy difícil que pueda ser totalmente neutral.

g) *Es más difícil hacer generalizaciones como en otras ciencias.* La variabilidad de los acontecimientos, tanto en el espacio como en el tiempo, hace difícil establecer generalizaciones.

h) *Es difícil su delimitación.* Al no tener un marco muy claro y definido se hace difícil delimitar claramente lo que se considera investigación educativa.

ACTIVIDADES SUGERIDAS

1. *Busca alguna investigación de ejemplo que contemple todas, o la mayoría de las partes, que suele tener un proyecto de investigación.*

2. *Partiendo de la información que hay en la Tabla comparativa de las metodologías Cuantitativa y Cualitativa, explica con tus palabras los diferentes apartados que se comparan.*

3. *Repasa varias veces el Mapa de contenidos desde las tres perspectivas, y después intenta hacerlo sin mirarlo, y comprueba los aspectos que habías olvidado.*

PREGUNTAS DE EVALUACIÓN

1. *¿Cuál es la principal finalidad de los métodos de investigación descriptivos y de los correlacionales? ¿En qué se diferencian?*

2. *La investigación cuantitativa, ¿está orientada al proceso o al producto? ¿Por qué?*

3. *Define qué es una investigación – acción con un ejemplo que hayas vivido o del que has oído hablar.*

15 DEFINIR LA INVESTIGACIÓN

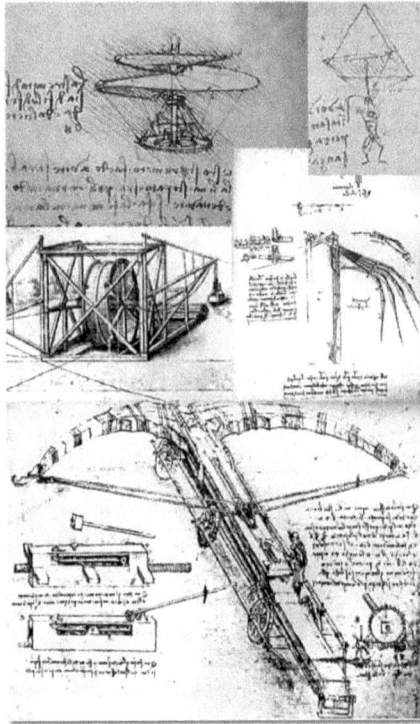

INDICE

OBJETIVOS

Los objetivos de aprendizaje para este capítulo son los siguientes:

- Comprender algunas clasificaciones de las investigaciones en función de criterios concretos.
- Conocer el significado de algunas tipologías de investigaciones.
- Diferenciar los tipos de investigación en función del criterio de profundidad en la investigación.
- Diferenciar con más detalle las metodologías exploratorias, descriptivas, correlacional y explicativa.

RESUMEN

En este capítulo se intenta clarificar los diferentes tipos de investigaciones en función de algunos criterios. Se explican algunos tipos de investigaciones, los más significativos y se describen con mayor profusión la clasificación de las investigaciones en función de la profundidad como son la exploratoria, descriptiva, correlacional y explicativa.

MAPA DE CONTENIDOS

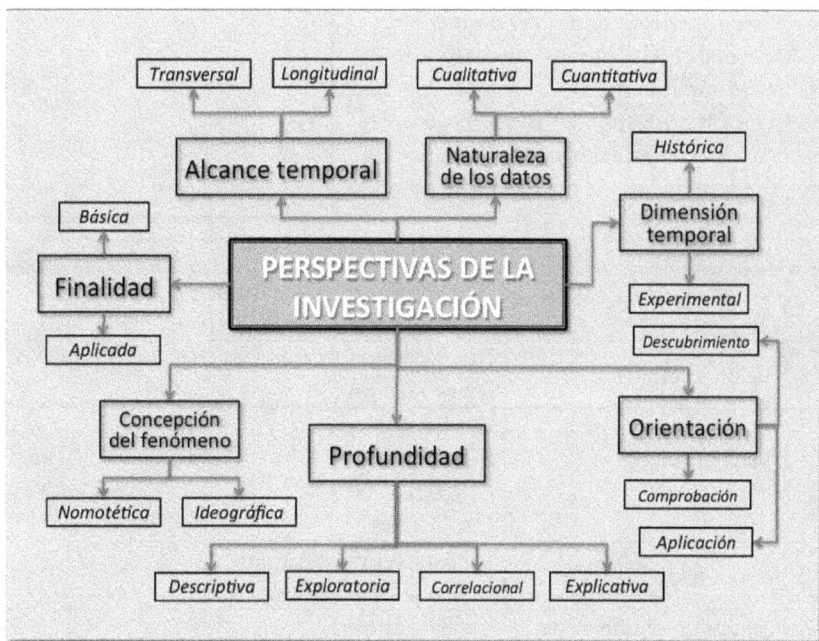

1. DEFINICIÓN DE LA INVESTIGACIÓN

Ya vamos delimitando nuestra investigación. Lo primero que hicimos fue proponer una temática sobre la que nos interesaba investigar. Después, con ayuda de la revisión de la literatura hemos podido concretar aquel aspecto sobre el que investigaríamos, además de conocer mejor el estado de la cuestión objeto de nuestro interés.

En este apartado vamos a delimitar un poco más el tipo de investigación que queremos llevar a cabo, sus características y la profundidad con que nos enfrentaremos a ella.

Cuando intentamos mostrar una panorámica de las diferentes investigaciones que se puede llevar a cabo, nos encontramos con que no hay unanimidad a este respecto. En función de los criterios que se usen, así tendremos una clasificación u otra.

Por ello vamos a mostrar algunas opiniones sobre esta cuestión para hacernos una idea de cómo está el panorama del tema que nos ocupa.

2. PERSPECTIVAS EN LA INVESTIGACIÓN EDUCATIVA.

Las perspectivas en la investigación educativa van a estar en función de los criterios que se usen como referencia.

Así Arnal, Del Rincón y Latorre (1992) establecen una serie de modalidades de investigación educativa en función de unos criterios de clasificación, reflejados en la siguiente tabla:

CRITERIOS	TIPOS DE INVESTIGACIONES
La finalidad:	Investigación básica (pura) Investigación aplicada
El alcance temporal:	Investigación transversal (*seccional, sincrónica*) Investigación longitudinal (*diacrónica*)
La profundidad u objetivo:	Exploratoria Descriptiva Correlacional Explicativa
El carácter de la medida:	Investigación cuantitativa Investigación cualitativa
El marco en el que tiene lugar:	De laboratorio De campo, sobre el terreno
La concepción del fenómeno educativo	Investigación nomotética Investigación ideográfica
La dimensión temporal:	Investigación histórica

	Investigación experimental
La orientación que asume:	Investigación orientada a la comprobación
	Investigación orientada al descubrimiento
	Investigación orientada a la aplicación

Tabla 15.1. Clasificación de investigaciones

Para saber más

Investigación Nomotética. Su intención es establecer leyes generales por las que se rigen los fenómenos educativos. Se orienta hacia explicaciones generales. Utiliza una metodología empírico-analítica basada en la experimentación.

Investigación Ideográfica. Se basa en la singularidad de los fenómenos, no pretende generar leyes ni ampliar el conocimiento. Enfatiza lo particular sobre lo general.

3. DESCRIPCIÓN DE ALGUNOS TIPOS DE INVESTIGACIONES

A la hora de definir las investigaciones nos encontramos con diversos criterios, a partir de los cuales se generan diversas tipologías. En este caso vamos a describir las más significativas, desde nuestro punto de vista, para resaltar sus características diferenciales.

INVESTIGACIÓN BÁSICA:

En su forma más pura, la investigación básica se lleva a cabo con el único propósito de desarrollar y mejorar un cuerpo teórico: una teoría, un modelo, un teorema, un conjunto de principios, etc. Por ejemplo sería investigar el comportamiento en un aula del alumnado con síndrome de Asperger.

INVESTIGACIÓN APLICADA:

La investigación aplicada, como su propio nombre indica, se lleva a cabo con el propósito de aplicar o comprobar un cuerpo teórico y valorar su utilidad en la solución de problemas educativos. En este caso podría ser un ejemplo dar respuesta a las necesidades educativas del alumnado con síndrome de Asperger.

INVESTIGACIÓN EVALUATIVA:

El propósito de la investigación evaluativa es facilitar la toma de decisiones determinando el valor relativo de dos o más alternativas de acción. Pueden evaluarse programas educativos, instituciones escolares, métodos o estrategias de enseñanza, materiales o recursos didácticos, etc.

INVESTIGACIÓN Y DESARROLLO (I+D):

El propósito fundamental de la I+D no es formular o comprobar teorías sino desarrollar productos efectivos para utilizarlos en cualquier ámbito educativo (formal o no formal). La elaboración de programas educativos, el desarrollo de materiales y recursos didácticos, la construcción de instrumentos de evaluación son algunas de las tareas en las que se implica la I+D.

INVESTIGACIÓN - ACCION (I-A):

El propósito fundamental de la Investigación-Acción es solucionar problemas educativos en los que la clave está en la interacción de individuos o grupos. La búsqueda de soluciones en ámbitos como las relaciones entre profesores y alumnos en un aula, la dinámica presente en un grupo de trabajadores en una empresa, la problemática asociada a un colectivo de mujeres que buscan su primer empleo, etc. son algunas de las acciones en las que la I-A se ve implicada.

INVESTIGACIÓN HISTÓRICA:

La investigación histórica supone estudiar, comprender y explicar acontecimientos pasados. Su propósito es alcanzar conclusiones relativas a las causas, los efectos o las tendencias asociadas a hechos ocurridos en el pasado que pueden ayudar a explicar acontecimientos de actualidad y anticipar eventos futuros.

INVESTIGACIÓN CAUSAL-COMPARATIVA (ex post facto):

La investigación causal-comparativa trata de asociar determinados efectos observados (p.e. un buen nivel de articulación de fonemas) a una causa (p.e. el nivel cultural de los padres) no provocada directamente por el investigador. En este tipo de investigación, la diferencia entre dos resultados obtenidos no puede ser determinada o controlada por el investigador, es algo que simplemente ocurre.

INVESTIGACIÓN EXPERIMENTAL

En una investigación experimental el investigador manipula al menos una variable independiente (causa, tratamiento, método de intervención) y observa las consecuencias sobre una o más variables dependientes (efecto). La esencia de la experimentación es el control ejercido sobre la situación: selección controlada de individuos o grupos, asignación de las variantes del tratamiento (incluida la no asignación de tratamiento alguno) a los mismos, medición rigurosa de los efectos, etc.

INVESTIGACIÓN INTERPRETATIVA (etnográfica, cualitativa)

La investigación interpretativa busca establecer una comprensión de determinados fenómenos educativos considerando la perspectiva de los individuos o grupos afectados. El investigador trata de extraer el significado que los fenómenos educativos tienen para sus protagonistas, sin ejercer control alguno sobre dichos fenómenos y sin tratar de cambiarlos. Los hechos y acontecimientos que analiza son considerados, en sí mismos, como parte de un entramado social o cultural.

4. PROFUNDIDAD DE LA INVESTIGACIÓN

Algunos autores como Hernández, Fernández y Baptista (1998) nos hacen una propuesta de clasificación ya incluida en las descripciones realizadas anteriormente. Nos vamos a detener en ella por creerla interesante para aclarar los términos en que se lleva a cabo una investigación.

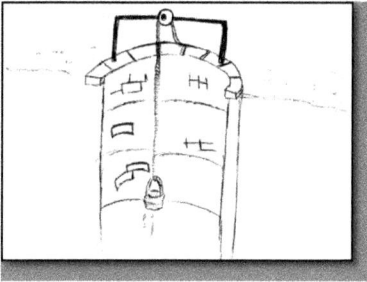

Aunque el abanico de posibilidades que nos ofrecen no es muy amplio, nos pueden servir otras características que tienen en cuenta a la hora de clasificar los tipos de estudios cuando nos referimos a la investigación sobre el comportamiento humano.

Así, autores como Hernández, Fernández y Baptista (1998) clasifican estos estudios en cuatro tipos: *exploratorios, descriptivos, correlacionales* y *explicativos*. En términos parecidos a como lo hicieron Arnal, Del Rincón y Latorre (1992) y García, González y Ballesteros, (2001)

A la hora de iniciar un estudio podemos plantearnos por cuál de ellos empezamos. Son dos los factores que pueden explicar esta elección:

a. El *estado del conocimiento del tema* que se esté investigando. Puede darse el caso de que no exista nada en la literatura sobre ese aspecto, o bien que no podamos aplicarlos a nuestro contexto. Caso en el que tendríamos que iniciar nuestra investigación como exploratoria. O por el contrario ya existen elementos de los que partir de otras investigaciones. Pueden también existir estudios que relacionen conceptos y variables que vayamos a tratar, o bien pueden existir teorías que podamos aplicar a nuestro problema de investigación

b. El *enfoque* con el que se intente afrontar el estudio. Este enfoque es el que determina la forma de iniciar el estudio, aunque puede sufrir una evolución posterior en función de los resultados que nos vayamos encontrando.

Esta tipología no es en sí totalmente excluyente, ya que podríamos pasar de un tipo a otro en función de varias circunstancias, al estar en diferentes niveles y tener que apoyarse en unos para pasar a otros. De los cuatro tipos de investigaciones que hemos comentado, son la de carácter *exploratorio* las que siempre son previas a las demás, como parece lógico pues tiene que sentar las bases para cualquier tipo de investigación. Los estudios de tipo *descriptivo*, son las que proporcionan información necesaria para los de carácter *correlacional*, y estos a su vez son el sustento de los estudios *explicativos*.

No se puede decir que una investigación sea mejor que otra, que es más importante, o consigue mejores resultados, cada una de ellas tiene sus objetivos y contribuyen, desde su óptica, con aportaciones a la ciencia. La elección de un tipo de investigación en concreto, o empezar por uno determinado, va a depender de cómo se plantee la problemática de la investigación. Una investigación puede plantearse como exploratoria, y después convertirse en descriptiva o correlacional, o bien ser de un estilo concreto pero tener elementos de otro u otros.

3.1. Investigación exploratoria.

A una investigación se le denomina *exploratoria* cuando lo que pretende es conocer una problemática que estaba poco o nada investigada. Es un tema que no conocemos y mediante el estudio nos acercaremos a él, a sus circunstancias más importantes. Como podría ser llegar a un patio de un colegio que no se conoce e intentar explorar los fenómenos que tienen lugar en él. Estos podrían ser niñas paseando, otros jugando en la arena, otros en un columpio, otros peleándose, etc.

> Un **ejemplo de investigación exploratoria** podría ser:
>
> *Conocer lo que piensa el alumnado de un colegio sobre el nuevo equipo directivo del mismo; funcionamiento del centro, disciplina, tutorías, actividades escolares y extraescolares, recreo, mantenimiento de las instalaciones,...*

Se han podido llevar a cabo estudios similares en otros contextos y circunstancias, pero éste no. Estudios que podrían servir para ver como han llevado a cabo la investigación. Estas circunstancias son nuevas porque este equipo directivo no ha sido nunca investigado en ese centro, (y tal vez en ninguno).

La metodología que se utiliza en este tipo de estudios es *flexible, amplia y dispersa*, sobre todo si la comparamos con otros tipos de investigaciones mucho más predeterminadas, como pueden ser las descriptivas o las explicativas. La persona que lleve a cabo el estudio, no necesita saber del tema investigado, ya que se puede tratar de alguna materia no conocida, y el objetivo sea acercarse a ella.

Estos estudios suelen ser un paso para conseguir otros objetivos, no terminado en ellos mismos. Pueden ser la base para conocer una realidad y después abordarla de una forma más completa. Aunque todo va a depender siempre de lo que se pretenda con la investigación.

○ **Para recordar**

En este tipo de investigaciones, lo que se hace es determinar las cuestiones que nos interesa conocer y medirlas por separado, para después poder describir las mismas.

---

3. 2. Investigación descriptiva

Con este tipo de estudios lo que se pretende, básicamente es concretar las características más importantes del fenómeno que se esté investigando; ya sea una persona, un grupo, una comunidad, o cualquier suceso que nos interese. En este tipo de investigaciones, lo que se hace es determinar las cuestiones que nos interesa conocer y medirlas por separado, para después poder describir las mismas.

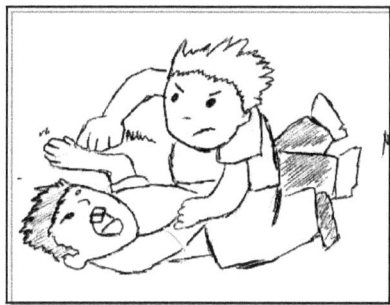

En este caso, siguiendo el ejemplo del patio del colegio, lo que haríamos sería describir los diferentes fenómenos que ocurren y que nos interesa conocer, así describiríamos la pelea entre los niños, y así haríamos con el resto de los fenómenos.

Un **ejemplo de investigación descriptiva**, siguiendo con el tema de centro, podría ser:

el describir diferentes aspectos de la vida del centro: nº de padres y madres que asisten a las tutorías; cuántos altercados se dan en el patio de recreo y en qué circunstancias; qué medidas se llevan a cabo cuando hay indisciplina; qué actividades extraescolares se han puesto en marcha; en qué estado de conservación está el material inmobiliario y el mobiliario del centro;...

Las descripciones y mediciones que se llevan a cabo en estos estudios se hacen, como apuntamos antes, de forma independiente. Es decir, que si vamos a describir los diferentes aspectos que hemos mencionado del centro, lo hacemos sin relacionar unos con otros. No nos interesa indicar cómo se relacionan unos con otros, sino solamente su descripción independiente.

Sería como si intentásemos investigar, describir:

las diferentes facetas de un alumno en el centro: calificaciones escolares, comportamiento en el aula, comportamiento en el recreo, relaciones personales con sus compañeros, relación con el profesorado, con su familia, ...

Pero todo ello lo haríamos de forma independiente, sin ver si se dan relaciones entre el comportamiento en el patio y en el aula, o entre las relaciones en casa y con el profesorado, o las calificaciones escolares y el comportamiento en el aula, etc.

Aquí, sólo interesa, o lo que más interesa, es medir, con la mayor exactitud posible, las variables que estemos investigando, sin importarnos la relación entre ellas. Lo que sí se necesita es un mayor conocimiento del área investigada, no como ocurría en los estudios *exploratorios*, que no se necesitaba. Para profundizar todo lo posible en el fenómeno investigado el equipo, o persona que lo investiga, necesita conocer los entresijos del tema, para así obtener una información lo más exacta y completa posible sobre el mismo.

El nivel de profundidad con que se afronte el tema, va a depender de los objetivos marcados, pero siempre se intentará conocer lo más exactamente posible el objeto investigado, midiendo y describiéndolo. Este tipo de investigación nos puede dar la pista, aunque no es su objetivo, de algunas predicciones, aunque sin ninguna elaboración. Los datos que encontremos en una investigación nos pueden servir de referencia (*predicción*) para conocer el estado de esa cuestión en un contexto similar.

Los resultados en un centro sobre el estado del mismo, nos pueden marcar la pauta para saber lo que obtendremos en otro centro de una zona similar y con un número de alumnos parecido.

3.3. Investigación correlacional

En estas investigaciones se trata de constatar la existencia o no de relaciones entre las diversas variables consideradas. Mediante preguntas podemos describir los vínculos que pretendemos comprobar si se dan. La principal diferencia con las *descriptivas*, es que éstas tienen por objetivo medir con exactitud las variables de forma aislada, mientras que los *correlacionales* intentan constatar el grado de relación entre las mismas.

Así, en el patio veríamos en la investigación correlacional si hay alguna relación entre los diversos sucesos que hemos medido y descrito antes de forma aislada.

Ejemplo de investigación correlacional.

En el ejemplo del centro que estamos siguiendo, podríamos hacernos las siguientes preguntas para delimitar la existencia de relaciones entre las variables:

¿Hay relación entre la asistencia de los padres y madres a las tutorías (X) y los altercados en el patio (Y)?

¿Está relacionada la actitud en las clases del alumnado (Z) con la frecuencia de visitas de los padres al centro en la hora de tutorías?

¿A mayor grado en las calificaciones escolares (V) le corresponde un menor índice de violencia a la hora del recreo?

¿La asistencia de los padres a la tutoría indica unas calificaciones escolares más altas?

.....

Las relaciones entre las variables que podríamos comprobar podrían ser muy numerosas, pero es conveniente ceñirse a las que se consideren más significativas.

En el ejemplo anterior hemos añadido unas letras a las variables que nos permiten expresar gráficamente las relaciones que pretendemos estudiar.

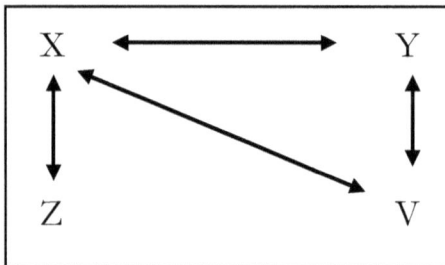

Figura 15.1. Estudio de relaciones entre variables

Las relaciones que hemos establecido han sido entre la asistencia de los padres a tutorías (X) y los altercados en el patio (Y), y éstos a las tutorías con las calificaciones escolares (V). También la asistencia a tutorías (X) con la actitud del alumnado a las clases.

Este tipo de estudios nos puede servir para conocer cómo se va comportar una variable si conocemos el comportamiento de otra relacionada con la primera. Es decir si conocemos A, podemos predecir B.

Esto puede darse en comportamientos de grupos, ya que las diferencias individuales son más difíciles de predecir y que se ajusten a un patrón de comportamiento. Por ello hemos de tener en cuenta que su valor explicativo es limitado.

> *Si sabemos que un alumno tiene buenas calificaciones escolares, y antes hemos constatado que su comportamiento en el patio no es violento, podremos predecir* (con la posibilidad de que no se ajuste a ese caso), *que otro alumno con buenas notas tendrá un comportamiento adecuado en el patio.*

La correlación que establezcamos entre dos variables no tiene porqué ser siempre *positiva*, puede ser también de signo contrario, *negativa*. Si se da la primera (la positiva) querrá decir que si se dan unos valores elevados en una variable, en otra que correlacione con ella positivamente también serán elevados, mientras que si lo hacen negativamente, nos estará diciendo que cuando una tenga unos valores elevados, la otra los tendrá bajos, y viceversa.

Puede darse el caso en que no haya correlación entre ellas y que sus variaciones no dependan en absoluto de los valores que tome la otra, sino que sean por otras causas.

Para saber más

También hay que contar con niveles de correlación que parecen detectarse entre dos variables, pero que en realidad no lo están, serían correlaciones *espurias*. Un ejemplo que nos podría servir sería el establecer una relación entre la variable *ser español de origen* y el *nivel de inteligencia*. La evidencia de pasar pruebas de inteligencia a alumnado de origen español y extranjero, nos podría dar como resultado que el de origen español tiene un grado de inteligencia mayor del que no lo es.

Sin embargo esta correlación puede ser *espuria*, ya que pueden existir otras variables que estén interviniendo y no las controlemos, como puede ser el caso del grado de culturalización española que tienen los test que se han administrado. Es decir, lo que ayuda a una mejor respuesta de los ítems del test es el nivel de conocimiento de la lengua española, que la tiene como materna el alumnado de origen español. A un mayor dominio del idioma, mayor capacidad para resolver los test de forma exitosa, sin deberse al origen español o no del alumnado como parecía desprenderse de los resultados.

3.4. Investigación explicativa

Estas investigaciones pretenden arrojar luz sobre las causas que producen cualquier tipo de suceso, cuáles son las condiciones en las que se da y qué causas lo provocan. Aquí se va más allá de la relación entre dos variables, también nos interesa por qué se relacionan.

En el patio, para una investigación explicativa, nos centraríamos en la pelea, por ejemplo, e intentaríamos conocer las causas del fenómeno.

 Para recordar

Ejemplo de investigación en función de su profundidad

Mediante la investigación de tipo **exploratoria** *pretendíamos conocer las condiciones de un centro.*

A través de la **descriptiva** *mostrábamos con detalle y exactitud las diferentes variables que nos interesaban: altercados en el patio, nº padres que asistían a tutorías, actividades extraescolares realizadas,...*

En la **correlacional** *veíamos si había relación entre unas variables y otras como por ejemplo "las calificaciones escolares" con la "actitud en el patio",...*

Y por últimos en las investigaciones **explicativas** *lo que intentamos es buscar las causas que se dan en esa relación anterior, o comprender por qué se da esa violencia en el patio, o ver qué hay detrás de la asistencia de los padres y madres a tutorías, ...*

Estas investigaciones son las más estructuradas de las cuatro, y suelen necesitar e incluir en ella los otros tipos de estudios (exploratorios, descriptivos y correlacionales). La forma de iniciar la investigación, es decir el enfoque que el investigador le dé es el que determina el tipo de investigación por el que se empieza.

Figura 15.2. Investigaciones en función de su profundidad

ACTIVIDADES SUGERIDAS

1. *Recorta papeles con el nombre de los diferentes tipos de investigación y haz una clasificación según diversos criterios, pegándolos sobre un papel.*
2. *Explica con tus palabras lo que es una investigación exploratoria, descriptiva, correlacional y explicativa.*
3. *Inventa un ejemplo para cada uno de los tipos de investigación anterior, indicando qué es lo que se pretendería conseguir con cada uno de ellos.*

PREGUNTAS DE EVALUACIÓN

1. *Explica la diferencia entre una investigación longitudinal y transversal; y entre cuantitativa y cualitativa.*
2. *De los siguientes tipos de investigaciones marca en cuál de ellas se pretende estudiar las relaciones que se dan entre las variables.*
   a. Explicativa
   b. Exploratoria
   c. Correlacional
   d. Descriptiva
3. *De los siguientes tipos de investigaciones marca en cuál de ellas se usaría cuando se quiere investigar un fenómeno que no se tiene ningún conocimiento previo.*
   a. Explicativa
   b. Exploratoria
   c. Correlacional
   d. Descriptiva

16 PREGUNTAS DE INVESTIGACIÓN, OBJETIVOS E/O HIPÓTESIS Y VARIABLES

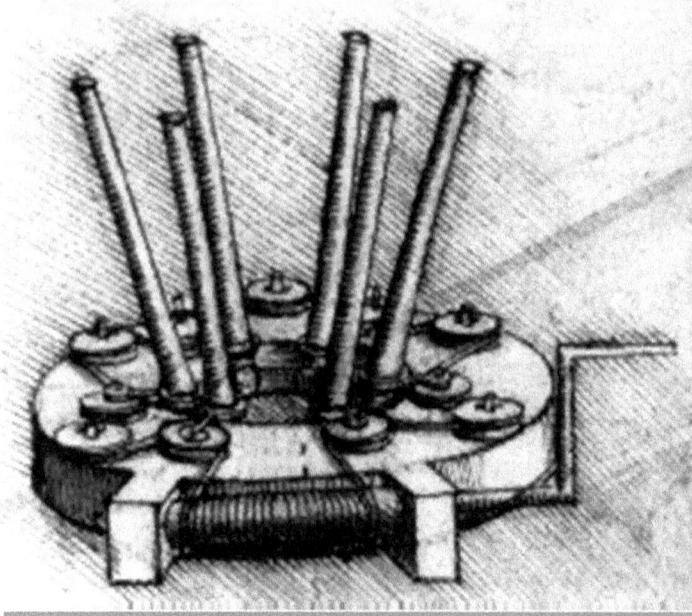

INDICE

OBJETIVOS

Los objetivos de aprendizaje para este capítulo son los siguientes:
Comprender el concepto de preguntas de investigación como parte del proceso de investigación.
Concretar las preguntas en objetivos e/o hipótesis, sabiéndolas formular.
Dominar el concepto de variable y sus modalidades.

RESUMEN

Se presentan las preguntas de investigación como parte inicial del proceso de investigación, para lo que sirven y su definición. Para concretar las preguntas citadas, se plantean los objetivos e hipótesis, explicando los mismos, así como pautas a tener en cuenta para su definición. Se explican también algunos tipos de hipótesis y cómo se formulan las mismas. De igual manera se explica lo que es una variable y los tipos de variables: independiente, dependiente y otras.

MAPA DE CONTENIDOS

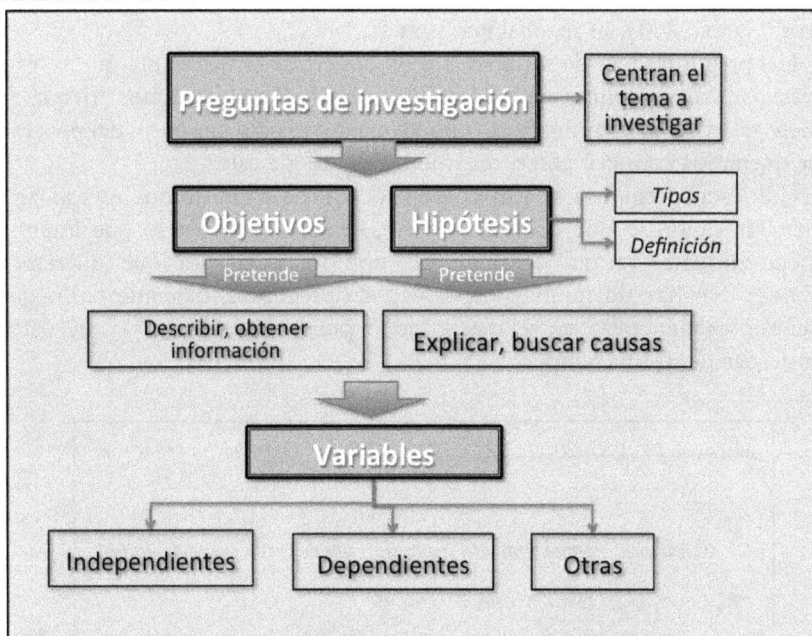

1. PREGUNTAS DE INVESTIGACIÓN

Ya tenemos el problema de investigación delimitado ayudados de una revisión bibliográfica para acercarnos al tópico general que pretendíamos investigar.

Cuando la investigación se centra en una descripción de algún fenómeno se suele formular la misma en términos de objetivos, mientras que si lo que se pretende es estudiar la relación entre variables se formula en términos de hipótesis. Pero antes nos formulamos las preguntas a las que queremos dar respuesta con la investigación.

Las preguntas de investigación son las que nos van a permitir dar el paso definitivo para iniciar la investigación. Con ellas vamos a centrar el tema de lo que vamos a investigar (Morales, 2010), incluso aunque sean preguntas retóricas. Se ha de formular la pregunta en los términos correctos, que no lleve a error (García, 2003) ni sea mal interpretada.

Las preguntas han de ser abiertas, sin concretar en exceso lo que se va a investigar, ya se concretarán después. Con ellas manifestamos lo que se quiere saber de la investigación, y pueden ser de cualquier parte del proceso que queramos conocer: antes, durante o después de este.

Con estas preguntas se van despejando dudas sobre lo que investigar y van clarificando lo que queremos hacer, centrándonos en lo que interesa específicamente, ya que le ponemos nombre a la idea que queremos conocer. No hay un número específico de preguntas, depende de lo que queramos saber, pero entre tres y cinco puede estar bien, ya que están planteadas de forma amplia.

Algunas **preguntas de investigación** *que podemos hacernos son:*

→ *¿Cuál es el comportamiento del alumnado dentro y fuera del aula?*

→ *¿Cómo es su rendimiento académico?*

→ *¿Participan los padres y madres en la educación de sus hijos e hijas?*

2. OBJETIVOS E/O HIPÓTESIS
2.1. Definir los objetivos
No siempre es necesario plantear la investigación en términos de hipótesis, sobre todo en investigaciones que no se trata de dar explicación a un fenómeno o suceso, encontrar causas, etc. sino que simplemente se intenta describir. Si es así nos podemos plantear una serie de objetivos que nos ayuden a delimitar la información que necesitamos obtener.

Es muy importante que los objetivos que se planteen sean alcanzables, que se puedan conseguir; además hay que plantearlos con claridad para evitar alejarse de lo que se pretende conocer (Rojas, 1981).

Con los objetivos se concretan aquellos aspectos que se pretenden conocer (Sabariego, 2012). Es una concreción de las preguntas, que estaban planteadas de forma más genérica. No tienen por qué ser invariables, se pueden variar o suprimir en función de cómo se desarrolle la investigación (Hernández, Fernández y Baptista, 1998).

Para recordar
Los objetivos tienen la *"finalidad de señalar lo que se pretende y a lo que se aspira en la investigación"* (Sabariego y Bisquerra, 2012, p. 95).

Algunas pautas a tener en cuenta al plantear los objetivos serían:
- Deben estar planteados de forma clara, que no sean ambiguos y se entienda bien lo que se quiere saber.
- Deben de poder medirse u observarse, para poder comprobar su cumplimiento.
- Deben de ser factibles, tanto por que sea posible conocerlos, como por los medios de que se disponen para la investigación.
- Cada propuesta debe de tener un solo objetivo.
- Planear un número de objetivos razonable, y siempre priorizando lo más importante a conocer.

Algunos **objetivos de investigación** *que podríamos perseguir con una investigación podrían ser:*

→ *Especificar el comportamiento en la hora del recreo*
→ *Conocer la actitud del alumnado en clase.*
→ *Determinar si el alumnado que saca mejores notas es el que los padres asisten más a las tutorías.*

2.2. Definición de Hipótesis

Ya tenemos definidos el problema, y las preguntas a las que queremos dar respuesta con la investigación lo que haremos ahora es intentar descubrir las causas o explicaciones del problema que teníamos que investigar. A esto es a lo que vamos a llamar *hipótesis,* que están formuladas como una proposición.

Para McGuigan (1991) una hipótesis científica es una "afirmación comprobable de una relación potencial entre dos o más variables". Las hipótesis son proposiciones generalizadas o afirmaciones comprobables que podrían ser posibles soluciones al problema planteado en forma de proposiciones.

Para McGuigan (1991) y Bunge (1981) las hipótesis deben de satisfacer una serie de criterios como:

a) Debe ser comprobable o empíricamente demostrable.
b) Estar fundamentadas en conocimientos previos.
c) Debe cumplir el criterio de "parsimonia", es decir, entre dos hipótesis iguales se debe elegir la más sencilla.
d) Debe ser específica, precisa y expresarse con simplicidad lógica.
e) Además de descriptiva debe de intentar dar una explicación del problema.
f) Debe expresarse en forma cuantitativa.
g) Debe ser generalizable.
h) Debe de tener un gran número de consecuencias.

Según Sabariego (2012, p.128) la función de las hipótesis es "ofrecer una explicación posible o provisional que tiene en cuenta los factores, sucesos o condiciones que el investigador procura comprender". Sin embargo, las hipótesis nos pueden servir para explicar un fenómeno o bien para describirlo. Las primeras serán *explicativas* o *causales*, mientras que las segundas serán *descriptivas* o *exploratorias*. Siendo muy importante su formulación en el primer tipo, es decir cuando tratamos de explicar o buscar las causas que están detrás de un fenómeno.

Para saber más

Las hipótesis para que sean correctas y tengan valor deben de estar bien fundamentadas en una teoría científica, ser congruentes con las leyes naturales y estar en armonía con otras hipótesis (no necesariamente), además de que se puedan comprobar o rechazar con otras hipótesis mediante los resultados, es decir, que sean contrastables empíricamente (Arnal y otros 1992). También afirman Arnal y otros, (1992) que las hipótesis sirven de enlace o puente entre la teoría y la observación.

2.2.1. Tipos de hipótesis

Las hipótesis se pueden clasificar según su origen y según se nivel de concreción. Según su **origen** pueden ser inductivas y deductivas. Las *inductivas* surgen de observar y reflexionar sobre la realidad, se formulan para hacer ciertas generalizaciones después de las relaciones que se han observado. Las *deductivas* surgen del campo teórico y se formulan partiendo o deduciéndolas de teorías ya existentes. Suelen tener una proyección más amplia que las inductivas y pretenden dar respuestas a cuestiones teóricas.

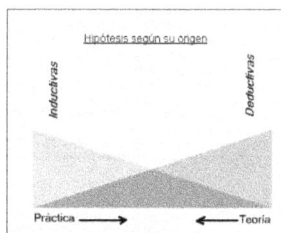

Figura 16.1. Hipótesis según su origen

Para saber más

En función del nivel de concreción las hipótesis las podemos clasificar en

conceptuales, operativas y estadísticas. En las conceptuales, también llamadas científicas o sustantivas, se manifiesta la relación entre dos o más variables expresadas de forma abstracta o en relación con una teoría. Las hipótesis operativas se caracterizan porque definen sus variables de forma más operativa, es decir, nos indican las operaciones necesarias para observar, medir o manipular las variables. Por otro lado, en las hipótesis estadísticas la relación entre las variables se expresa en términos cuantitativos o estadísticos. Este último tipo de hipótesis se puede enunciar en términos de hipótesis nulas (H0) e Hipótesis alternativas (H1).

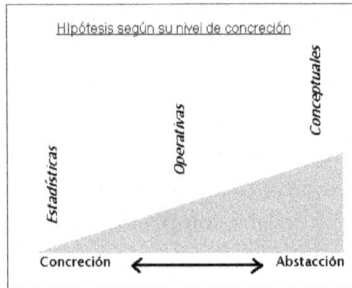

Figura 16.2. Hipótesis según su nivel de concreción

EJEMPLOS DE HIPÓTESIS

H. Inductiva: *La actitud de los sujetos hacia la lectura dependerá del grado de comprensión de su proceso lector.*

H. deductiva: *la actitud de los sujetos hacia la lectura se modificará con programas de animación a la misma.*

H. conceptual: *La comprensión lectora está relacionada con la velocidad.*

H. operativa: *Los sujetos que tienen altos índices de comprensión lectora, también los presentarán en velocidad lectora.*

H. estadística: Los sujetos con índices de velocidad lectora baja (b) tienen mayores índices de comprensión (a). $\overline{X}_a > \overline{X}_b$

2.2. Formulación de hipótesis

Es muy importante una buena formulación de las hipótesis, que esté en consonancia con el problema y que indique con claridad los indicadores que permitan su contrastabilidad, las relaciones entre las variables, etc. Arnal y otros (1992) nos proponen varias posibilidades para enunciarlas:

Implicación condicional. Se utiliza un enunciado lógico: "Si.....,
entonces....",

"Si un sujeto recibe un programa de animación lectora entonces aumentará su nivel de vocabulario".

Enunciado proposicional. Se formula una proposición en la que se afirma algo que manifiesta una relación entre las variables, es la que más se utiliza.

"Los sujetos que reciben un programa de animación lectora muestran unas puntuaciones superiores en los índices de vocabulario"

Hipótesis nula. Nos viene a decir que no se dan diferencias entre las puntuaciones (o estadísticos: medias, varianzas,...) de diferentes muestras en una misma población.

Ante un ejemplo en el que se tratan de comparar dos programas de animación a la lectura podríamos plantear la hipótesis de que *"un programa A es mejor a otro B"*. La hipótesis nula H_0 nos diría que no hay diferencias entre ambos programas, y lo podríamos plantear como:

"No se dan diferencias entre las medias de las puntuaciones de vocabulario del grupo que ha llevado a cabo el programa de animación a la lectura y el que no lo ha seguido"

$$H_0 : \overline{X}_a = \overline{X}_b$$

La hipótesis alternativa nos diría que las diferencias percibidas en los resultados de ambos grupos no son debidas al azar y que hay diferencias estadísticamente significativas en los resultados de ambos programas.

"Hay diferencias en las puntuaciones medias de vocabulario del grupo que ha llevado a cabo el programa de animación a la lectura y el que no lo ha seguido"

$$H_1 : \overline{X}_a \neq \overline{X}_b$$

Para formular las hipótesis hemos de tener en cuenta que deben de tener una serie de características entre las que se encuentran:

- Deben basarse en la teoría o en experiencia.
- Han de formularse después de haber revisado la teoría del tema en cuestión.
- Deben ser comprobables, es decir que se puedan contrastar empíricamente.
- Deben estar definidas con claridad y sencillez.
- Al redactarlas en sentido positivo se debe evitar la doble negación para evitar confusiones.
- Evitar emitir juicio de valor en la redacción de las mismas.
- Es conveniente emitir varias hipótesis que nos den varias soluciones del problema.

3. VARIABLES

Cuando estamos ante una investigación experimental queremos controlar o manipular algún o algunos aspectos que pueden variar, caso que no ocurre si se trata de una investigación correlacional o descriptiva, donde puede que únicamente se pretenda describir os hechos. A estos aspectos susceptibles de cambio le llamamos variables, ya que *varían*, es decir que puede alcanzar diferentes valores. Las variables en una investigación son un aspecto fundamental (Morales, 2012), y además deben de poder medirse y observarse (Sabariego, 2012).

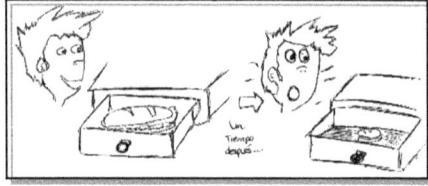

Una variable está en contraposición a constante, que quiere decir que no varía, que permanece inalterable. Un ejemplo de variable podría ser la edad, el sexo, etc. López Barajas (1987).

Para recordar

En ejemplos anteriores ya hemos hecho alusión a diferentes **variables** *que pretendíamos conocer como:*

el comportamiento en la hora del recreo,
actitud ante las clases,
asistencia de padres y madres a tutoría,
relación con el profesorado,
calificaciones escolares,
etc.

Una variable es un elemento básico en cualquier proceso de investigación, sea del tipo que sea. Es algo que puede adoptar diferentes valores que nos interesa conocer y tener control sobre ello. El proceso de investigación puede ser desde algo muy complicado, como la investigación espacial hasta el juego de un niño pequeño montando una figura desmontable mediante un proceso de experimentación.

3.1. Variable independiente, de tratamiento o experimental

Cuando el investigador controla una variable y la manipula, para ver los resultados, estamos ante una variable independiente, también llamada estímulo, de tratamiento o experimental. Los resultados que provoca es lo que llamamos variable dependiente. La manipulación de la variable independiente sólo se lleva a cabo en las investigaciones de tipo experimental.

León y Montero (1997) nos definen la variable independiente como el factor que se espera que sea la causa de algo, y que es manipulado por los investigadores, ya que sus valores no dependen de otra variable.

Variable independiente será la antecedente al formular la hipótesis, mientras que la dependiente es la consecuente. Ésta es la que manipula el investigador.

3.2. Variable dependiente.

Las variables dependientes son las que aparecen cuando el investigador aplica, suprime o modifica la variable independiente. Suelen denominarse criterio, y son los efectos, resultados, los productos, producidos por la variable independiente. La variable dependiente se ve influida por la conducta de la variable independiente, ya que sus valores dependerán de los que se hayan elegido para la independiente. Son el resultado de la variable independiente.

El rendimiento escolar suele ser frecuentemente este tipo de variable. (Ej. Programa de estimulación cognitiva –v. Independiente-, capacidad para resolución de problemas – v. Dependiente)

3.3. Otras variables.

Variables intervinientes, son las que siendo ajenas al experimento pueden influir en los resultados o modificarlos. Tienen un carácter teórico. Son factores postulados de forma teórica que explican un efecto sobre el fenómeno estudiado. No se pueden observar ni manipular directamente. Sólo se pueden inferir a partir de los efectos sobre la variable dependiente. (Ej. motivación, personalidad, condiciones ambientales,..).

Variables controladas, son las que se sospechan que pueden influir en la v. Dependiente y hay que controlarlas. (Ej. si se piensa qué variables pueden influir en los resultados, se deben controlar, como pueden ser: la distancia al encerado, el grado de descanso, la hora de la actividad,...) Así se elimina cualquier efecto que puedan tener sobre le fenómeno estudiado.

Variables enmascaradas, son las que están detrás de las independientes, varían al mismo tiempo que ellas e influyen en dirección similar sobre las dependientes. De esta forma no está claro que sea la variable independiente la causante de la modificación en la dependiente. Estas han de ser desenmascaradas para dar validez a la investigación. (Ej. aplicar una prueba de inteligencia a un grupo de inmigrantes y otro de nativos, habría que aplicar la prueba en el grupo en el que el idioma no tuviera influencia grupo).

Variables extrañas, son las que no se conocen y producen variaciones en la variable dependiente, sin ser las variables dependientes o controladas. Suelen ser desconocidas, y por supuesto no se desea que intervengan.

Pongamos en la tesitura de que queremos aplicar en un colegio un programa para las dificultades lectoescritoras al alumnado con este tipo de lagunas. El reparto y definición de las variables que podemos hacer es el siguiente:

V. Independiente: El programa o tratamiento que podemos llevar a cabo.
V. Dependiente: Resultados en pruebas de lectoescritura.
V. Interviniente:
- Intereses del alumnado hacia el programa.
- Condiciones en las que se aplica.
- Edad.
- Nivel sociocultural.
-

Para saber más
Tipos de variables.
Vamos a mostrar algunas opiniones sobre las variables, sus tipos desde diferentes puntos de vista.
Arnal y otros, (1992) clasifican las variables de tres maneras: según el punto de vista teórico-explicativo, según la naturaleza de las variables o según el criterio metodológico.
- Según el punto de vista teórico-explicativo se pueden dividir en variables *estímulo, respuesta y organísmica*.
  v. estímulo: cualquier condición externa natural o social que pueda afectar a la conducta del individuo. (Ej. La iluminación)

v. respuesta: la que se manifiesta en la conducta del individuo como efecto de una variable estímulo. (Ej. Sorprenderse ante un estímulo)
v. organísmica: cualquier característica del individuo que pueda mediar o intervenir entre las anteriores. (Ej. La edad)

- Según la naturaleza de las variables: cualitativas y cuantitativas.
  v. cualitativas: también llamadas atributo o categóricas, es una característica que se expresa en categorías, debido a que por su naturaleza no es cuantificable. Según el número de categorías o modalidades que toma se divide en dicotómicas (se expresan o admiten en dos categorías – v/f, varón/hembra -) y politómicas (admiten o se expresan en más de dos categorías – profesión , nivel de estudios)
  v. cuantitativas: se pueden medir y expresar en una unidad de medida. Estas pueden se *discretas* y *continuas*. Las discretas son variables que sólo pueden tomar valores enteros. (Ej. Nº alumnado). Las variables continuas pueden tomar cualquier valor entero o fraccionado dentro de un continuum. (Ej. Notas, altura,..)

- Según el criterio metodológico: es el criterio más importante en la investigación empírica. Se dividen en independientes, dependientes e intervinientes.

Criterios de Clasificación	Clases de variables
Teórico – Explicativo	- Variables estímulo: son condicionantes externas al individuo que pueden afectar a su comportamiento. Ej: el método - Variables respuesta: comportamiento manifiesto del individuo. Ej: tranquilidad - Variables intermedias: se interponen entre las dos. Pueden provocar una modificación incontrolada de la variable respuesta.
Metodológico	- Variable independiente: es el factor que el investigador se propone observar y manipular de manera deliberada para descubrir sus relaciones con la variable dependiente - Variable dependiente: fenómeno que aparece, desaparece o cambia cuando el investigador aplica, suprime o modifica la variable independiente.

	- <u>Variables extrañas</u>: son las variables ajenas al experimento.
Medición	- <u>Variables Cualitativas</u>: se refieren a características que no se pueden cuantificar. - <u>Variables Cuantitativas</u>: Carácter susceptible de ser medido numéricamente. Ej: la edad, el peso.
Control	- <u>Variables aleatorias</u>: Las variables respuesta que al mismo tiempo son las dependientes. - <u>Variables controladas</u>: son aquellas cuyos valores determina o asigna el investigador a cada individuo.

López Barajas (1987) nos propone las que se presentan en la siguiente tabla.

CRITERIO	TIPO	Subtipo	Ejemplos
Según su naturaleza	<u>Tómicas</u> o categóricas (Toman varios valores)	Dicotómicas	Sólo toman dos valores. Ejemplo. El Sexo: hombre / mujer. Si / No. V / F.
		Politómicas	Adoptan más de dos valores. Ejemplo. Nivel de estudios: Sin estudios / Primarios / Secundarios / Superiores.
	<u>Continuas</u> (Los diferentes valores tienen puntuaciones intermedias)	Tratadas tómicamente	El investigador agrupa las puntuaciones en categorías (grupos). Ejemplo. La edad la agrupamos en categorías: 0-18 / 19-30 / 31-40 / 41-50 / +50
		No categorizables	
Según su función	<u>Independientes</u>		
	<u>Dependientes</u>	Su valor está en función de otras variables	
Según su manipulabilidad	<u>Activas</u> (Experimentales)		
	<u>Extrañas</u> (de control)		

	Atributivas (Organísmicas o de sujetos)	
Según su reactividad	De estímulo	
	Intervinientes	
	De respuesta	

ACTIVIDADES SUGERIDAS

1. Elabora preguntas de investigación relacionadas con los siguientes temas:
a) Incorporación de las TIC en clase.
b) Coeducación.
c) Trabajo por proyectos.
d) Lengua extranjera.
e) Apoyo de los padres.
2. Redacta objetivos que relacionen los temas mencionados en la anterior actividad, partiendo de las preguntas ya hechas
3. Para uno de los temas que has hecho antes, elabora una hipótesis que contenga una posible solución de la investigación.
4. Pon un ejemplo de hipótesis enmarcada dentro de una investigación correlacional. A partir de dicho ejemplo, señala cuál podría ser la variable dependiente y cuál la independiente.

PREGUNTAS DE EVALUACIÓN

1. *¿Cuál es el objetivo de una pregunta de investigación?*
2. *Explica la diferencia entre un objetivo y una hipótesis.*
3. *Qué es una hipótesis nula y cómo se representa.*

17 SELECCIÓN DE LA MUESTRA

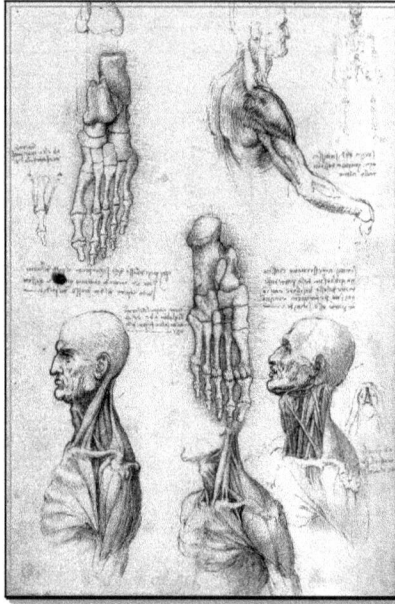

INDICE

OBJETIVOS

Los objetivos de aprendizaje para este capítulo son los siguientes:

Familiarizarse con los conceptos de población y de muestra.

Diferenciar los muestreos probabilísticos de los que no lo son.

Comprender las diferentes formas de hacer un muestreo probabilístico.

Conocer los procedimientos de los muestreos no probabilísticos y su uso.

RESUMEN

Se explican los conceptos de población y muestra. También se explican las formas de obtener la muestra de forma probabilística y de forma no probabilística. Entre las primeras tenemos los muestreos aleatorios simples, el muestreo aleatorio sistemático, estratificado y por conglomerados o áreas. Mientras que por parte de los no probabilísticos se describe el muestreo por cuotas o accidental, el de conveniencia o intencional y el muestreo por bola de nieve.

MAPA DE CONTENIDOS

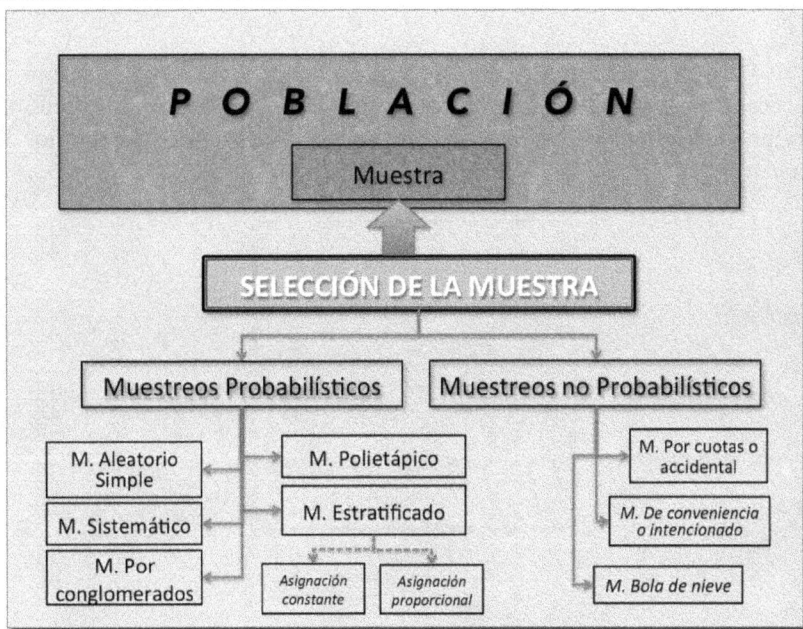

1. INTRODUCCIÓN

Una de las tareas de cualquier investigación es determinar la *población* objeto de la misma. Sobre ella recaerá la recogida de información que habrá de ser analizada y de la que se extraerán las pertinentes conclusiones. Podemos concretar que *población* es un conjunto de elementos, personas, alumnado, etc. que comparte una determinada característica.

Ejemplos de poblaciones:

→ *el alumnado de primaria de la provincia de Sevilla;*

→ *profesorado que participa en pruebas de acceso a la universidad de toda España;*
→ *alumnado de educación infantil de un centro.*
→ *...*

Es fácil comprender que algunas veces, acceder a toda una población es prácticamente imposible, además de inviable económicamente. Por ello se hace una selección de esa población, una *muestra* de ella, un subconjunto de la misma.

> **Para recordar**
> Desde la perspectiva cuantitativa, la muestra es "subconjunto de la población que se selecciona a través de alguna técnica de muestreo y que debe ser representativo de aquella. Si la muestra es representativa de la población, las conclusiones de la investigación realizada a partir de de la muestra podrán generalizarse a la población" (Sabariego, 2012, p. 143). Desde la perspectiva cualitativa, por otra parte, la muestra supone "una unidad de análisis o un grupo de personas, contextos, eventos o sucesos sobre la cual se recolectan los datos sin que necesariamente sea representativa de la población que se estudia" (Sabariego, 2012, p. 143).

Dependiendo del enfoque con el que llevemos a cabo la investigación, así tendrá que ser o valoraremos la muestra seleccionada. Para investigaciones de tipo *empíricas* la muestra que seleccionemos ha de *representar* a la población de la que fue extraída. Decimos que una *muestra* tiene *representatividad estadística* cuando tiene una amplitud suficiente y en ella se reproduce la estructura y composición de la población a la que representa.

En cambio si la investigación es de tipo **cualitativa** tiene poco sentido hablar de población y de *muestra*. Aquí el investigador selecciona a los individuos en función de que puedan aportar la información necesaria para comprender comportamientos en un determinado contexto. Aquí todos los miembros de una población no aportan la misma información. Los sujetos que aquí se seleccionan cumplen una serie de condiciones, que no cumplen otros miembros de la misma población. La selección no se hace de manera prefijada de antemano, como ocurría en las investigaciones empíricas, sino que es el propio proceso de investigación el que va demandando las necesidades. En este caso, en vez de hablar de *muestra*, sería más apropiado referirnos a una selección. Así decimos que esta selección de los informantes tiene un carácter *dinámico* y *abierto*, es una selección *intencional*.

El muestreo probabilístico al intentar llevarlo a cabo requiere de una serie de pasos previos como son:

a) Definir claramente la población objeto de estudio.
b) Concretar el tamaño que se quiere que tenga la muestra.
c) Establecer con qué procedimiento se va a seleccionar la muestra.

Para saber más

Factores que influyen en el número de unidades que debe tener una muestra.

Entre los factores que se tienen en cuenta a la hora de determinar las unidades de una muestra, tenemos:

- La modalidad de muestreo que se vaya a llevar a cabo.
- El tiempo y los recursos con que se disponga para este fin.
- El tipo de análisis que se prevea hacer.
- El margen de error máximo que se quiera admitir.
- La varianza o heterogeneidad de la población con la que trabajemos.

En el *muestreo probabilístico* todas las unidades de la población tiene la misma probabilidad, conocida, de ser seleccionada para la muestra, cosa que no ocurre en el muestreo *no probabilístico,* donde no se conoce, o es nula, la probabilidad de que un sujeto sea seleccionado para la muestra.

Cuando el *muestreo* es *probabilístico*, decimos que es riguroso y científico, y que la muestra seleccionada es probabilística. En este caso podemos llevar a cabo inferencias sobre la población donde se ha extraído, esto es extrapolar las características que hemos descubierto en la muestra a la población de donde se ha extraído. Además también se puede conocer el error con el que realizamos estas generalizaciones. Entre estos dos tipos de muestreos se pueden integrar los siguientes:

Muestreos probabilísticos	Muestreos no probabilísticos
<ul><li>Muestreo aleatorio *simple*.</li><li>Muestreo aleatorio *sistemático*.</li><li>Muestreo aleatorio *estratificado*.</li><li>Muestro aleatorio por *conglomerados* o áreas</li><li>Muestreo *polietápico*.</li></ul>	<ul><li>Muestreo *por cuotas o accidental*</li><li>Muestreo de conveniencia o intencional</li><li>Muestreo por *Bola de nieve*.</li></ul>

Tabla 17.1. Tipos de muestreos.

2. MUESTREOS PROBABILÍSTICOS.

2.1. Muestreo aleatorio simple

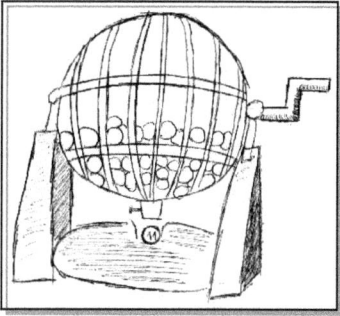

Se caracterizan porque todos los elementos de la población tienen la misma probabilidad de convertirse en muestra a través del azar.

Hay variadas formas de llevar a cabo este tipo de muestreo; dos de ellas podrían ser:

a) Meter en un bombo a todos los individuos que forman la muestra y sacar de ella los que formarían parte de la muestra.

b) Utilizar una tabla de números aleatorios, que son series de números organizados en columnas sin ninguna relación con sentido entre ellos.

2.2. Muestreo sistemático

Cuando la población es grande y la muestra que queremos extraer también lo es, este método es más asequible que el anterior. Según este tipo de muestreo se seleccionan los elementos en función de un patrón que se ha elegido, siendo el inicio de este patrón aleatorio.

Para llevar a cabo el muestreo mediante este método, suponemos que partimos de una población de N individuos, y la muestra que queremos extraer es de n sujetos, y seguiremos los siguientes pasos:

1° Calculamos el valor que tiene el coeficiente de elevación K, que viene definido por el cociente entre la población N, y la muestra n. $K=N/n$

2° Seleccionamos de forma aleatoria un número m, que estará comprendido entre 1 (uno) y k.

3° Sumamos de forma repetida el número elegido m al número k multiplicando este por 1, 2, 3,... y así sucesivamente. La muestra estaría formada por m, $m+k$, $m+2k$, $m+3k$,... y así hasta completar n.

EJEMPLO de muestreo sistemático

Supongamos que tenemos una población de 300 sujetos en un colegio de infantil y queremos
obtener una muestra de 25.
Primero calculamos k, que la obteníamos dividiendo N/n , por lo que tenemos 300/25 = 12, luego k = 12.

Seleccionamos el número m, que estaba comprendido entre 1 y k, o sea entre 1 y 12, por ejemplo 5, así tenemos que m = 5.

El último paso es partir del número m, e ir sumándole el número k.
(m, $m+k$, $m+2k$, $m+3k$, $m+4k$, …)
La muestra estaría formada por los siguientes números: 5, 17, 29, 41, 53, 65, 77, 89,… hasta llegar a los 25 sujetos

Puede darse el caso en que k, no sea un número entero, entonces lo que se puede hacer es redondear el resultado hacia el número superior o bien hacia el número sin decimales.

2. 3. Muestreo estratificado

Si se quiere estudiar una población y queremos obtener una muestra de la misma con respecto a una característica determinada, usamos un *muestreo aleatorio estratificado*. Un estrato es una parte de la población que tiene una característica en común. Al definirlos, hemos de tener en cuenta que los estratos sean lo más homogéneos posible.

Para llevar a cabo un *muestro aleatorio estratificado* dividimos la población N, en K estratos de subpoblaciones N_1, N_2, N_3,... N_k , entonces seleccionamos por procedimientos aleatorios submuestras de cada estrato, n_1, n_2, $n_{3...}$ n_k. De esta manera la muestra n, será la suma de todas las submuestras: $n = n_1 + n_2 + n_{3..} + n_k$

El número de individuos que tomamos de cada estrato puede ser proporcional al número de individuos del estrato o con un número igual para todos, aunque tengan diferente número de sujetos. En el primer caso estaremos hablando de un *Muestreo estratificado con asignación o afijación proporcional* donde se tiene en cuenta la proporción de cada estrato y es el más utilizado. Y el segundo caso es un *Muestreo estratificado con asignación constante o afijación simple* donde no importa el número de sujetos de los estratos, y todos tienen el mismo número de individuos en la muestra.

N_1	N_2	N_3			N_K
n_1	n_2	n_3			n_k

$$N = N_1 + N_2 + N_3 + ... + N_K$$
$$n = n_1 + n_2 + n_3 + ... + n_k$$

EJEMPLO de muestreo estratificado

Tenemos una población formada por centros de una capital y de su provincia. En total hay 230 centros, de los cuales 185 son de la provincia y 45 de la capital. Queremos extraer una muestra de 30 centros para una investigación. Vamos a calcular esta muestra con los dos tipos de asignación.

Muestreo estratificado con asignación constante.
La suma de las dos muestras tiene que ser 30. ($n_1 + n_2 = 30$)
En este caso se eligen igual muestra por cada estrato, es decir 15 centros de cada uno. ($n_1 = n_2$; $n_1 = 15$; $n_2 = 15$.)

Muestreo estratificado con asignación proporcional.
En este caso también la suma de los dos nos dará 30, pero las dos muestras, o sea, el número de centros, no serán iguales, ya que se selecciona en proporción a su población, y en la provincia hay más centros que en la capital.
Primero calculamos las proporciones de centros para poder calcular la proporción de muestra que le corresponde.
La muestra para un tipo centro será igual a multiplicar la muestra total por el coeficiente entre la población de este tipo de centro y la población total.

$$n_1 = n\frac{N_1}{N} = 30\frac{185}{230} = 24,13 \qquad n_2 = n\frac{N_2}{N} = 30\frac{45}{230} = 5,86$$

Luego la muestra de los centros de la provincia será de 24 y la de la capital de 6 centros.

2.4. Muestreo por conglomerados

Este tipo de muestreo se usa cuando podemos elegir grupos que ya se encuentran constituidos en la población, en lugar de individuos. Entonces las unidades no son individuos sino grupos, como pueden ser muestras en vez de profesores, alumnos, etc. tomaríamos aulas, centros, etc. completos incluyendo las muestras de cada uno de los elementos que la constituyen.

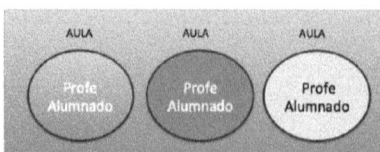

2.5. Muestreo polietápico

¿Pero qué ocurriría si los conglomerados tuvieran un elevado número de individuos y fuese aconsejable realizar una selección de los mismos? Entonces tendríamos un muestreo *polietápico* ya que lo realizaríamos en diferentes etapas; de ahí su nombre. En cada etapa la selección de la muestra se podrá realizar siguiendo cualquier procedimiento (aleatorio simple, sistemático o por estratos).

> **EJEMPLO**
>
> Siguiendo con el ejemplo de los centros de la provincia y la capital, podemos seguir haciendo selecciones de la muestra, en sucesivas etapas, que podrían ser las siguientes:
> 1ª Seleccionamos centros de la provincia y de la capital.
> 2ª De cada centro seleccionamos dos niveles educativos.
> 3ª De cada nivel seleccionamos un aula.
> 4° De cada aula seleccionaremos 10 sujetos.
> Todas las selecciones se han llevado a cabo al azar , tendremos 10 sujetos da las aulas seleccionadas, de los niveles elegidos y de los centros por los que se optó.

3. MUESTREOS NO PROBABILÍSTICOS

Este es un muestreo no aleatorio y puede estar influenciando por la persona o personas que seleccionan la muestra, o bien porque les sea más fácil hacerlo. En este tipo de muestreo no se conoce la probabilidad que tiene un individuo de ser elegido como muestra de una población. Incluso ésta puede ser nula. Este muestreo no es riguroso ni científico ya que todos los sujetos no tienen las mismas posibilidades de pertenecer a la muestra. Por ejemplo, si hacemos unas entrevistas en una ciudad con playa, las personas que vivan en ciudades donde no hay playa nunca podrán pertenecer a la muestra.

Entre este tipo de muestreos tenemos los siguientes.

3.1. Muestreo por cuotas o accidental

El investigador tiene un buen conocimiento de los estratos de la población y de los individuos que son más "adecuados" para la investigación. Después de dividir la población en estratos, selecciona un número de individuos de cada uno, pero no lo hace de forma aleatoria (como ocurría en el *muestreo aleatorio por estratos*), sino en función de otros criterios, como podrían ser la economía, accesibilidad, etc.

Con este tipo de muestreos hay que tener la precaución de no elegir siempre a la misma muestra con muchas investigaciones porque ha sido seleccionada por la facilidad de acceso que se tiene a ella, y poner algunas condiciones o reglas para que, si hay diversos investigadores sigan rutas diferentes.

Este muestreo no es probabilístico, y para que nos pueda dar el mismo error en la estimación que un *muestreo aleatorio estratificado,* la muestra que se debe escoger debe superar el 50 % de la que se escogería si fuese al azar.

3.2. Muestreo de conveniencia o intencional

En este tipo de muestreo, se seleccionan individuos o grupos, sin un criterio concreto y supuestamente típicos para la investigación. Se suele hacer por estar próximo, u otras razones de conveniencia. Por ejemplo elegir a los que se tienen más a mano. Hay que tener en cuenta que los resultados que se obtengan no se podrán generalizar a otros.

3.3. Bola de nieve

Se trata de un procedimiento donde se localiza a algún individuo, y a partir de este nos lleva a otro, y así sucesivamente hasta conseguir la muestra deseada. Se suele usar este procedimiento para acceder a poblaciones con dificultad para acceder a ellas., como pueden ser algún tipo de enfermos, delincuentes, sectas, etc.

Para recordar

Población ; Conjunto de elementos que han sido escogidos para un estudio, (personas, familias, centros…)

Población teórica: son los elementos a los que se quiere extrapolar los resultados encontrados.

Población estudiada: conjuntos de elementos a los que se pueda acceder en el estudio.

Censo; es cuando se estudia a todos los elementos de la población.

Muestra : parte escogida de la población para un estudio.

Ventajas e inconvenientes de los tipos de muestreo probabilístico.

	Ventajas	Inconvenientes
Aleatorio simple	- Sencillo de hacer - Hay programas informáticos para	- Hay que tener un listado de toda la población - Si la muestra es pequeña,

	analizar los datos obtenidos.	puede no representar a la población.
Sistemático	- Fácil de hacer - Si la población está ordenada, se obtienen sujetos de todos los tipos. - No es necesario siempre tener un listado de toda la población.	Si la constante del muestreo tiene alguna relación con el fenómeno los resultados pueden tener algún sesgo.
Estratificado	- Suele dar seguridad de que la muestra representa a la población. - Los datos obtenidos son más exactos.	Hay que conocer cómo se distribuye la población en las variables que se han usado para hacer los estratos
Conglomerados	- Da buenos resultados con poblaciones grandes y dispersas. - No se necesita tener listado de población.	El error estándar es mayor que en el que se da en los muestreos aleatorios simples o estratificados.

ACTIVIDADES SUGERIDAS

1. *¿Qué es un muestreo polietápico y cuándo se hace uso del mismo? Una vez definido, pon un ejemplo detallado que complemente tu explicación.*

2. *Explica las ventajas y desventajas de cada tipo de muestreo no probabilístico:*

	Ventajas	*Desventajas*
Aleatorio simple		
Sistemático		
Estratificado		
Conglomerados		

3. *¿Qué es el muestreo Bola de nieve? Explícalo con un ejemplo.*

4. *Realiza un muestreo por cuotas para una investigación dentro de tu propia clase. ¿Cuántos sois en ella y cuántos serían necesarios como muestra? ¿Puede esta misma muestra servir para muchas otras investigaciones? ¿Por qué?*

PREGUNTAS DE EVALUACIÓN

1. *Define lo que es una muestra.*

2. Explica las diferencias entre los dos tipos de muestreos estratificados.
3. Cuando se eligen a los sujetos de una muestra porque están más próximos al domicilio, ¿estamos ante un muestreo?

    a. Por cuitas

    b. Intencional.

    c. De bola de nieve.

    d. Porproximidad.

18 ELECCIÓN DEL DISEÑO DE INVESTIGACIÓN

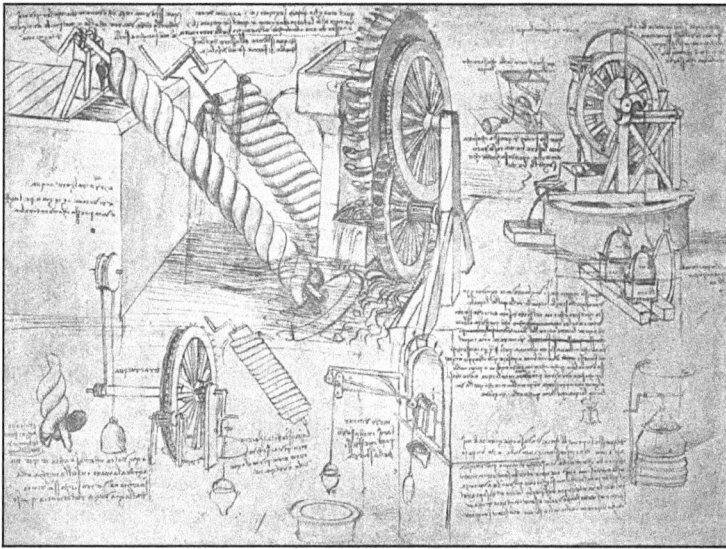

INDICE

OBJETIVOS

Los objetivos de aprendizaje para este capítulo son los siguientes:

- Conocer el sentido del diseño de investigación.
- Distinguir los diferentes diseños de investigación en función del momento en que se producen.
- Saber en tipo de diseño que pueda acceder en función de la investigación que pueda desarrollar.

RESUMEN

Este capítulo explica el significado del diseño de investigación, así como los diferentes tipos de diseño que se pueden implementar en función del momento en que se produzcan, antes de que se produzca el hecho investigado, o después de que este se haya producido. Se describe los distintos tipos de diseño, tanto los transversales o sincrónicos como los longitudinales o diacrónicos y los correlaciónales.

MAPA DE CONTENIDOS

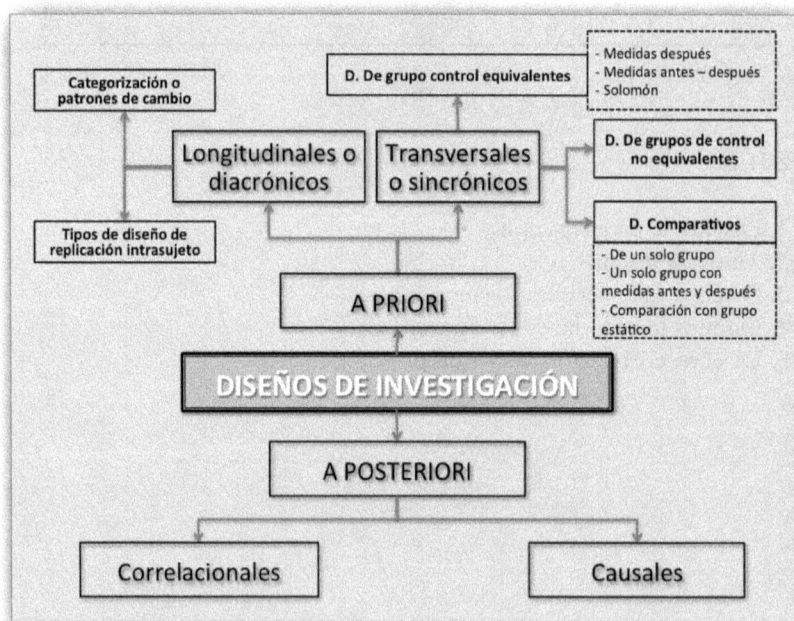

1. DISEÑO DE INVESTIGACIÓN

Ya hemos definido los objetivos y/o hipótesis de nuestra investigación, tenemos claras las variables que vamos a utilizar, y la muestra a seleccionar de acuerdo con el capítulo anterior, el siguiente paso es ver qué tipo de diseño de investigación nos interesa usar.

Cuando hablamos de *diseño* son muchas las definiciones que se pueden ofrecer, pero básicamente estamos haciendo referencia a una forma de estructurar las variables y los sujetos que intervienen en la investigación con el objetivo de recoger los datos y así dar respuesta a las preguntas que se proponían en la investigación. (Buendía, Colás y Hernández, 1997). Es una forma de concretar cómo se va a llevar a cabo la investigación, qué plan se va a seguir, con qué estrategia (Hernández, Fernández y Baptista, 1998).

Cuando hablamos de *diseño* estamos aludiendo, además de a la organización de la investigación, a una serie de aspectos a tener en cuenta, que son los siguientes:

- Las variables que intervienen y cómo las operativizamos.
- Los grupos que van a participar.
- El número de sujetos que conforman los grupos.
- Cómo se asignan los sujetos a los grupos.
- Cuándo se lleva a cabo la toma de los datos de la variable dependiente. (Pretest, postest.)
- Tipo de análisis estadístico que se va a llevar a cabo con los datos obtenidos.

Cuando elegimos un diseño lo hacemos teniendo presente la realidad en la que lo vamos a aplicar, así como las condiciones que tenemos para hacerlo. Si lo hacemos en el campo educativo hemos de tener en cuenta que no podremos tener un alto nivel de control sobre el mismo.

> **Para recordar**
>
> El diseño es "el plan o estrategia concebida para obtener la información que se requiere, dar respuesta al problema formulado y cubrir los intereses del estudio" (Sabariego y Bisquerra, 2012, p. 120).

2. TIPOS DE DISEÑO

A la hora de delimitar una estructura que nos aclare los tipos de diseños que hay, podemos seguir diversos criterios. Uno de los más utilizados es el que tiene en cuenta el grado de control que se ejerce sobre la investigación. Es decir en función de la *validez interna* y *externa* (Buendía, Colás y Hernández, 1997).

> **Para saber más**
>
> *Validez interna: decimos que una investigación tiene VI cuando se tiene control sobre las variables extrañas o intervinientes.* Entre estas tenemos la *historia* (hechos ocurridos entre el pretest y el postest que puede afectar a la variable dependiente o resultados); *la maduración* (cambios biológicos y psicológicos que puede sufrir el sujeto durante el tratamiento); *aplicación del instrumento* (puede producir un cambio por el aprendizaje que tienen los sujetos al realizar la prueba inicial); *mortalidad experimental* (bajas en la muestra entre el pretest y el postest); *regresión estadística* (las observaciones extremas en una primera prueba suelen suavizarse en las siguientes); *instrumentación* (cambios en el instrumento de recogida de datos entre el pretest y el postet); *selección diferencial de los participantes* (el grupo experimental y el de control no son equivalentes),...
>
> *Validez externa: es la representatividad o generalización que podemos hacer de los resultados de una investigación a otros contextos y grupos.* Fuentes de validez o invalidez externa tenemos como: *validez de la población* (grado en que se pueden generalizar unos resultados desde la muestra específica a la población a la que representa); *validez ecológica* (generalización desde unas condiciones ambientales a otras); *validez de constructo* (en qué grado la variable independiente o tratamiento evalúa el constructo teórico que se quiere medir).

Según este criterio, los diseños los podemos clasificar en *Experimentales, pre-experimentales* y *cuasiexperimentales.* Los primeros se caracterizan por un alto control sobre las variables; los segundos, los *pre-experimentales* por un control casi nulo de las mismas, teniendo una muy baja *validez interna* y *externa;* y por último los *cuasiexperimentales* con un control mayor que los anteriores. En éstos, el investigador no puede hacer una asignación de los sujetos al azar, aunque sí puede decidir cuándo aplicar la intervención, cuándo llevar a cabo las observaciones, incluso cuál de los grupos será el que recibirá el tratamiento.

Pero podemos seguir otro criterio. Para ello nos vamos a centrar en los diseños de tipo cuantitativo y usaremos como primer criterio de clasificación el **momento** en el que se controlan los datos. Teniendo en cuenta el momento el control puede ser a **priori** o a **posteriori**. Si es el primero estaríamos ante un *diseño experimental,* si por el contrario fuese a posteriori, el diseño sería *no experimental,* que podrían ser correlacionales y causales.

De los diseños experimentales, o con control a priori, podemos obtener los datos en un momento puntual usando **diseños transversales**, y a lo largo del tiempo, **diseños longitudinales**.

3. DISEÑOS TRANSVERSALES O SINCRÓNICOS.

En los *diseños transversales* podemos establecer tres tipos:

1. **Diseños de grupos control equivalentes**. Se comparan dos grupos como mínimo, el *experimental* (E) y el de *control* (C), tomados al azar(Az). Hay equivalencia entre el grupo control y el experimental. Algunos tipos de diseños de GCE:

   a. *Diseños con medidas después de la intervención.*
   En estos diseños la recogida de información se lleva a cabo después de la *Intervención* (X_1), al grupo *Experimental* (E) y al grupo *control* (C) se le puede aplicar una *intervención placebo* (X_2) o bien no recibe ninguna intervención.

GRUPOS	Rec. Informac.	Intervención	Rec. Inform.
E (Az)		X_1	O_1
C (Az)		X_2	O_2
C (Az)			O_2

   b. *Diseños con medidas antes y después de la intervención.*
   Similar al anterior pero con recogida de información también antes de la intervención.

GRUPOS	Rec. Informac.	Intervención	Rec. Inform.
E (Az)	O_1	X_1	O_3
C (Az)	O_2	X_2	O_4
C (Az)	O_2		O_4

c. *Diseño de Solomon.*

Combinación de los dos anteriores. En él los dos grupos se subdividen al azar (1/2E, 1/2C). También por este mismo sistema se determina al subgrupo que se le recogerán los datos después sólo y antes y después.

GRUPOS		Rec. Informac.	Intervención	Rec. Inform.
E(Az)	½ E_1	O_1	X_1	O_3
	½ E_2		X_1	O_4
G(Az)	½ C_1	O_2	X_2	O_5
	½ C_2		X_2	O_6

2. **Diseños de grupos de control no equivalentes.** Se usan este tipo de diseño cuando no se pueden seleccionar al azar los grupos C y E, siendo más difícil controlar los efectos no deseados, que podemos atribuir al resultado de la intervención. Podemos usar como control un grupo con el que no hemos intervenido pero no tenemos equivalencia entre el grupo Control y el Experimental.

GRUPOS	Rec. Informac.	Intervención	Rec. Inform.
E	O_1	X	O_3
C	O_2		O_4

3. **Diseños comparativos.**

En estos diseños no es posible seleccionar aleatoriamente a los sujetos, ni contar con un grupo Control. Por ello a este tipo de diseño se les denomina Pre-experimentales, y en ellos es difícil delimitar si los resultados se deben a los efectos de la intervención o por el contrario a otras variables ajenas a ésta. Por ello la interpretación de los resultados puede ser errónea. Algunos tipos de diseños comparativos son:

a. *Diseños de un solo grupo.*
Lo único que se evalúa son los resultados después de una intervención. No sabemos la situación de la que partimos, por lo que es difícil saber si éstos son fruto de esa intervención.

GRUPOS	Rec. Informac.	Intervención	Rec. Inform.
E		X	O_1

b. *Diseño de un solo grupo con medidas antes y después del programa.*
Aquí se comparan los resultados antes y después de llevar a cabo una intervención. Aunque mejora el diseño anterior hay variables como la *historia transcurrida*, la *maduración* de los sujetos, el *aprendizaje* causado por la primera recogida de información, etc. que comprometen la asignación de los resultados a los efectos de la intervención.

GRUPOS	Rec. Informac.	Intervención	Rec. Inform.
E	O_1	X	O_2

c. *Comparación con un grupo estático.*
Lo que aquí se compara son los resultados finales de dos grupos, uno sobre el que ha intervenido y otro sobre el que no. No sabemos el nivel que tenían previamente ambos grupos, y si sus diferencias posteriores son debidas a esta circunstancia o a los efectos de la intervención.

GRUPOS	Rec. Informac.	Intervención	Rec. Inform.
I		X	O_1
C			O_2

4. DISEÑOS LONGITUDINALES O DIACRÓNICOS

En este tipo de diseños lo que tratamos de evaluar es la evolución temporal recogiendo datos a lo largo del tiempo. En estos diseños podemos distinguir los siguientes:

1. *Categorización o patrones de cambio.*

   A cada uno de los periodos de tiempo en los que se recoge información se le denomina *fase*. Cuando la información que se recoge es anterior a la intervención se le denomina *fase A* o *línea base*, mientras que si es posterior al tratamiento se le llama *fase B, f. experimental o f. de tratamiento*. En ellos podemos distinguir los siguientes:

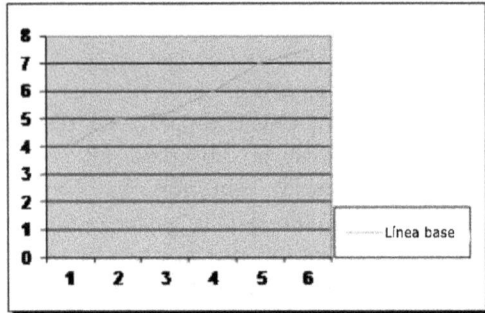

a.

   b. *Patrones de cambio dentro de una misma fase.*

   Aquí observamos los cambios producidos antes de la intervención. Es decir en la *fase A* o *línea base*. Para considerar que han producido patrones de cambio es necesario recoger, al menos, tres veces información separadas entre ellas. Así podremos determinar si se produce una determinada *tendencia*, o por el contrario tenemos una línea *estacionaria* o *estable* en función de la puntuación que va obteniendo en las sucesivas pruebas.

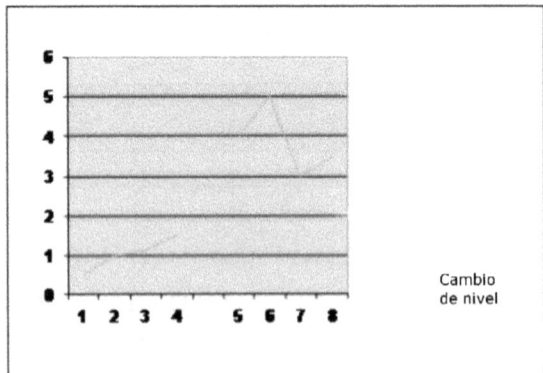

c. *Patrones de cambio entre fases distintas.*

La distinción la estableceremos aquí en función de dos fases. El cambio que se puede producir puede ser un *cambio de nivel*, si entre las dos fases no se da una puntuación similar. O bien nos podemos encontrar un *cambio de tendencia*, si conectando la conexión temporal entre las dos fases están en el mismo nivel, pero entre las dos fases no se da la misma tendencia.

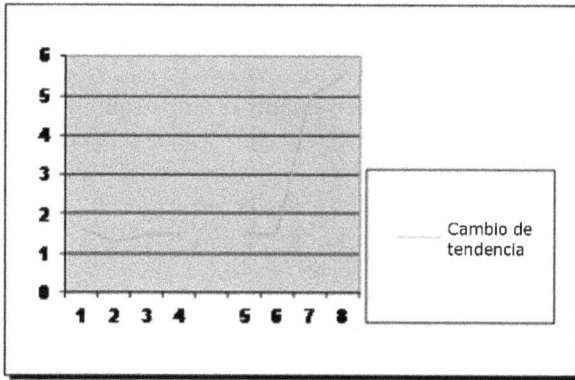

2. *Tipos de diseños de replicación intrasujeto.*

En estos diseños los grupos pueden estar constituidos por un solo sujeto o más de uno, o por un grupo o varios grupos. Cuando el diseño está compuesto por un sujeto o un solo grupo estaremos ante diseños *simples,* mientras que si está formado por varios sujetos o grupos nos enfrentamos a un diseño *mixtos*. Gráficamente lo podríamos expresar así.

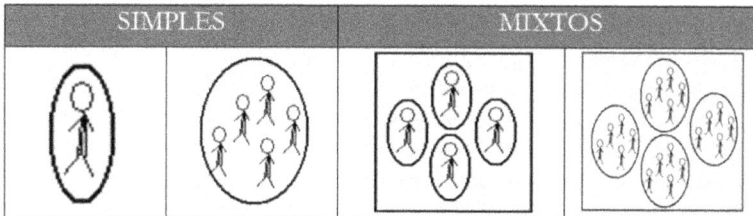

Así los podemos dividir en dos grupos:

a. *Diseños de replicación intrasujeto simples.*

Entre estos diseños tenemos:

    i. *Diseño básico A-B.* (De series cronológicas).

Este diseño tiene dos fases, en la primera, la *línea base*, se recoge información repetida sobre una conducta determinada, después de la intervención (**I**) se continúa recogiendo información sobre la misma conducta.

$$O_1 \; O_2 \; O_3 \; O_4 \; O_5 \quad I \quad O_6 \; O_7 \; O_8 \; O_9 \; O_{10}$$

Se comprueba si hay algún patrón de cambio, de *nivel* o de *tendencia*, y si lo hubiere sería debido a la intervención llevada a cabo.

b. *Diseños de replicación intrasujeto de grupos.*
   En estos diseños la información que se recoge es de más de un grupo. Entre ellos podemos encontrar:
   i. *Diseño conductual con un grupo control.*
      De los dos grupos con los que contamos, uno de ellos recibe la intervención (E) y el otro no (C).

$$E \quad O_1 \quad I \quad O_2 \; O_3 \; O_4$$
$$C \quad O_1 \qquad O_2 \; O_3 \; O_4$$

   ii. *Diseño secuencial A-B con grupo control.*
      Formado por dos grupos que pueden ser dos grupos naturales o formados administrativamente, o bien ser elegidos al azar.

$$(A_z) \; O_1 \; O_2 \; O_3 \; O_4 \; O_5 \quad I \quad O_6 \; O_7 \; O_8 \; O_9 \; O_{10}$$
$$(A_z) \; O_1 \; O_2 \; O_3 \; O_4 \; O_5 \qquad O_6 \; O_7 \; O_8 \; O_9 \; O_{10}$$

5. DISEÑOS CORRELACIONALES - CAUSALES

Este tipo de diseños se suelen utilizar para estudios ex post facto, es decir una vez que ha concluido la intervención. Sólo puede usar técnicas correlacionales para ver posibles relaciones de causalidad entre las variables. Además, "estos diseños de investigación son los más adecuados cuando el investigador no puede recurrir ni al control ni a la manipulación de las variables y así poder inferir posibles relaciones de causalidad entre las variables de estudio" (Hernández y Maquilón, 2012, p. 121).

Si partimos de datos procedentes de observaciones o descriptivos, podríamos ver si se dan relaciones de causalidad entre dos variables usando técnicas de correlación. Para que haya una relación causal entre dos variables tiene que existir entre ellas una correlación, aunque la correlación por sí sola no establece la relación de causalidad (Buendía, Colás y Hernández, 1997).

Con el *panel de correlaciones cruzadas* es posible establecer grados de causalidad o direccionalidad entre dos variables. Esto se puede hacer porque usa varios coeficientes de correlación. Está basada en el factor temporal, es decir en que un acontecimiento precede a otro (no pudiendo ser al revés).

El diseño correlacional se basa en el cálculo de diversos coeficientes, dependiendo en qué tipo de escala estén expresados los resultados.

	Escala de intervalo *(Rendimiento)*	Estadísticos: -Coeficiente de correlación de Pearson
Resultados	E. Nominal u ordinal *(Intereses)*	Estadísticos:- "rho" de Spearman - C - Phi

Si obtenemos una correlación entre la aplicación de un programa para mejorar la lectura (MATEL) y sus resultados, en dos momentos diferentes, por ejemplo Primaria y ESO, podemos inferir el sentido de causalidad, de manera que el conjunto de correlaciones obtenidas forman panales de correlaciones cruzadas.

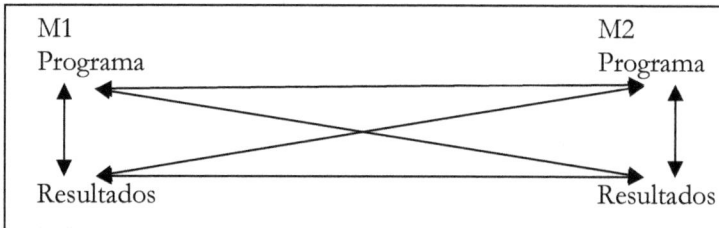

Figura 18.1. Correlaciones entre las diferentes aplicaciones de un programa.

211

ACTIVIDADES SUGERIDAS

1. Busca cinco investigaciones que dispongan de diseño de investigación y recoge el tipo de diseño que han utilizado.

2. Elabora un ejemplo concreto de una investigación con un diseño Solomon.

3. Elige dos diseños diacrónicos y ejemplifícalos con un diseño real que sea posible llevar a cabo.

PREGUNTAS DE EVALUACIÓN

1. Señala de entre los siguientes diseños los que son diacrónicos: Solomón, de replicación intrasujeto, comparativos de un solo grupo, correlacionales.

2. Explica lo que es un diseño de patrones de cambio.

3. Explica la diferencia entre un diseño de replicación intrasujeto simple y otro mixto, y pon un ejemplo.

19 TÉCNICAS E INSTRUME NTOS DE INVESTIGACIÓN. LA OBSERVACIÓN

ÍNDICE

OBJETIVOS

Los objetivos de aprendizaje para este capítulo son los siguientes:

- Tener una visión global de los principales instrumentos de medición y de recogida de información.
- Conocer las características de la observación estructurada, en especial las listas de control y las escalas de observación.
- Distinguir la observación no sistemática, y en concreto las notas de campo, los registros de incidentes críticos y el diario.
- Acercarse al concepto de observación participante.

RESUMEN

En el presente capítulo se hace una introducción a los instrumentos tanto de medición como a los de recogida de información en líneas generales. Se profundiza en la observación en sus tres facetas, tanto la observación estructurada, como la no sistemática y la participante. Dentro de la primera se describen las listas de control y las escalas de observación; entre la no sistemática, se analizan las notas de campo, los registros de incidentes críticos y los diarios. Así también se aporta información sobre la observación participante.

MAPA DE CONTENIDOS

1. INTRODUCCIÓN

Los instrumentos de recogida de datos son, por definición "medios reales, con entidad propia, que los investigadores elaboran con el propósito de registrar información y/o de medir características de los sujetos" (Sabariego, 2012, p. 150).

Para abordar el tema de los instrumentos de recogida de datos, antes queremos mostrar, de una forma global, el conjunto de instrumentos para recoger datos y/o hacer mediciones de los diferentes aspectos.

La estructuración que presentamos es una posibilidad de clasificar los instrumentos haciendo una diferenciación entre recogida de datos y llevar a cabo mediciones. En los dos se recogen datos, pero en una de ellas se intenta medir ciertas características con instrumentos diseñados para ese objetivo.

1.1. Instrumentos de medición

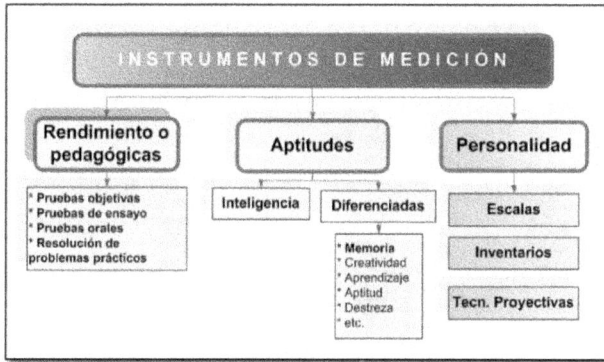

Figura 19.1. Instrumentos de medición

Los instrumentos de medición, Figura 19.1, pretenden medir diferentes aspectos del sujeto, como pueden ser los rendimientos o de tipo pedagógico, aptitudes; dentro de las cuales podemos encontrar general, como la inteligencia u otras diferenciadas como podrían ser la memoria, la creatividad, aprendizaje, destrezas, etc.

También dentro de este grupo incluiríamos a los instrumentos que miden aspectos de la personalidad del sujeto, como pueden ser las escalas, inventarios y técnicas proyectivas.

Por otra parte, los instrumentos que usamos para recoger datos, de forma más genérica, mostrados en el Esquema 2, se han estructurado en dos grupos en función de cómo se ha hecho la recogida de datos.

Las *técnicas* basadas en escalas o *escalares* podemos considerarlas instrumentos que llevan a cabo una recogida de datos cuantitativa, y nos dan la oportunidad de hacer clasificaciones en función de descripciones verbales o atributos que el sujeto puede hacer sobre personas, objetos, conceptos, o incluso sobre él mismo. Estas técnicas, tienen la ventaja de que nos dan dos tipos de información, una cualitativa, al decirnos la dirección de su valoración y otra cuantitativa al informarnos sobre la intensidad de ésta.

Están también las *técnicas proyectivas*, que nos van a permitir recoger muestras de diferente tipo de conductas como verbal, gráfica o constructiva del sujeto analizado mediante materiales y/o instrucciones, con diferente grado de estandarización. Y todo ello con el objetivo de analizar la dimensión afectiva y cognitiva del sujeto.

1.2. Instrumentos de recogida de información

Los instrumentos de medición, como podemos ver en el Esquema 2, se reparten en dos grupos, en función de si la recogida de los datos se hace a partir de observaciones o por el contrario se lleva a cabo a través de información oral o escrita.

Figura 19. 2. Instrumentos de recogida de datos

Dentro de la observación tenemos dos grupos, si se hace de forma *No sistematizada*, donde podemos encontrar *documentos personales* como pueden ser las historias de vida, bibliografías, autografías, entrevistas en profundidad (con matices diferenciados de las entrevistas estructuradas, semi o no estructuradas, por tratarse de un documento para el análisis, que generalmente se ha desarrollado con anterioridad), diarios y cuadernos de notas.

Los instrumentos para la recogida de datos son las herramientas con las que obtenemos los datos necesarios para poder analizarlos. Su principal característica es la estandarización, tanto de los procedimientos de aplicación como de baremación e interpretación consiguiente.

Álvarez Rojo y otros (2002) afirman que: las tres características principales de los instrumentos son las siguientes:

a) Son de tipo material,

b) Los datos que se producen, tienen, por lo general, un carácter numérico.

c) La persona encargada de administrar los instrumentos, tiene un papel secundario.

Se dan unos **principios** que deben regir la recogida de datos, entre los que tenemos:

a) Hacer una valoración de la adecuación de los instrumentos a cada situación.

b) Podemos usar técnicas muy variadas para recoger los datos.

c) Es conveniente la integración de técnicas cuantitativas y cualitativas en la recogida de datos.

d) Hemos de tener presentes los aspectos éticos (confidencialidad, dignidad de las personas,…) a la hora de recoger los datos.

Por otra parte, dentro de la observación *No sistemática* también podemos encontrar los *Registros narrativos*, como pueden ser los Anecdotarios, las Notas de Campo y los Muestreos de Tiempo. Encontramos también los Registros mecánicos donde estarían las Fotografías, grabaciones en video, en audio; y *Otras técnicas* de observación como pueden ser la consulta de documentos, la elaboración de mapas y el comentario en vivo.

Del otro grupo, donde se recoge la información a través de medios orales o escritos, tenemos la *Encuesta, la Entrevista* y las *Técnicas sociométricas.*

2. LA OBSERVACIÓN

2.1. Introducción

Entendemos la observación como un procedimiento en el que la información es recogida por el investigador, más o menos experto, de manera intencionada, por cualquier tipo de anotación sobre fenómenos, situaciones, sujeto o sujetos, que está presenciando, sin que en esa recogida de datos intervengan los participantes. "la observación debe responder a unos criterios de planificación y consecución de objetivos elaborados de antemano, es decir, en ambos casos la observación debe ser sistemática" (Buendía y

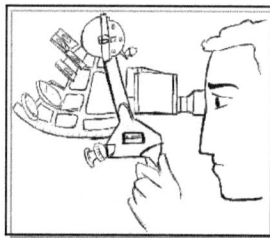

Berrocal, 2012, p. 131).

2.2. Observación estructurada

La observación estructurada es una forma de observar aspectos, conductas o fenómenos que ya están prefijados de antemano por el evaluador. Se parte de categorías previas en las que se recogen diferentes situaciones o conductas que se pueden manifestar en la realidad que queremos observar.

Los instrumentos utilizados para registrar la información y elaborar datos cuantitativos a partir de la observación, se sustentan en cuatro medidas básicas que son: *frecuencia* con que se manifiestan las conductas o acontecimientos; *intensidad* con que se producen los hechos; *rapidez* con que se originan y *duración* de los mismos.

De la observación estructurada destacaremos dos instrumentos, que son las listas de control y las escalas de estimación.

2.2.1. Las listas de control

En este caso el observador al registrar la conducta, deja constancia de lo que ocurre durante un determinado periodo de observación, pero sin concretar el grado o magnitud con que se dan las conductas.

Por ejemplo, en una clase hacemos una observación utilizando una lista de control como la que sigue, y lo que hacemos es anotar si la conducta se produce o no.

CONDUCTA	SI	NO
Llega puntual a la clase	X	
Hace preguntas en el desarrollo de la clase	X	
Levanta la mano para hablar		X
Escucha a sus compañeros sin interrumpirlos		X
....		

2.2.2. Las escalas de estimación

En ellas el observador asigna un valor numérico a cada categoría, dejando constancia del grado en que se produce.

Por ejemplo, podemos poner una escala para conocer mejor al alumnado, donde 0 significa nunca y 4 siempre.

	0	1	2	3	4
¿Trabajar en grupo?			X		
¿Suele cumplir con los trabajos mandados?		X			
¿Ayuda a los demás y colabora con sus compañeros?				X	
¿Respeta las opiniones de los otros?					X
v....					

2.3. Observación no sistemática.

2.3.1. Notas de campo

Las notas de campo las podemos considerar dentro de los registros que se llevan a cabo "in situ". Se trata de "apuntes realizados durante el día para refrescar la memoria acerca de lo que se ha visto y se desea registrar, y notas más extensas escritas con posterioridad, cuando se dispone de más tiempo para hacerlo" (Woods, 2011, p. 60).

Estos registros tienen unas notas características.

- ✓ Registros usando lenguaje cotidiano
- ✓ Son apuntes o notas breves que se toman durante la observación para facilitar el recuerdo.
- ✓ Se deben anotar los interrogantes que surjan durante la observación.
- ✓ También se recogen cuestiones:
  - o Metodológicas (decisiones que toma el observador)
  - o Personales (reacciones del observador)
  - o Teóricas (vinculadas con la teoría o patrones observados).
- ✓ Es habitual recoger:
  - o Ideas
  - o Palabras o expresiones clave
  - o Dibujos
  - o Esquemas

2.3.2. Registro de incidentes críticos

Registros anecdóticos o de incidentes críticos, también es un registro desarrollado "in situ", y tienen una serie de características como:

- ✓ Son listas de anécdotas o breves descripciones de conductas o eventos.

219

✓ Se recogen acontecimientos que tienen una especial significatividad par quien realiza la observación.

✓ Su valor potencial reside en su riqueza, su matización en función del contexto y su valor secuencial.

✓ El formato puede variar, pero es recomendable incluir unos datos mínimos como:

  o Fecha

  o Hora de observación

  o Observador

  o Descripción del contexto

  o Descripción del incidente

  o Valoración del mismo

c) En necesario separar la descripción del incidente de la valoración

d) Ventajas:

  e) Facilidad de su cumplimentación, poca información.

  f) Fáciles de usar en la observación participante

⅄ Sólo se registra un segmento de la realidad, por lo que deben de usarse de forma complementaria otras estrategias.

2.3.3. Diarios

El diario es un registro de los llamados "a posteriori" y tiene las siguientes características.

Se apoya en notas de campo tomadas en el lugar y tiempo observado.

El observador recoge en el diario:

- Lo que recuerda

- Sus impresiones del hecho.

- Sus reflexiones

El diario:

- es un recurso bastante costoso,

- que exige una continuidad en el esfuerzo por narrar y describir los eventos.

- Implica dedicar un tiempo a la escritura tras la observación de los eventos.

- El autor del mismo puede adoptar una perspectiva retrospectiva.

- El observador analiza los acontecimientos actuales desde la óptica y capacidad de análisis del momento presente, (no como la historia de vida, donde se revisan hechos pasados desde la óptica presente.)

Ventaja:
- Capta el carácter longitudinal, cronológico y procesual de los sucesos.
- Potencia la capacidad de estimular, observar y describir las situaciones del que lo escribe.

Limitaciones:
- Tendencia a que aparezcan hechos de especial relevancia, altamente gratificantes y no las situaciones más normales.
- Al usarse por primera vez, no se sabe qué registrar, y cómo hacerlo.

Reglas para la confección de un diario:
- Especificar la fecha y duración de cada sesión de observación.
- Ponerle un título a la sesión que resuma o condense el significado de la misma.
- Describir el contexto.

2.4. Observación participante

La observación participante, también denominada **observación abierta** se caracteriza porque el observador debe estar insertado en el colectivo que se desea observar, desarrollar las conductas que se deseen observar y recibiendo las mismas influencias que los sujetos observados.

Para recordar

"El método más importante de la etnografía es el de la observación participante, que en la práctica tiende a ser una combinación de métodos, o más bien un estilo de investigación" (Woods, 2011, p. 49).

ACTIVIDADES SUGERIDAS

1. Hay dos grandes grupos de instrumentos de observación estructurada. Pon un ejemplo original de cada uno:

Listas de control	Escalas de estimación

2. En las notas de campo es habitual recoger ideas, palabras o expresiones clave, dibujos y esquemas. Imagina un contexto determinado en el que recoges notas de campo, poniendo ejemplos:

Ideas	
Palabras o expresiones clave	
Dibujos	
Esquemas	

3. Ha habido un incidente en la clase en el que ha habido una pelea entre dos niños. Rellena el siguiente registro de incidentes críticos de manera detallada:

Fecha	
Hora de observación	
Observador	
Descripción del contexto	
Descripción del incidente	
Valoración del incidente	

4. Para este ejercicio tienes dos opciones: a) Escribir una entrada de diario en la que relatas un día concreto en el que hayas impartido clase o participado dentro de una clase ayudando a un profesor; b) Recuerda un día de clase concreto e intenta registrar una entrada de diario de dicho día desde el punto de vista de tu profesor/a.

? **PREGUNTAS DE EVALUACIÓN**

1. Explica la diferencia ente notas de campo y anecdotario.

2. ¿Cuáles son las características de la entrevista en profundidad? ¿para qué se suele usar?

3. Di en qué se parecen y en qué se diferencian las escalas de estimación y las listas de control.

here.

20 TÉCNICAS E INSTRUMENTOS DE INVESTIGACION. TÉCNICAS DE ENCUESTA

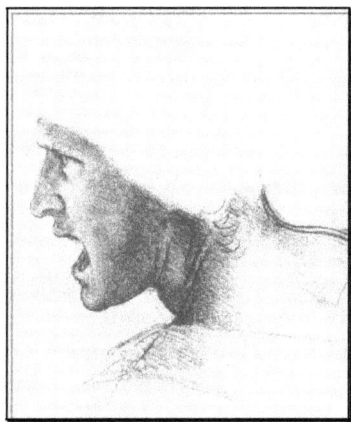

INDICE

OBJETIVOS

Los objetivos de aprendizaje para este capítulo son los siguientes:

- Distinguir las características de las técnicas de encuesta, su definición, estructura, ventajas, inconvenientes etc. Conocer las características de la observación estructurada, en especial las listas de control y las escalas de observación.
- Conocer el concepto de cuestionario, sus partes, y redacción de los ítems.
- Comprender el uso de las escalas de actitudes.
- Conocer los diferentes tipos de escalas de actitudes.

RESUMEN

En este capítulo se definen las técnicas de encuesta, se haba de las ventajas de su uso, de sus inconvenientes, etc. También se describe el cuestionario, la estructura que lo conforma, el tipo de preguntas que se pueden hacer y la redacción de los ítems. También se analizan las escalas de actitudes, el uso que se le dan, además de describir las principales escalas como son las diferenciales o de Thurstone, las acumulativas o de Guttman, las de diferencial semántico de Osgood y las sumativas o de Likert.

MAPA DE CONTENIDOS

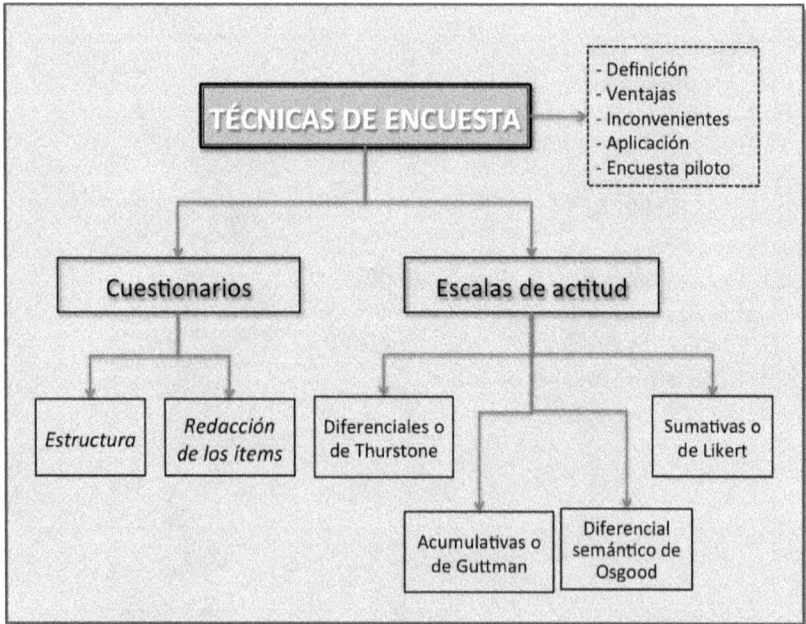

. TÉCNICAS DE ENCUESTA
Definición

Una encuesta es un censo en pequeña escala con un propósito más específico que el censo. Las encuestas tienen por objeto obtener información estadística definida, mientras que los censos y registros vitales de población son de mayor alcance y extensión. Este tipo de estadísticas pocas veces otorga, en forma clara y precisa, la verdadera información que se requiere, de ahí que sea necesario realizar encuestas a esa población en estudio, para obtener los datos que se necesitan para un buen análisis.

Este tipo de encuesta abarca generalmente el UNIVERSO de los individuos en cuestión. Otro tipo de Encuestas son las Encuestas por Muestreo en donde se elige una parte de la población que se estima representativa de la población total. Debe tener un diseño muestral, necesariamente debe tener un marco de donde extraerla y ese marco lo constituye el Censo de población. La encuesta (muestra o total), es una investigación estadística en que la información se obtiene de una parte representativa de las unidades de información o de todas las unidades seleccionadas que componen el universo a investigar. La información se obtiene tal como se necesita para fines estadístico-demográficos.

Ventajas del uso de encuesta a través de Internet

Bajo Costo. Le permitirá conocer en tiempo real los resultados de las encuestas por un precio extremadamente reducido en comparación con otros procesos tradicionales de creación, distribución y análisis de datos de una encuesta, ya que prescinde de todo personal encuestador y de la utilización de papel para respaldar la encuesta.

Rapidez. La entrada y procesamiento de la encuesta es inmediata. Los datos se introducen directamente y el análisis se actualiza en tiempo real.

Exactitud. Se eliminan los errores asociados a la introducción de la encuesta gracias a la automatización de los datos.

Respuestas honestas. Algunos estudios sostienen que los usuarios son más honestos y abiertos cuando están enfrente de un ordenador sin la presencia de un encuestador.

Amplio y diverso grupo de **entrevistados**. La inmensidad de Internet hace posible llegar a personas que sería imposible contactar de otras maneras. Los visitantes de su web o sus clientes rellenarán rápidamente la encuesta.

Bajo costo en relación al Censo. Información más exacta (mejor calidad) que la del Censo debido al menor número de empadronadores, lo que permite capacitarlos mejor y más selectivamente. Es posible introducir métodos científicos objetivos de medición para corregir errores. Mayor rapidez en la obtención de resultados.

Recogida de datos automático. No es necesario vaciar los datos, ya que la aplicación informática guarda los mismos en ficheros.

Inconvenientes

No permite obtener estimaciones para áreas pequeñas.

El planeamiento y ejecución de la investigación suele ser más complejo que si se realizara por Censo.

Requiere para su diseño de profesionales con buenos conocimientos de teoría y habilidad en su aplicación.

El público generalmente la rechaza.

Aplicación

Algunos de los posibles usos que podemos hacer de la Encuesta son:

Medir las relaciones recíprocas entre variables demográficas, económicas y sociales.

Evaluar las estadísticas demográficas como errores, omisiones, inexactitudes.

Conocer profundamente patrones de las variables demográficas y sus factores asociados como fecundidad, migraciones, determinantes.

Otorga información suplementaria en relación a la otorgada por los Censos.

Evaluar periódicamente los resultados de un Programa en ejecución.

Probar la eficiencia de un Método antes de aplicarlo al total de la población.

Encuesta piloto

Un tipo particular de encuesta, que tiene por objeto preparar la verdadera encuesta. Se busca tener unos pocos criterios para diseñar o rediseñar las herramientas de trabajo, teniendo una idea previa de la población. Esta exploración es útil porque está libre de conclusiones sobre el tema de estudio y sirve sólo para mejorar la investigación, incluso restablecer un Diagrama de flujo u otro tipo de Planificación.

Hay otras aplicaciones novedosas como es el construir una muestra completamente estratificada y sólo con los componentes de la población seleccionados para nuestro interés final; esta muestra no tiene valor predictivo, pero si puede utilizarse de una forma experimental, como grupo de control, y comparar sus resultados -parciales- con los que posteriormente hayamos obtenido en el muestreo probabilístico principal de toda la población y que así ya estaría estadísticamente bajo control. Ayudaría a la muestra completamente estratificada su uso en Investigación basada en la comunidad.

🔍 **Para saber más**
Modelos de encuestas con resultados
El poder ver una encuesta sociológica ya hecha, y también ver los resultados puede ayudar al estudiante o al estudioso de la Sociología para diseñar otra similar y para enterarse de las opiniones actualizadas sobre temas de su interés. Esto es posible y de forma gratuita. Los entes típicos que son profesionalmente conocidos son los organismos oficiales como el INE o Institutos nacionales de estadística, el CIS o Centros de Investigaciones Sociológicas, Cámaras de comercio e instituciones privadas como ASEP o Análisis Sociológicos, Económicos y Políticos; diseñan y realizan Encuestas para variables Estadísticas, Sociológicas, Políticas, en forma de Índices, Indicadores, Escalas de actitud, Barómetros de opinión y otros formatos, estudiados en la metodología social, y que puede conocer en su versión actual y real. Pueden encontrarse en Internet las encuestas completas y con resultados de tan sólo semanas y de forma gratuita; por poner un ejemplo, se puede llegar al Instituto Nacional de Estadística de España comenzando en IPC (Índice de precios al consumo) o vía otras enciclopedias en español, es decir, utilizando enlaces partiendo de un tópico o materia.

2. CUESTIONARIO
Una de las formas de llevar a cabo una encuesta es mediante la administración de cuestionarios. El cuestionario es "un instrumento que consiste en una serie de preguntas o ítems acerca de un determinado problema o cuestión que se desea investigar y cuyas respuestas han de plasmarse por escrito" (Martín, 2012, p. 148)

Álvarez y otros (2002) nos proponen una **estructura** concreta para el desarrollo de los Cuestionarios.

Título. En el título hacemos referencia al objeto o aspecto sobre el que se pretende recoger la información.

Autoría. Se explicitan las personas, grupo o institución que ha elaborado el instrumento. Hemos de tener en cuenta que si no mostramos la autoría del cuestionario, el encuestado podría mostrar recelos al responder al no saber el autor.

Presentación. Aquí, manifestamos brevemente la finalidad del instrumento. Es importante describir el valor y la utilidad de la información que los sujetos pueden aportar. También se debe aclarar que se va a garantizar la confidencialidad de las respuestas, animando a responder con la mayor sinceridad posible.

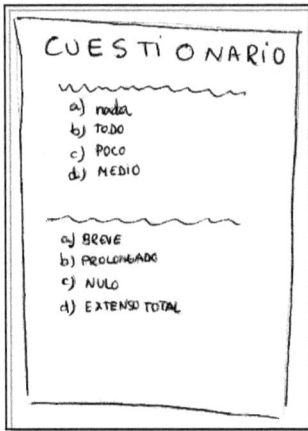

Instrucciones. Se especifica la forma en la que ha de responderse el cuestionario. Las instrucciones deben ser sencillas y concisas. Cuando en un mismo cuestionario hay dos o más tipos de ítems a responder, se recomienda proporcionar instrucciones generales para la totalidad del cuestionario e instrucciones específicas para cada parte.

Datos demográficos. Aquí se recogen los rasgos sobre rasgos personales, académicos o profesionales que serán útiles para describir a los sujetos o comparar sus respuestas

Cuestiones. Se presentan las preguntas concretas que se formulan a los sujetos, que constituyen el cuerpo central del cuestionario.

Agradecimiento. Al final del cuestionario se agradece a los sujetos la colaboración prestada por sus respuestas.

En cuanto al **tipo de preguntas** que se pueden formular, tenemos los siguientes tipos posibles, en función de las respuestas que se pueden dar:

✓ Preguntas de respuesta cerrada, entre las que podemos encontrar respuesta múltiple con un número variable de opciones, entre las que podemos encontrar una sola respuesta acertada, varias o ninguna.

✓ Preguntas de respuesta abierta, y que necesitan establecer unos criterios de corrección que sean claros y que tengan una categorización de las respuestas una vez se han dado.

En cuanto a la **forma de administrar** los cuestionarios podemos tener las siguientes opciones:

✓ A distancia, donde podemos hacerlo por correo postal, por teléfono, por internet (correo electrónico, página web,…), a través de mensajes en teléfono móvil.

✓ A través de encuestadores, que pueden hacerlo de forma individual o en grupos, en el lugar de estudio o trabajo de los encuestados, o seleccionando un lugar específico para su desarrollo.

Redacción de los ítems

Para realizar una valoración de la redacción que se ha hecho de los ítems debemos hacernos una serie de preguntas como las siguientes:

⅄ ¿Mide cada ítem un resultado importante de lo que nos interesa?

⅄ ¿Presenta cada ítem una tarea claramente formulada?

⅄ ¿Está el ítem redactado en lenguaje claro y sencillo?

⅄ ¿Está el ítem libre de claves extrañas?

⅄ ¿Es la dificultad del ítem adecuada al nivel del que va a responder?

⅄ ¿Están agrupados por similitud?

3. ESCALAS DE ACTITUDES

Este tipo de instrumentos intenta medir la predisposición de un sujeto hacia algo. Nos puede también aportar información sobre la cobertura que tiene un programa en función del cambio que se produce y la influencia que ha ejercido sobre las audiencias a las que ha llegado. Herrera (2012, p. 173) las define como "instrumentos de autoevaluación que miden hasta qué punto un sujeto tiene sentimientos favorables o desfavorables hacia una persona, grupo, institución social, etc. Se componen de una serie de ítems o elementos a los que se atribuyen valores numéricos, permitiendo obtener así un índice cuantitativo que nos proporciona fundamentalmente la intensidad de la actitud medida".

Las escalas de actitudes intentan ver la predisposición hacia personas, objetos, situaciones, etc. Son un índice para ver la cobertura del programa, la opinión sobre algún tema, la actitud ante una actuación, etc. Así, el cambio que se produce en ellas a lo largo del mismo es un índice de la influencia que ha ejercido el programa sobre las audiencias.

La predisposición hacia objetos, situaciones o personas implica tener un conocimiento de los mismos (creencias, ideas percepciones), poseen ciertos patrones de valoración que están acompañados de sentimientos que pueden ser positivos o negativos, y también modos de reaccionar (comportamientos, tendencias a actuar, intenciones) concretos. Estas actitudes se pueden medir pidiendo a los sujetos que informen sobre sus opiniones y sentimientos, de forma oral, para lo que se suelen emplear las escalas de actitudes.

Las principales escalas de actitud son las siguientes:
Escalas diferenciales o de Thurstone
Escalas acumulativas o de Guttman
Escalas de diferencial semántico de Osgood
Escalas sumativas o de Likert

3.1. Escalas diferenciales o de Thurstone

Estas escalas son un grupo de declaraciones referidas al objeto de actitud, y están ordenadas desde las más negativas hasta las más positivas, para que el sujeto elija con la que más esté de acuerdo. Para calcular la puntuación sólo hay que sumar los escalares que el sujeto ha señalado. De este modo, una alta puntuación indica una actitud positiva y la baja negativa.

Para recordar

Las escalas de Thurstone "Consisten en un grupo de enunciados que expresan diferentes reacciones actitudinales frente a un objeto, de los cuales se pide al sujeto que seleccione aquellos con los que más se identifica" (Herrera, 2012, p. 179).

Para construir una escala de este tipo podemos proceder redactando un numeroso conjunto de afirmaciones, tanto positivas como negativas, que someteremos a un conjunto de expertos. Estos lo que hacen es valorar los enunciados y le asignan puntuaciones con un intervalo de 0 a 5, ó 0 a 10, ó lo que se estime.

Por último se seleccionan los enunciados en los que hay un elevado acuerdo interjueces.

Ejemplo de escala de Thurstone

1. Las malas conductas deben de ser exterminadas por cualquier medio.

2. No estaría mal tratar de eliminar las malas conductas.

3. La eliminación de las malas conductas es una de las soluciones.

4. Debería verse una solución que no fuese eliminar las malas conductas.
5. Las malas conductas tienen la función de poder ser analizadas.
6. Debería usarse las malas conductas como elementos de análisis.

Escalas acumulativas o de Guttman

Las escalas acumulativas son un conjunto de enunciados sobre el objeto del que se quiere medir la actitud. Éstos aparecen graduados en intensidad, y el sujeto debe de pronunciarse si está o no de acuerdo con su contenido. El acuerdo con el contenido de un enunciado implica el acuerdo con los enunciados inferiores, si la escala está bien construida.

La puntuación se obtiene partiendo del número de enunciados con los que el sujeto está de acuerdo. Así, si el sujeto está de acuerdo con los 7 primeros enunciados, la puntuación será de ese valor.

Ejemplo de escala de Guttman

Señale la actitud que tiene antes los estudios.
  1. Quién estudia puede tener ciertas ventajas.
  2. Los estudios pueden proporcionar oportunidades.
  3. El estudiar es bueno para las personas.
  4. Los estudios aportan cosas positivas a la gente.
  5. Los estudios son muy beneficiosos para el que los hace.
  6. Los estudios marcan la diferencia del que los tiene.
  7. No hay nada mejor que estudiar.

Para saber más
Estas escalas suelen tener "muy pocos ítems (unos seis), de confección laboriosa y útiles para medir objetos muy limitados" (Herrera, 2012, p. 184).

3.3. Escalas de diferencial semántico de Osgood

Estas escalas las forman adjetivos bipolares que caracterizan al objeto de la actitud. El sujeto tiene que posicionarse entre los dos extremos de una escala numérica de entre cinco puntos o más, teniendo en cuenta que la puntuación central es un valor neutral, y los extremos son la valoración positivas y la otra la negativa.

Para construir estas escalas sólo es necesario elegir parejas de adjetivos que sean contrarios, ante los cuales el sujeto tiene que emitir su juicio sobre el objeto a valorar.

Ejemplo de diferencial semántico. Los programas del corazón le resultan…

	1	2	3	4	5	6	7	
Aburridos								Interesantes
Increíbles								Creíbles
Insignificante								Impresionante
Repelente								Atractivo
Discreto								Llamativo
Antipáticos								Simpáticos
Desagrada								Agrada
…								…

3.4. Escalas sumativas de Likert

Estas escalas están formadas por una serie de declaraciones sobre el objeto, de tal modo que el sujeto expresa el grado en el que está de acuerdo con esa declaración, dentro de una escala. La puntuación de cada ítem es el grado en el que está de acuerdo con la afirmación dada. Si sumamos la puntuaciones de todos los ítems tendremos la puntuación final de la escala.

Además, "en estas escalas los sujetos han de posicionarse con respecto a todos los ítems. Las diferencias entre los sujetos se establecen mediante el análisis posterior del conjunto de respuestas proporcionado. Se denomina, por ello, escalas aditivas" (Herrera, 2012, p. 182).

Ejemplo de escala sumativa de Likert.

Muestre su grado de acuerdo o desacuerdo con respecto a los videojuegos.

	Totalmente de acuerdo	De acuerdo	Ni acuerdo ni desacuerdo	En desacuerdo	Totalmente en desacuerdo
	5	4	3	2	1
Son educativos					
Desarrollan la imaginación					
Son económicos					
Desarrollan valores positivos					
Favorecen la socialización					
….					

ACTIVIDADES SUGERIDAS

1. Busca una lugar en internet que te permita hacer encuestas y haz una breve de ejemplo y envíasela a tres compañeros/as y al profesor/a.

2. Crea un ejemplo de cada tipo de escala:

a) Escala de Thurstone
b) Escala de Guttman
c) Escala de Osgood
d) Escala de Likert

PREGUNTAS DE EVALUACIÓN

1. Las encuestas por internet tienen diferentes ventajas y desventajas. Explícalas, valiéndote cuando sea posible de un ejemplo.

Ventajas	Desventajas

2. Escribe la estructura o partes que debe de tener un cuestionario.

3. ¿Qué escalas están graduadas en intensidad?

21. TÉCNICAS E INSTRUMENTOS DE INVESTIGACION. LA ENTREVISTA, TEC. SOCIOMÉTRICAS Y PRUEBAS PARA MEDIR CONOCIMIENTOS

I

ÍNDICE

OBJETIVOS

Los objetivos de aprendizaje para este capítulo son los siguientes:

- Conocer las características de la entrevista, su definición, ventajas, inconvenientes etc.
- Familiarizarse con los tipos de entrevista: estructurada, semiestructurada, no estructurada, grupos de discusión y grupo nominal.
- Distinguir el concepto de técnicas sociométricas.
- Comprender el uso de las pruebas para medir conocimientos, como las pruebas objetivas, la resolución de problemas prácticos y pruebas de ensayo.

RESUMEN

En este capítulo se analiza la entrevista, se haba de las ventajas de su uso, de sus inconvenientes, etc. También se describe la entrevista, y las distintas formas que pude tomar estructurada, semiestructurada, no estructurada, grupos de discusión y grupo nominal. Se analizan las técnicas sociométricas y el uso de las pruebas para medir conocimientos, y sus variantes como las pruebas objetivas, la resolución de problemas prácticos y pruebas de ensayo.

MAPA DE CONTENIDOS

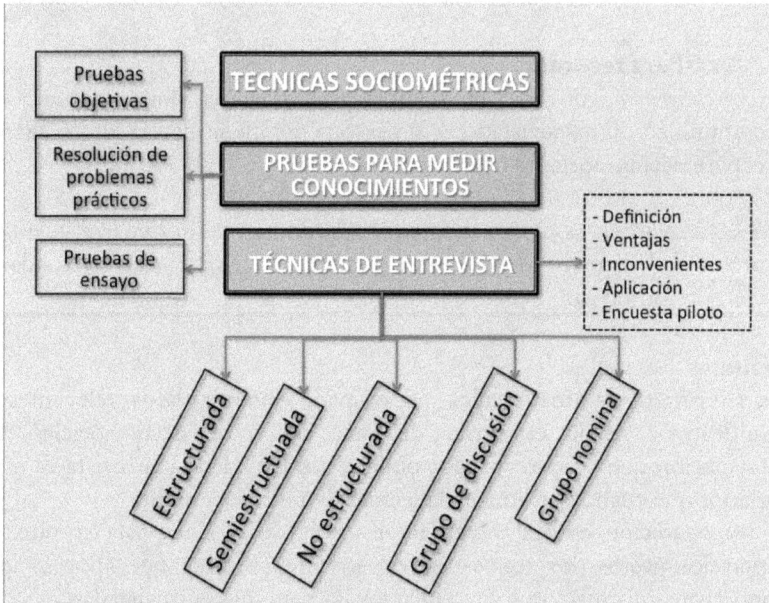

1. LA ENTREVISTA

Definición

La Entrevista es una conversación entre dos o más personas, en la cual uno es el que pregunta (entrevistador). Estas personas dialogan con arreglo a ciertos esquemas o pautas de un problema o cuestión determinada, teniendo un propósito de investigación.

Presupone la existencia de personas y la posibilidad de interacción verbal dentro de un proceso de acción recíproca. Como técnica de recolección va desde la interrogación estandarizada hasta la conversación libre, en ambos casos se recurre a una guía que puede ser un formulario o esquema de cuestiones que han de orientar la conversación.

De forma más sencilla podríamos decir que la Entrevista es la comunicación interpersonal establecida entre el investigador y el sujeto de estudio a fin de obtener respuestas verbales a los interrogantes planteados sobre el tema propuesto.

Para recordar

EL *entrevistado* deberá ser siempre una persona que interese a la comunidad. El entrevistado es la persona que tiene alguna idea o alguna experiencia importante que transmitir.

EL *entrevistador* es el que dirige la Entrevista debe dominar el dialogo, presenta al entrevistado y el tema principal, hace preguntas adecuadas y cierra la Entrevista.

Ventajas

La Entrevista es una técnica eficaz para obtener datos relevantes y significativos desde el punto de vista de las ciencias sociales. La información que el entrevistador obtiene a través de la Entrevista es muy superior que cuando se limita a la lectura de respuesta escrita.

Su condición es oral y verbal. A través de la Entrevista se pueden captar los gestos, los tonos de voz, los énfasis, etc., que aportan una importante información sobre el tema y las personas entrevistadas.

La ventaja esencial de la Entrevista reside en que son los mismos actores sociales quienes nos proporcionan los datos relativos a sus conductas, opiniones, deseos, actitudes, expectativas, etc. Cosas que por su misma naturaleza es casi imposible observar desde fuera.

Desventajas

Las desventajas en la entrevista pueden deberse a limitaciones a la expresión oral por parte del entrevistador y/o del entrevistado. Se hace muy difícil nivelar y darle el mismo peso a todas las respuestas, sobre todo a aquellas que provienen de personas que poseen mejor elocuencia verbal, pero con escaso valor informativo o científico.

Algunas veces nos podemos encontrar con personas que mientan, deforman o exageran las respuestas y muchas veces existe un divorcio parcial o total entre lo que se dice y se hace, entre la verdad y la realidad.

Muchas personas se inhiben ante un entrevistador y les cuesta mucho responder con seguridad y fluidez una serie de preguntas. Existen muchos temas tabú entre las personas, algunos de los cuales producen rechazo cuando se trata de responder preguntas concretas, como por ejemplo temas políticos, sexuales, económicos, sociales, etc.

La entrevista la podemos clasificar según el grado de estructuración en *estructurada, semiestructurada y no estructurada*. A esta le vamos a añadir los grupos de discusión como una forma especial de entrevista colectiva.

Al margen del grado de estructuración, se pueden distinguir las siguientes fases en el transcurso de una entrevista:

a) **Contacto inicial**. En este hay que favorecer la creación de una atmósfera de confianza donde el sujeto se sienta a gusto y agradable.

b) **Formulación de las preguntas.**

c) **Obtener las respuestas y completarlas.** Las respuestas que pensemos que no están completas, es necesario completarlas, siempre teniendo cuidado de no sugerir la respuesta al entrevistado.

d) **Registro de las respuestas.** El registro de las respuestas se llevará a cabo durante la propia entrevista y también después de ella podremos completar las mismas.

e) **Finalización de la entrevista.** Es importante finalizar la entrevista de manera cordial, dejando la posibilidad de continuarla si fuese necesario en el futuro.

Algunos autores como Álvarez Rojo y otros (2002), nos proponen algunas estrategias a seguir durante la entrevista, que nos ayuden a conseguir la confianza del entrevistado, y son las siguientes:

✓ Partir de una conversación previa sobre temas cotidianos y de escasa relevancia.

✓ Dejar clara, desde el principio, la finalidad de la entrevista.
✓ Que le quede claro al entrevistado/a que se respetará la confidencialidad y el anonimato.
✓ Usar siempre un tono coloquial y un lenguaje sencillo en la entrevista.
✓ Iniciar siempre la entrevista con preguntas poco comprometidas y fáciles de responder.
✓ Plantear preguntas generales y abiertas para evitar que nos den respuestas breves.
✓ No interrumpir al entrevistado cuando habla. Y si es necesario, cuando haya acabado aclarar las dudas.
✓ Escuchar siempre con atención al entrevistado, diga lo que diga.
✓ Mostrar asentimiento, para dar a entender que se comprende y que se sigue lo que está diciendo.
✓ No emitir juicios de valor sobre lo que diga o sobre su persona.

1.1. Estructurada

En este tipo de entrevista, el texto y la secuencia en la que van las preguntas están previstas de antemano. E incluso en algunos casos la respuesta que dará el entrevistado también. En otras palabras, "el entrevistador pregunta una sucesión de cuestiones preestablecidas con una serie limitada de categorías de respuestas. Hay un protocolo de preguntas y respuestas que se sigue con rigidez" (Martín, 2012, p. 158).

1.2. Semiestructurada

La entrevista se puede considerar semiestructurada en dos sentidos. Por una parte podría ser una entrevista que no tiene prefijadas las preguntas, aunque sí tienen un esquema de lo que se va a preguntar en la entrevista.

Y por otro lado, quien considera que el contenido son una serie de preguntas abiertas con una secuencia ya establecida.

1.3. No estructurada

Aquí no están prefijadas ni las preguntas, ni hay ningún tipo de esquema previo para hacer la entrevista. En este tipo de entrevistas es conveniente formular preguntas del tipo *cómo*, *por qué*, y no sólo cuestiones como *qué*, *cuándo, dónde, quién.* . "Las preguntas suelen ser de carácter abierto y el entrevistado tiene que construir la respuesta" (Martín, 2012, p. 158).

1.4. Grupos de discusión

El grupo de discusión es una técnica de recogida de información muy usada en el estudio de los mercados para conocer lo que piensan los consumidores de determinados productos, y usada como primer paso para la construcción de un cuestionario. Se trata de "la entrevista realizada a todo un grupo de personas para recopilar información relevante sobre el problema de investigación" (Massot, Dorio y Sabariego, 2012, p. 343).

La podemos considerar como una técnica no directiva, de corte cualitativo por la información que genera y produce, ya que lo que pretende es comprender fenómenos sociales mediante la producción controlada de un discurso por parte de un grupo de sujetos reunidos, durante un espacio de tiempo limitado, con el objetivo de debatir sobre un tópico concreto que propone el que modela el grupo de discusión.

En la formación del grupo hay que seguir unas pautas, que son:

El **número** de los grupos, que se recomienda que sean como mínimo de 3 a 4 para poblaciones homogéneas, y de un máximo de 10 a 12 para las que sean heterogéneas.

En cuanto al **tamaño** de los grupos, lo recomendable es que estén formados por entre 6 y 12 miembros.

Por lo que respecta a la propia **composición** de los grupos, hay que buscar personas que sean lo más homogéneas posibles con respecto al tema que se discute, pero heterogéneas con relación a los diferentes rasgos que puedan determinar dicho tema.

A la hora de **captar los sujetos**, es importante procurar que los sujetos no se conozcan entre sí, y tampoco al moderador, para que interfieran lo menos posible en sus opiniones.

En cuanto al **tiempo**, lo que se recomienda que dure la reunión es en torno a una o dos horas, aproximadamente, con objeto de que tengan tiempo suficiente, pero no se cansen o les falte contenido.

El **lugar** de reunión debe de cumplir con condiciones para que se desarrolle la sesión con normalidad, sin interferencias. También se puede dar una participación por videoconferencia.

El **moderador** no interviene dando su opinión al respecto, se limita a proponer el tema e intentar reconducir éste cuando se esté saliendo del mismo.

La forma de **registro** que se suele adoptar es la grabación de audio, para no perder información de lo que se diga. Información que después se pasará a texto para su análisis.

1.5. Grupo nominal

Con esta técnica lo que se hace es reunir a expertos en un tema concreto en una reunión de trabajo. Se les propone un problema, con el objetivo de que den soluciones, o ideas respecto al mismo, y que lleguen a un consenso, priorizando las soluciones o reflexiones.

Se diferencian principalmente del grupo de discusión en que se les pide a los participantes que analicen las ideas aportadas, y que establezcan una ordenación en función de su importancia, no solamente que den su opinión.

En el desarrollo de esta técnica encontramos dos etapas bien definidas; una en la que se prepara el grupo y otra en la que se desarrolla la discusión del grupo.

Esta forma de obtener información tiene la ventaja de que los resultados que nos da tienen un primer análisis hecho y la información que se recoge ya está estructurada.

2. TECNICAS SOCIOMÉTRICAS

Son procedimientos que permiten averiguar la estructura y características de las relaciones de un grupo de sujetos. A diferencia de las técnicas de observación, cuya atención se concentra en el alumno como individuo, las técnicas sociométricas concentran su atención en el grupo y las interacciones sociales que se presentan en él.

Se utilizan para el estudio de la evolución y organización de los grupos así como para la determinación de la posición relativa de un sujeto dentro del mismo.

Por "interacciones sociales" entendemos todas las situaciones en que las actitudes de los miembros del grupo se encuentran entrelazadas de tal manera que influyen fuertemente sobre las conductas que cada miembro en lo personal habrá de manifestar. En otras palabras, hablamos de la repercusión que la situación del grupo tiene en cada uno de los miembros.

Los principales instrumentos que utilizan las técnicas sociométricas son: el sociograma, el sociodrama y los inventarios de personalidad.

El sociograma es una técnica que pretende poner de manifiesto los lazos de influencia y de preferencia que existen dentro de un grupo. Para el maestro/a es de gran utilidad conocer dichos lazos con el fin de utilizarlos para favorecer de forma positiva el desarrollo del grupo.

Ejemplo para que el profesorado conozca el alumnado con mayor influencia del grupo, o los grupos.

Cuestiones posibles:

¿Cuáles de tus compañeros consideras que dan opiniones muy acertadas en la mayoría de los casos?
1°. _____
2°. _____
3°. _____
¿Con cuáles de tus compañeros o compañeras prefieres estar en el estudio o en la diversión?
_____.____

3. PRUEBAS PARA MEDIR CONOCIMIENTOS

3.1. Pruebas objetivas

En las pruebas objetivas se plantean cuestiones que requieren respuestas libres. Tienen preguntas con opciones de respuesta breves pero las cuales pueden establecerse objetivamente si son o no correctas.

El término *objetivas* hace referencia a las condiciones de aplicación de la prueba así como al tratamiento y posterior análisis de los resultados pero ello no implica una mayor objetividad en la evaluación del rendimiento del estudiante.

Algunos aspectos a considerar en la elaboración de una prueba objetiva son:
• La selección de los contenidos
• La redacción de las preguntas o ítems
• La corrección y puntuación
• Presentación de la misma.

3.2. Resolución de problemas prácticos

En la resolución de problemas prácticos, se le plantean a los sujetos actividades que requieren un dominio de los conocimientos, de la forma de usarlos y de aplicarlos. Se trata de una situación de simulación, "como si", aunque no posee todas las ventajas de la verdadera actividad práctica.

3.3. Pruebas de ensayo

Se le plantea al sujeto una o varias cuestiones ante las cuales ha de elaborar una respuesta libremente. Son las llamadas preguntas de desarrollo, en las que intervienen tanto los conocimientos de los sujetos como su grado de madurez y preparación.

ACTIVIDADES SUGERIDAS

1. Diseña una entrevista estructurada dirigida a un profesor. Redacta cuestiones relacionadas con la innovación y cómo introduce la innovación en sus clases este docente.
2. Elabora un sociograma sobre tu propia clase. Redacta los ítems con tus compañeros y luego compara los resultados obtenidos.

3. Pruebas para medir conocimientos:

1. Elabora una prueba objetiva de resolución de problemas en un contexto educativo. Luego intercambia la prueba que has redactado con otro compañero para que cada uno hagáis el del otro y podáis evaluaros tanto los resultados de la prueba como el diseño de la misma.

PREGUNTAS DE EVALUACIÓN

1. *Explica las principales diferencias entre un grupo de discusión y un grupo nominal.*
2. *Explica las formas que podrías adoptar para registrar las respuestas en una entrevista.*
3. *En una entrevista quién es el que debe dominar el dialogo. Explícalo.*

22 PREPARACIÓN DEL ANÁLIS DE LOS DATOS

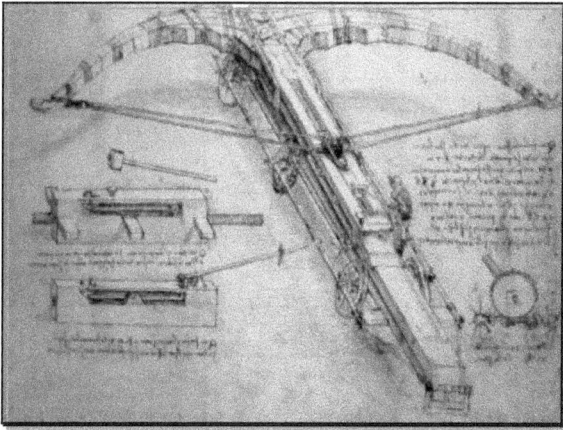

ÍNDICE

OBJETIVOS

Los objetivos de aprendizaje para este capítulo son los siguientes:

- Acercarse al concepto de medición.
- Comprender los diferentes niveles de medición: nominal, ordinal de intervalo y de razón.
- Seguir el procedimiento de preparación de los datos para poder analizarlos..

RESUMEN

En este capítulo se introduce el concepto de medición, para desarrollar los distintos niveles que hay y sus características: nominal, ordinal, de intervalo y de cociente o razón. Después partiendo del ejemplo de un cuestionario se prepara una tabla de especificaciones de los datos, para construir una matriz de datos, susceptible de ser analizada.

MAPA DE CONTENIDOS

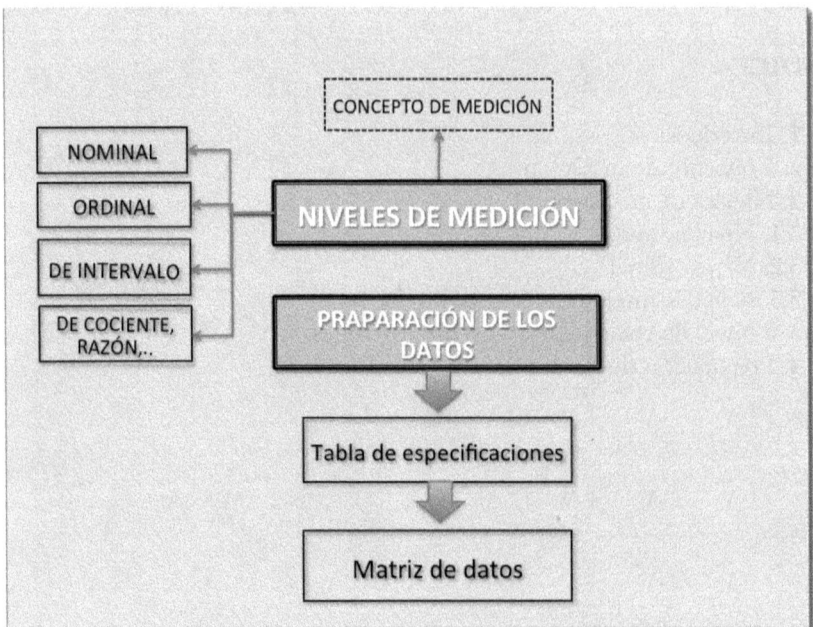

1. INTRODUCCIÓN

El uso de la estadística para analizar los datos en una investigación educativa supone una serie de ventajas como es el poder llevar a cabo una descripción más precisa de los datos analizados; el mantener unos procedimientos exactos ayuda a que la descripción y conclusiones que se obtengan, sean igualmente precisas; nos permite la reducción de los grandes volúmenes de datos; permite hacer predicciones aunque pueden contener errores, facilitándonos también el margen de error que cometemos;...

En función de la amplitud del estudio tendremos que usar diferentes procedimientos estadísticos. La estadística descriptiva permite estudiar un conjunto conocido y abarcable de sujetos. En el caso de la estadística inferencial, se pretende estudiar una población, para lo que generalmente se recurre a la selección de una muestra. Las técnicas inferenciales permiten extraer conclusiones sobre la población a partir de la información proporcionada por la muestra.

En los procesos de investigación, la estadística se ocupa de la organización de los datos, de la descripción de los mismos, así como de su análisis y de su presentación. La tarea de análisis incluye una descripción de los datos; también se ocupa de descubrir irregularidades, además de generalizar una serie de características obtenidas en muestras determinadas.

2. CONCEPTO DE MEDICION

A la hora del análisis uno de los primeros conceptos con que nos encontramos es con el de medición. *Medir* no es mas que ver la cantidad que hay de algo con respecto a su unidad, o como dice el diccionario de la RAE[6] *"medir es comparar una cantidad con su respectiva unidad, con el fin de averiguar cuántas veces la primera contiene a la segunda".*

En el proceso de asignación de números hemos de tener en cuenta que estos tienen una serie de propiedades y son:

✓ Los números pueden ser > ó < (mayor o menor)
✓ Los números pueden ser también = (iguales)
✓ Un número puede ser >= ó <= (mayor o igual, o menor o igual) que otro.

---

6   Diccionario de la Real Academia de la Lengua Española

✓ Hay la misma diferencia entre dos números consecutivos que entre otros dos números consecutivos cualesquiera, es decir, sin importar su valor absoluto.

✓ Un número que contenga *n* veces la unidad es doble que otro que contenga *n/2*, siendo éste la mitad del primero.

Pero en el mundo educativo hay realidades que no es fácil observar directamente y mucho menos tener unidades de medida constantes con la que compararlas (motivación, rendimiento, compresión lectora,...).

Ante esto lo que se hace es asignar números a objetos con el propósito de representar cantidades de atributos, mediante *reglas*. A esto es a lo que llamamos *medición*. Hablamos de *atributos* porque lo que se miden son cualidades de los objetos, no los propios objetos. En el caso educativo podrían ser el alumnado, o sea que medimos unas cualidades determinadas del alumnado, no al propio alumnado. Es decir, medimos la motivación del alumnado, no al alumnado en sí.

Cuando llevamos a cabo una medición empezamos por establecer la *regla* que se va a seguir, que es lo más complejo, y después asignamos los diferentes números en función de alguna característica, cualidad, conducta, etc. que se ha de definir de antemano.

Tomando como **ejemplo** *la* comprensión lectora *podemos llevar a cabo la siguiente* medición.

Establecemos la regla *siguiente: "asignamos números del 0 a 10 al alumnado de una clase de 1º de primaria en función del nivel de la comprensión lectora que manifiesten, siendo 1 el menor grado de comprensión y 10 el máximo, y los valores intermedios para grados intermedios."*

Para poder establecer esta regla deberemos definir con claridad con qué se corresponden los diferentes grados de comprensión lectora *para poder asignar los números. Podría ser establecer 20 preguntas sobre un texto y cada dos que se respondan bien se les asignaría un punto.*

---

3. NIVELES DE MEDICIÓN

Al llevar a cabo una medición podemos hacerlo estableciendo diferentes niveles en función de las características del atributo que pretendamos medir.

3.1. Nivel nominal

Se asigna un número que hace la función de *nombre*, de *rótulo* o de *etiqueta* o bien de una *clase* o *categoría*. De *rótulo* podría ser el poner un número a cada uno de los participantes en una investigación. Se asignan "numerales, nombres numéricos o no numéricos, a las categorías o clases en que se ha dividido un conjunto; la palabra nominal sugiere el uso de nombrar o etiquetar" (Fernández, 2012, p. 567).

En la asignación de un número con función de categoría o clase se trata de un conjunto de objetos que se pueden dividir y entre los que podemos asignarle un número, al sexo, por ejemplo; *1 = hombre; 2 = mujer*. El número no significa nada, es sólo una etiqueta, podría ser cualquier otro.

No se admiten valoraciones de que uno sea mayor o menor que otro. Esta sería una medición de tipo nominal.

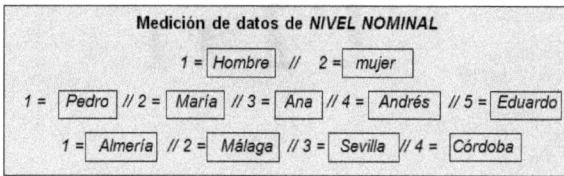

Medición de datos de *NIVEL NOMINAL*

1 = Hombre // 2 = mujer

1 = Pedro // 2 = María // 3 = Ana // 4 = Andrés // 5 = Eduardo

1 = Almería // 2 = Málaga // 3 = Sevilla // 4 = Córdoba

3.2. Nivel ordinal

Aquí se puede establecer una ordenación entre los objetos medidos. Esta ordenación puede ser creciente o decreciente. Estos números sólo nos indican un orden, no una cantidad absoluta. Los intervalos que hay entre ellos no tienen que ser iguales, pueden variar. Los números asignados sólo nos indican que un objeto está delante o detrás de otro pero no cuánto es uno mayor o menor que otro.

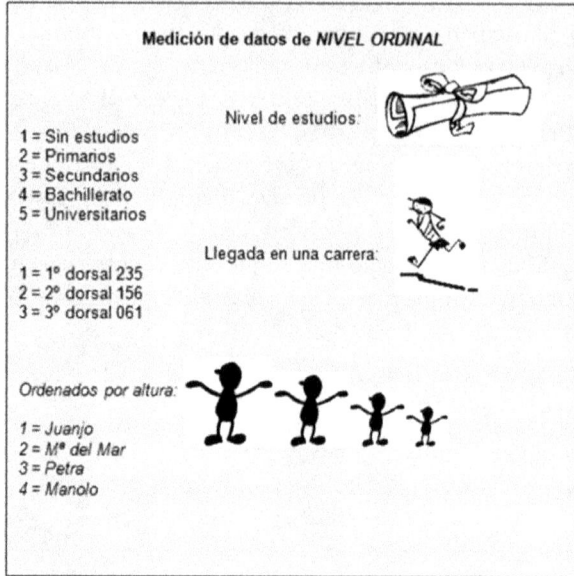

En el ejemplo anterior de la carrera sabemos el orden en que llegaron, pero no las diferencias que se dieron entre ellos. Igual ocurre con la altura. Tenemos ordenados de mayor a menor altura, pero también desconocemos sus diferencias.

> ⊙ **Para recordar**
>
> En el nivel ordinal, "Los sujetos u objetos pueden ser ordenados de mayor a menor, o viceversa, es decir, en orden descendente o ascendente. Así pues, se describen las variables a lo largo de un continuo sobre el que se pueden ordenar los valores" (Fernández, 2012, p. 568).

3.3. Nivel de intervalo

En el nivel de medida de intervalo se pueden establecer, no sólo las diferencias entre los objetos, sino también el grado de esas diferencias. Entre los diferentes objetos se da una distancia, que se puede dividir en unidades exactas. Este nivel "añade a las características de las otras escalas la igualdad de diferencias entre cada dos valores consecutivos (intervalos iguales entre sus valores)" (Fernández, 2012, p. 569).

Se ha de tener en cuenta que aunque usemos el 0 en la escala de intervalos, éste es arbitrario, y no significa una ausencia total de la propiedad a la que se hace referencia, ya que aunque se obtenga esa puntuación en alguna prueba, eso no quiere decir que el sujeto no tenga ningún tipo de conocimiento al respecto.

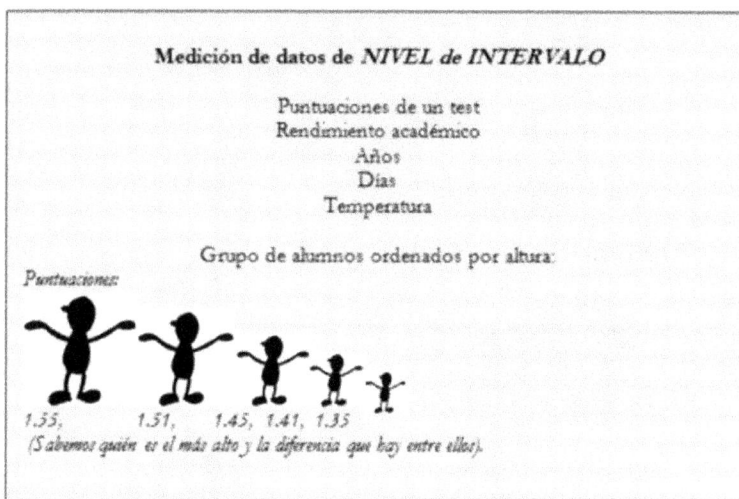

3.4. Nivel de cociente, razón o proporciones

En este nivel sí se da el punto 0, no es arbitrario, y por lo tanto significa la ausencia de la propiedad que se esté valorando. Esta es la única diferencia con el *nivel de intervalo*. Un valor puede ser el doble, el triple,… que otro. Y puede darse la ausencia total del valor.

En educación es difícil encontrar una unidad y medir el 0 absoluto, que sería la ausencia de motivación, conocimiento, habilidad, etc.

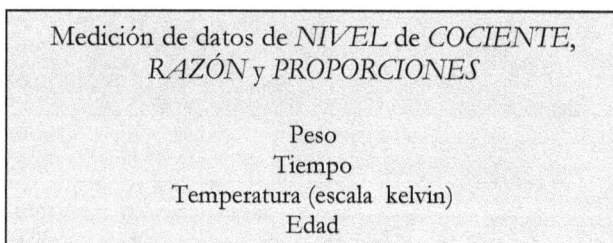

4. PREPARACIÓN DE LOS DATOS

Cuando se va a realizar un análisis estadístico hay dos operaciones fundamentales que se deben de realizar con anterioridad. Se trata de la *codificación* y de la construcción de la *matriz de datos*.

Cuando se pasa un cuestionario la información que se recoge no siempre aparece recogida en forma de número, aspecto que es fundamental para el análisis estadístico.

Se parte de un ejemplo para describir la preparación de los datos. Un breve cuestionario de opinión sobre las vacaciones, que servirá de base para preparar los datos.

CUESTIONARIO SOBRE LAS VACACIONES

Este cuestionario ha sido elaborado por el Equipo EMESE para conocer la opinión del alumnado con respecto a las vacaciones. Es anónimo y se ruega atención y sinceridad al contestar.

1. Sexo: □Hombre □Mujer *2. Edad*____

3. Nivel de estudios de los padres: (Haz una cruz en la que corresponda)
□ Ningunos, □ Primaria, □ Secundaria, □ Bto /COU, □ Universitarios

4. La distancia a la que se va de vacaciones regularmente es de:
□ < 10 kms, □ 10-25 kms, □ 26-100 kms, □ > 100 kms.

5. El tiempo medio que pasa de vacaciones es de:
□ < 7 días, □ 1-2 semanas, □ 3- 4 semanas, □ > 4 semanas.

6. Las vacaciones le sirven para descansar y olvidar el trabajo
□ C. acuerdo, □ Acuerdo, □ Indiferente, □ Desacuerdo, □ C. Desacuerdo

---

En el cuestionario tenemos las variables que vamos a analizar y que se corresponden con el número que tienen delante de ellas. En una tabla se recogen, además de la etiqueta o nombre de las mismas, los valores que puede tomar, la columna de la matriz de datos en la que aparecen sus valores y el tipo de nivel o escala de medida que sea.

VARIABLES	ETIQUETAS de las VARIABLES	ETIQUETAS de los VALORES	Nº COLUMNA	NIVEL DE MEDIDA
V1	Sexo	1= Hombre 2= Mujer	3	Nominal (dicotómica)
V2	Edad		4-5	Ordinal
V3	Nivel de estudios	1= Ninguno 2= Primaria 3= Secundaria 4= Bto. /COU 5= Universitarios	6	Ordinal
V4	Distancia	1 < 10 km 2 10-25 km 3 26-100 km 4 > 100 km	7	Ordinal
V5	Tiempo	1 < 7 días 2 1-2 semanas	8	Ordinal

		3 3-4 semanas 4 > 4 semanas		
V6	Item 1	1 = C. Desacuerdo 2 = Desacuerdo 3 = Indiferente 4 = Acuerdo 5 = C. Acuerdo	9	Ordinal
V7				

CUESTIONARIO SOBRE LAS VACACIONES

Este cuestionario ha sido elaborado por el Equipo EMESE para conocer la opinión del alumnado con respecto a las vacaciones. Es anónimo y se ruega atención y sinceridad al contestar.

1. **Sexo**: □(1)Hombre □(2)Mujer   2. **Edad** ____

3. **Nivel de estudios de los padres**: *(Haz una cruz en la que corresponda)*
□ (1)Ningunos, □ (2)Primaria, □ (3)Secundaria, □ (4)Bto./COU, □ (5)Universitarios

4. **La distancia a la que se va de vacaciones regularmente es de**:
□ (1)< 10 kms, □ (2)10-25 kms, □ (3)26-100 kms, □ (4)> 100 kms.

5. **El tiempo medio que pasa de vacaciones es de**:
□ (1)< 7 días, □ (2)1-2 semanas, □ (3)3- 4 semanas, □ (4)> 4 semanas.

6. **Las vacaciones le sirven para descansar y olvidar el trabajo**
□ (1)C. acuerdo, □ (2)Acuerdo, □ (3)Indiferente, □ (4)Desacuerdo, □ (5)C. Desacuerdo

En el propio cuestionario podemos recoger el valor de cada una de las variables para que sea más sencilla la codificación de los datos, como aparece en el cuestionario anterior.

Una vez que se tiene claro cómo van a ir los datos colocados, en qué columna los colocaremos, sólo nos queda pasar los datos del cuestionario a una *matriz de datos*, que sencillamente es una tabla de doble entrada en la que en las columnas se colocan cada una de las variables y en las filas los sujetos.

Para continuar con el ejemplo, se considera sólo un número pequeño de cuestionarios que nos ayuden a comprender el proceso.

Los números de la columna del número de sujetos no se usan en el análisis, pero sí nos pueden servir de gran utilidad, si detectamos algún error en los datos y queremos consultar el cuestionario. Claro que para ello se ha de numerar los cuestionarios a la vez que vaciamos sus datos en la matriz.

Si vemos en la matriz hay una fila de números que están en negrita y cursiva. Se ha resaltado para ver qué significan cada uno de ellos y así comprender mejor los números que componen la matriz.

El número aludido era el **041254335**, y se explica cada uno sus elementos que forman las diferentes columnas:

04☐ Es el **sujeto nº 4**

1 ☐ **hombre** (el 1 era hombre y el 2 mujer)

25☐ tiene **25 años**

4 ☐ el nivel de estudios de los padres es de **Bto. / COU**

3 ☐ se va de vacaciones a una distancia entre **26 y 100 km.**

3 ☐   está de vacaciones entre **3 y 4 semanas,**

5 ☐   está **completamente de acuerdo** en que las vacaciones son para descansar y olvidar el trabajo.

ACTIVIDADES SUGERIDAS

1. Explica con tus palabras lo que son los diferentes niveles de medición, y pon ejemplos.
2. Coge un cuestionario breve y saca la tabla de especificaciones, donde se indiquen todos los parámetros de los datos.

PREGUNTAS DE AUTOEVALUACIÓN

1.   Si asignamos números al orden en que entran los corredores en una carrera, ¿qué nivel de medición sería?.

2.   Al asignar números a cada una de las partes de una actividad. ¿qué nivel de medición sería?.

3.   ¿Qué son las etiquetas de los valores? Explícalo.

23 PRESENTACIÓN Y ANÁLISIS DE LOS DATOS

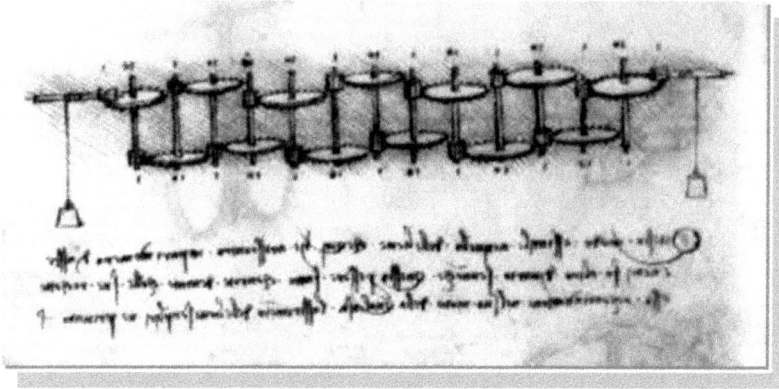

ÍNDICE

OBJETIVOS

Los objetivos de aprendizaje para este capítulo son los siguientes:

- Conocer algunas de las estrategias para presentar y analizar los datos.
- Saber hacer las distribuciones de frecuencias y presentar gráficamente los datos.
- Analizar los datos cuantitativos de forma descriptiva.
- Plantear la fiabilidad de los instrumentos, el análisis de las relaciones entre variables y de las hipótesis.
- Analizar datos cualitativos siguiendo el proceso de reducción de los datos y presentación de los mismos.

RESUMEN

En este capítulo se explica cómo se presentan y se analizan los datos obtenidos en una investigación. La presentación de los datos se plantea mediante una distribución de frecuencias, y de forma gráfica, a través de diagramas de barras, histogramas y ciclogramas o sectores circulares. Concretando en los datos cuantitativos, se hace un análisis descriptivo de los mismos. También se plantea el cálculo de la fiabilidad de instrumentos, el análisis de las relaciones entre variables y también analizando las hipótesis y/o objetivos. Mediante la normalidad, pruebas paramétricas y no paramétricas. Por último se analizan los datos cualitativos mediante una reducción de los datos y presentación de los mismos, que se hace agrupándolos por categorías, disponiéndolos en matrices y representándolos en diagramas.

MAPA DE CONTENIDOS

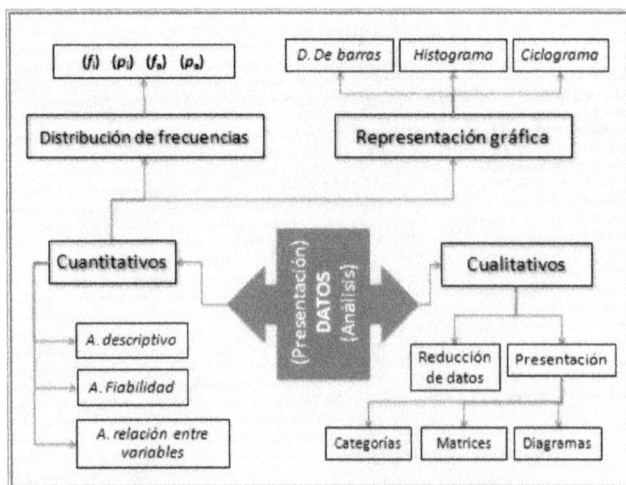

1. PRESENTACIÓN DE LOS DATOS

Ya está la matriz de datos pero es muy poco elocuente en cuanto a lo que nos pueden ofrecer los datos. Por ello, lo que se hace para que los datos estén presentados de manera clara y comprensiva es aplicarles dos técnicas muy comunes como son la *distribución de frecuencias* y las *representaciones gráficas*.

1.1. Distribución de frecuencias.

Al número de veces que se repite un valor en una variable es a lo que se le llama *frecuencia*. Una frecuencia *individual absoluta*, representada por f_i, es el número de veces que se repite un valor dentro de un conjunto de n puntuaciones. Si se suman todas las frecuencias de todos los valores tendremos todo el conjunto, es decir n ($\sum f_i = n$).

Una distribución de frecuencias sería como mínimo expresar una frecuencia absoluta, aunque suelen aparecer con otro tipo de frecuencias como son la *frecuencia individual relativa*, la *frecuencia absoluta acumulada*, y la *frecuencia relativa acumulada*. Estos tipos de frecuencias se describen a continuación brevemente.

Frecuencia		Descripción
Frecuencia absoluta individual	(f_i)	Número de veces que se repite un valor en un conjunto de n puntuaciones. ($\sum f_i = n$)
Frecuencia relativa individual	(p_i)	Es el cociente entre la frecuencia absoluta individual y el conjunto de puntuaciones n. $$p_i = \frac{f_i}{n}$$
Frecuencia absoluta acumulada	(f_a)	Es la suma de las frecuencias absolutas para los valores iguales o menores que él.
Frecuencia relativa acumulada	(p_a)	Es la suma de las frecuencias relativas para los valores iguales o menores que él.

En el siguiente ejemplo tenemos las frecuencias de los valores (1,2,3,4,5). El valor 1 (*muy de acuerdo*), por ejemplo, lo han elegido 3 veces,... y sumando todas las frecuencias de los otros valores tenemos las 20 puntuaciones que serían: 1,1,1,2,2,2,2,2,2,3,3,3,3,3,3,3,4,4,4,5. Están también los cálculos de las otras frecuencias.

Valores	Frecuencia absoluta individual (f_i)	Frecuencia absoluta acumulada (f_a)	Frecuencia relativa Individual (p_i)	Frecuencia relativa acumulada (p_a)
1= Muy en desacuerdo	3	3	$\dfrac{3}{20}100 = 15\%$	$\dfrac{3}{20}100 = 15\%$
2= En desacuerdo	6	$(3+6)= 9$	$\dfrac{6}{20}100 = 30\%$	$\dfrac{9}{20}100 = 45\%$
3= Neutro	7	$(3+6+7)= 16$	$\dfrac{7}{20}100 = 35\%$	$\dfrac{16}{20}100 = 80\%$
4= De acuerdo	3	$(3+6+7+3)= 19$	$\dfrac{3}{20}100 = 15\%$	$\dfrac{19}{20}100 = 95\%$
5= Muy de acuerdo	1	$(3+6+7+3+1)=20$	$\dfrac{1}{20}100 = 5\%$	$\dfrac{20}{20}100 = 100\%$

$n = 20$ 100%

$(\sum f_i = n)$

Con este tipo de presentación de los datos ya podemos empezar a hacernos una idea de los mismos. Este procedimiento se completa con la representación gráfica de dichos datos lo que le da un carácter más visual y fácil de interpretar. Aclaramos que en una distribución de frecuencias no se suelen incluir los cálculos realizados, en este caso se ha hecho por mejorar la comprensión.

1.2. Representación gráfica de los datos

Un problema con el que nos podríamos encontrar es la dificultad que puede plantearse a la hora de representar gráficamente los datos, aspecto que se ve resuelto por los adelantos en informática tanto a nivel de *hardware* como de *software*. Hay muchos programas informáticos que pueden ayudar a hacer representaciones gráficas de los datos. De hecho, "el análisis cuantitativo de los datos puede agilizarse muchísimo mediante el uso de programas estadísticos que permiten realizar todas las técnicas de la estadística descriptiva y la estadística inferencial. Entre los más reconocidos está el SPSS (Statistical Package for Social Sciences) disponible en versiones recientes para Windows y para Macintosh" (Sabariego, 2012, p. 153).

Este medio de representar los datos nos proporciona una capacidad de análisis y de síntesis importante. Existen bastantes representaciones gráficas, entre las más habituales podemos encontrar el *diagrama de barras*; *el ciclograma* o *de sectores circulares;* el *pictograma*, el *histograma*, el *polígono de frecuencias*, o el *polígono de frecuencias acumuladas, etc.* El análisis se centrará en el *diagrama de barras, histograma* y *el ciclograma* o *diagrama de sectores circulares.*

Antes de entrar a definir estos tipos de representaciones gráficas, hemos de aclarar unos conceptos que después necesitaremos para distinguir el uso de estos medios de representación.

Para recordar

Hay que diferenciar entre datos cuantitativos y cualitativos. Los primeros, los datos cuantitativos, son datos numéricos, reflejan cantidades numéricas, como podrían ser el número de personas de una población, cantidad de personas que tienen un trabajo remunerado, número de personas del género masculino, etc.

Los datos cualitativos denotan atributos o cualidades, como podría ser el estado civil, el sexo, provincias andaluzas, por qué se prefiere una marca de coche, etc. Y cuando se usan datos numéricos, son resultantes de una medición a nivel nominal.

Por otra parte tenemos que los datos cuantitativos pueden ser a su vez datos discretos y continuos. Los datos discretos son números enteros, no pueden tener valores intermedios, como podrían ser el número de estudiantes de un aula, no podríamos tener 15,5 estudiantes; mientras que los datos continuos son datos que pueden tener valores intermedios, como podría ser la altura de un sujeto, que puede tener, no sólo altura fija, como 1,65, 170, 190, sino también admite valores intermedios, como 1,78,…

1.2.1. Diagrama de barras

El *diagrama de barras* representa, mediante barras, las frecuencias alcanzadas por unos valores determinados. Si la escala que utilizamos es *nominal*, las modalidades o clases se poden colocar en el orden que se quiera, mientras que si es *ordinal* las barras deben estar colocadas en el orden establecido por la modalidad de la variable.

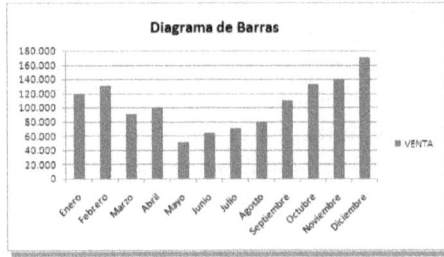

En el gráfico anterior se han puesto en las columnas los meses del año y en las filas las puntuaciones de ventas.

1.2.2. Histograma

Un Histograma es una representación gráfica para datos cuantitativos continuos. Para diferenciarlo del diagrama de barras tendremos en cuenta algunos aspectos que marcan la diferencia.

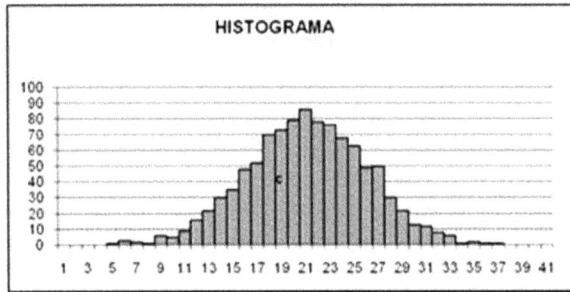

Unas sencillas diferencias para distinguirlos son las siguientes: Hay una diferencia gráfica, esto es, en el propio dibujo. En el diagrama de barras los rectángulos van separados, en cambio en el histograma los rectángulos se unen en uno de sus extremos, aunque en algunos casos hay histogramas que no siguen esta norma.

En cuanto al tipo de datos que representan, tenemos que el diagrama de barras se usa para representar de forma gráfica datos cuantitativos discretos o datos cualitativos, en cambio el histograma es exclusivo para representar datos cuantitativos continuos.

Es usado principalmente para representar valores de variables continuas medidas en escala o intervalos. También se suele usar para representar frecuencias, frecuencias acumuladas o porcentajes.

El orden en que se colocan los valores no es algo arbitrario, sino que sigue un orden.

1.2.3. Ciclograma o sectores circulares

En esta modalidad se hace la representación dentro de un círculo. Cuando los datos que tenemos son porcentuales, no hay dificultad en asignarlos, ya que entre todos forman el 100% de la superficie.

La dificultad puede venir cuando los valores no son porcentuales, ya que entonces no se sabe cuántos grados tenemos que darle a cada frecuencia. Esto se puede calcular teniendo en cuenta que toda la superficie tiene 360°. Se puede aplicar la siguiente fórmula para calcular el arco que tiene cada una de las frecuencias.

$$Arco = \frac{360 \cdot f_i}{n}$$

Las *frecuencias absolutas individuales* de los valores (1,2,3,4,5) del ejemplo usado anteriormente son: 3,6,7,3,1 respectivamente. Tenemos que calcular el arco que ocupará cada una de ellas.

Para la frecuencia 3, la fórmula quedaría así:

$$Arco = \frac{360 \cdot f_i}{n} = \frac{360 \cdot 3}{20} = 54°$$

Para la frecuencia 6

$$Arco = \frac{360 \cdot f_i}{n} = \frac{360 \cdot 6}{20} = 108°$$

Para la 7 serían 126°, y para la 6 108°.
Sumando todos los arcos se tienen: 54 + 108 + 126 + 54 + 18 = 360°

Para saber más

Otra forma de representar una cantidad en un gráfico circular es tomando las frecuencias relativas individuales (pi) que nos ofrece el porcentaje de cada frecuencia absoluta. Después se inserta un gráfico en el procesador de textos y se le ponen los textos y valores oportunos.

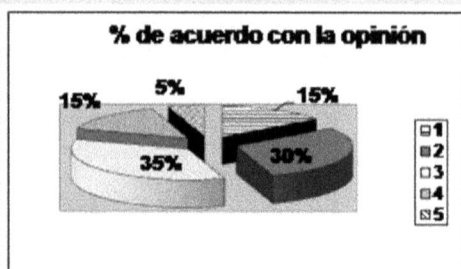

% de acuerdo con la opinión

El uso recomendado para estas formas de representación es el siguiente:

Diagrama de barras	Variables nominales u ordinales Frecuencias, frecuencias acumuladas o porcentajes
Histograma	Variable continua medida en escala o intervalos Frecuencias, frecuencias acumuladas o porcentajes
Ciclograma o Sector Circular	Representación de porcentajes o proporciones

2. ANÁLISIS DE LOS DATOS CUANTITATIVOS

Podemos decir que el análisis de los datos son todas aquellas operaciones, transformaciones, manipulaciones, comprobaciones, etc. que se realizan con los datos con el objetivo de conocer la información importante para dar respuesta al problema de investigación.

El Análisis de datos tiene por objeto examinar los datos en bruto con el propósito de sacar conclusiones sobre la información que contienen. El analizar los datos nos lleva a generar unos resultados que aporten evidencias para confirmar una hipótesis o no, o dar respuesta a un objetivo que hemos planteado. Estos datos se analizan con métodos estadísticos.

En muchas ocasiones estos datos se han sacado de una muestra pero sus resultados se generalizan a toda una población. Esta inferencia es válida si la muestra elegida es probabilística (elegida con métodos probabilísticos) y además si el tamaño de la misma nos da un nivel de confianza suficiente.

Cuando se pretende generalizar los resultados, el análisis de datos es cuantitativo (Hernández, Fernández y Batista, 2007), aunque también se usa este tipo de análisis para otros objetivos.

De manera general se pueden considerar las siguientes fases en el proceso del análisis de datos:

A. **Análisis descriptivo de cada variable**. Aquí se describen todos los datos, valores, puntuaciones y frecuencias para cada variable. También se calculan las medias de tendencia central y de dispersión o variabilidad.

B. **Se evalúa la fiabilidad del instrumento** con el que se han recogido los datos, si es el caso. Si el instrumento contiene varias escalas, se calcula la fiabilidad o confiabilidad para cada una de ellas.

C. **Se analizan las hipótesis y/u objetivos planteados** mediante pruebas estadísticas, usando la estadística inferencial para comprobar si se cumplen o no las hipótesis planeadas.

2.1. Análisis descriptivo de los datos

Cuando se lleva a cabo un análisis de datos lo que se pretende es exponerlos de tal manera que ayuden a solucionar el problema que se ha planteado, y en su caso rechazar o confirmar las posibles hipótesis planteadas. Para ello, lo primero que se hace es organizar la información, después se hace un análisis descriptivo de la misma, obteniendo estadísticos de tendencia central y posición, de dispersión y de forma. Y posteriormente podemos llevar a cabo estudios correlacionales usando diferentes estadísticos.

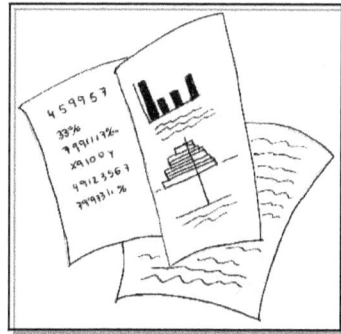

Hablamos del análisis cuantitativo de los datos, donde "se suelen aplicar métodos estadísticos para analizar datos numéricos, expresar las leyes generales que rigen los fenómenos educativos, decidir si las hipótesis se confirman o se rechazan y al final también llegar a una generalización de los resultados. La estadística descriptiva es el paso previo en todo el proceso de análisis cuantitativo y comprende la tabulación, la representación y la descripción de los datos empíricos a fin de hacerlos más manejables y comprenderlos mejor de cara a la posterior verificación de las hipótesis" (Sabariego, 2012, p. 152).

Con el objetivo de ofrecer una idea general sobre las posibilidades que se pueden encontrar en un proceso cuando analizamos los datos, aun sabiendo la complejidad que el tema tiene, se presenta un resumen de los diferentes análisis, así como de las aplicaciones de los mismos (De La Orden, 1985; Pardo y San Martín,1994).

ANÁLISIS DESCRIPTIVO DE LAS VARIABLES		
Medidas de tendencia central y de posición	Media	Es la más usada. Se trata del punto de equilibrio de la distribución de frecuencias de los datos. Consiste en la suma de los valores dividida por el número total de datos.
	Mediana	Es el valor que separa los datos en dos mitades iguales, es decir, deja el 50 % de los datos a cada lado de ese valor. Si la serie es un n° impar es el valor central, si es par se calcula como la media entre los dos valores centrales.
	Moda	Es el valor que más se repite, es decir el que tiene más frecuencia de aparición.
	Percentiles	Aunque es un valor posicional, no tiene que ser central. El valor del percentil indica cómo se parten los datos en dos grupos. Si uno fuese 62%, el otro sería 100-62%, es decir 38%.
	Amplitud	O Rango, viene definida como la diferencia entre el valor máximo y el mínimo registrado.
Medidas de dispersión o variabilidad	Coeficiente de variación	Genera un valor que permite comparar las dispersiones de las variables de distinta naturaleza.

Tabla 23.1. Análisis descriptivo de las variables

2.2. Fiabilidad del instrumento

Para ver la fiabilidad o confiabilidad del instrumento con que se recogieron los datos se usan varios procedimientos, pero todos tienen en común que el coeficiente de fiabilidad oscila entre 0 y 1. El **0** sería una **fiabilidad nula**, mientras que el **1** nos indica la **máxima fiabilidad**.

Los procedimientos más usados para medir la fiabilidad de un instrumento son la Medida de estabilidad y la Medida de consistencia interna.

Con la **Medida de estabilidad** se intenta responder a la cuestión: ¿Si se aplica un instrumento dos veces a una muestra concreta se da una respuesta similar? Si al aplicarlo dos veces el instrumento la correlación entre los dos resultados se acerca a 1, podemos considerar que el instrumento es fiable o confiable.

La **Medida de consistencia interna** se basa en que sean coherentes las respuestas que se dan a los ítems del instrumento. Para ello se aplica el instrumento una sola vez y a los resultados se les calcula el coeficiente de fiabilidad **Alfa de Cronbach** para variables de escalas.

2.3. Análisis de las relaciones entre variables

La relación que se puede dar entre variables cuantitativas puede ser de correlación o regresión, en función de si una es responsable o no de los valores de la otra. Cuando los valores de una son responsables de los valores de la otra, hablamos de **regresión** (ejemplo: la *edad* es responsable de la *tensión arterial*). Mientras que si no se puede establecer que una variable sea responsable de los valores de la otra, hablamos de **correlación**.

Para saber más

Hay también que tener en cuenta el número de variables que intentamos ver si están relacionadas. Cuando son dos variables las que se analizan, estamos ante un análisis univariante (o bivariante ya que se analizan dos variables, la predictor a la variable resultado) o ante un análisis multivariante donde se puede tener más de una variable predictora que puede influir en el resultado.

Con este tipo de análisis intentamos ver si hay relación, y qué intensidad tiene, entre distintas variables. Esto se determina mediante el llamado Coeficiente de Correlación. Dicho coeficiente es un indicador estadístico que nos da a conocer el nivel de relación o dependencia que puede darse entre dos o más variables.

Los valores que pueden tomar los coeficientes de correlación pueden ir de 1 a -1. Los tipos de correlación que se pueden dar son los siguientes:

Correlación positiva o directa. r= (+) Nos indica que cuando una variable cambia en un sentido, la otra tiende a hacerlo en la misma dirección.

Correlación negativa o inversa. r= (-). Nos dice que cuando una variable cambia, la otra tiende a hacerlo en el sentido opuesto.

Incorrelación r = 0. Nos dice que no existe ningún tipo de relación entre las variables.

El estadístico a utilizar variará en función del nivel de medida de las variables que estemos estudiando. Recordamos que una variable dicotómica es la que puede tener sólo dos valores (ejem. sí/no) mientras que son politómicas aquellas que pueden tener más de dos valores (ejem. provincias de una región, Almería=1, Granada=2, Jaén=3,...). En la siguiente tabla se concreta el coeficiente de correlación utilizado.

Nivel de medida de las variables	Coeficiente
Nominal Dicotómica-Nominal Dicotómica	Phi
Nominal-Nominal (dicotómica una de las dos, o ninguna)	Contigencia
Ordinal-Ordinal	Spearman
Escala-Nominal Dicotómica (Sí/No)	Biserial
Escala-Escala	Pearson

Tabla 23.2. Uso de los coeficientes de correlación según el nivel de medida.

2.4. Análisis de las hipótesis y/u objetivos

Para analizar el cumplimiento de las hipótesis que se plantean o el cumplimiento de objetivos se utilizan pruebas estadísticas. Pero antes hay que determinar el tipo de datos que tenemos para poder usar un estadístico u otro. En primer lugar hay que ver si se pueden usar pruebas paramétricas o no paramétricas. Las primeras tienen más requisitos para ser usadas, a la vez que dan mayor potencia estadística, permitiendo hacer mejores predicciones futuras.

Para que se pueda usar la estadística paramétrica los datos deben tener unas características concretas, y son las siguientes:

g) Que la distribución poblacional de la variable dependiente sea normal (que se aproxime a la de Gauss).

h) Que el nivel de medición de la variable dependiente sea de intervalo o razón.

i) Al estudiar dos poblaciones, tienen que tener ambas la varianza homogénea (dispersión similar de la distribución de sus datos).

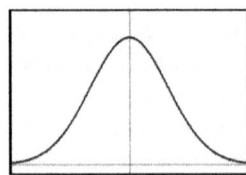

Hay varias *Pruebas* para comprobar la normalidad de los datos son dos, y se suelen eligir en función del tamaño de la muestra.

Shapiro Wilk se usa para muestras pequeñas, que sean igual o menor de 30 sujetos.

Kolmogorov-Smirnov para muestras grandes, de más de 30 sujetos. Si estas condiciones no se dan, no se pueden usar las pruebas paramétricas, siendo necesario el uso de las no paramétricas.

		PRUEBAS PARAMÉTRICAS
		Distribución normal. *Pruebas*
		Escala Numérica
Estudio transversal Muestras Independientes	Un grupo	T Student (una muestra)
	Dos grupos	T Student (muestras independientes)
	Más de dos grupos	ANOVA Factor intersujetos que exista homoscedasticidad (igualdad de varianza)
Estudio longitudinal Muestras relacionadas	Dos medidas	T Student (muestras relacionadas)
	Más de dos medidas	ANOVA (medidas repetidas, intrasujeto) que exista homoscedasticidad (igualdad de varianza)

Tabla 23.3. Estadísticos usados por las prueba paramétricas

Las pruebas no paramétricas son menos exigentes con la calidad de los datos. No necesitan que tengan una distribución normal, y con ellas se pueden analizar las variables que tengan un nivel de medida nominal, cosa que no ocurría con las paramétricas.

		PRUEBAS NO PARAMÉTRICAS		
		NOMINAL DICOTÓMICA	NOMINAL POLITÓMICA	ORDINAL
Estudio transversal Muestras Independientes	Un grupo	Chi Cuadrado (X^2)Bimodal	Chi Cuadrado (X^2)	Chi Cuadrado (X^2)
	Dos grupos	Chi Cuadrado (X^2)	Chi Cuadrado (X^2)	U de Mann-Whiitney
	Más de dos grupos	Chi Cuadrado (X^2)	Chi Cuadrado (X^2)	H de Kruskal-Walls
Estudio longitudinal Muestras srelacionadas	Dos medidas	Mc Nemar	Q de Cochran	Wilcoxon
	Más de dos medidas	Q de Cochran	Q de Cochran	Friedman

Tabla 23.4. Estadísticos usados por las pruebas no paramétricas

3. ANÁLISIS DE DATOS CUALITATIVOS

Los datos cualitativos son aquellos en los que la información no es numérica, sino de tipo descriptivo. Y puede estar en varios formatos como video, audio y texto. Los datos cualitativos suelen tener una gran cantidad de información (Álvarez-Gayou, 2005) (Hernández, Fernández y Batista, 2007) por lo que se hace difícil su análisis.

Este tipo de datos, por su naturaleza, presenta una serie de dificultades que hace difícil su análisis; entre las principales se encuentran las siguientes:

j)   No hay mucha literatura de cómo tratar estos datos.

k)   Existe una gran abundancia de datos.

l)   Los métodos de análisis no están muy bien definidos.

m) Depende mucho de la habilidad del que analiza los datos.

n)   Aún no existe mucha uniformidad en el lenguaje usado.

Ante la gran abundancia de datos lo que se suele hacer es una reducción de los mismos, extrayendo los aspectos más importantes y significativos de la información.

Estos datos tienen unas claras diferencias con los datos cuantitativos. Entre las principales podemos nombrar las siguientes:

o)   Se manifiestan en forma de palabas o imágenes.

p)   Se recogen y analizan teniendo en cuenta los contextos donde se producen.

q)   Los métodos usados para su análisis son diferentes a los cuantitativos.

r)   La instrumentación requerida para su análisis es escasa.

s)   Es muy difícil volver a reproducirlos.

t)   La información descriptiva que recogen es mucho más amplia y diversa que la recogida para los datos cuantitativos.

Los objetivos principales del análisis cualitativo para Hernández, Fernández y Batista (2007) son:

Ordenar los datos

Organizar unidades, categorías, temas y patrones.

Comprender el contexto que rodea a esos datos.

Describir las experiencias de las personas estudiadas pero desde su perspectiva, lenguaje, expresiones y contexto.

Interpretar y evaluar las unidades y temas

Explicar los contextos y situaciones

Reconstruir la historia.

3.1. Reducción de los datos.

Una de las tareas más importantes en el análisis de datos cualitativos es la reducción de dichos datos, datos que suelen ser muy abundantes. Esta tarea puede llevarse a cabo de tres formas, que son:

a) **Focalización de la información**.

Se trata de centrarse en aquella parte de los datos que hacen referencia a uno o varios aspectos que nos interesa conocer, sin prestar atención al resto de la información.

b) **Selección de la información**.

En este caso se va revisando toda la información disponible y de ella se va extrayendo, seleccionando, la que nos sirve para nuestros objetivos. Se diferencia de la *focalización* en que aquí se revisa toda la información.

c) **Categorización de la información**.

En este caso se parte de toda la información también pero se va sacando su significado para reducir la cantidad de información a través de categorías.

Para llevar a cabo la categorización de la información, tenemos que llevar a cabo primero una partición o segmentación de la información, que se puede llevar a cabo con diferentes criterios. Entre éstos podemos usar criterios temporales (según días, antes-después,…), temáticos (que sean del mismo tema), espaciales o temporales (según se segmente el texto en unidades que pueden ser un bloque de líneas o un bloque de minutos), gramaticales (que tengan una estructura gramatical concreta), etc.

Una vez hecho esto se procede a clasificar la información mediante un sistema de categorías. Categorías que podemos tenerlas ya definidas de antemano o bien crearlas según vayan apareciendo en los datos, emergentes, o usar un sistema mixto, esto es, partir de unas categorías ya definidas y cuando aparezca algún dato que no esté incluido en ellas, crear una nueva.

3.2. Presentación de los datos

El siguiente paso es cómo vamos a mostrar los datos para que sean más comprensibles y accesibles. Para ello podemos disponerlos de varias formas.

3.2.1. Agrupamiento por categorías

Esta forma de presentar los datos consiste en agrupar el texto por las diferentes categorías después de haber definido las mismas en el texto original, de forma que aparecen los textos agrupados en torno a la categoría a la que pertenecen.

Agrupamiento de datos textuales por categorías

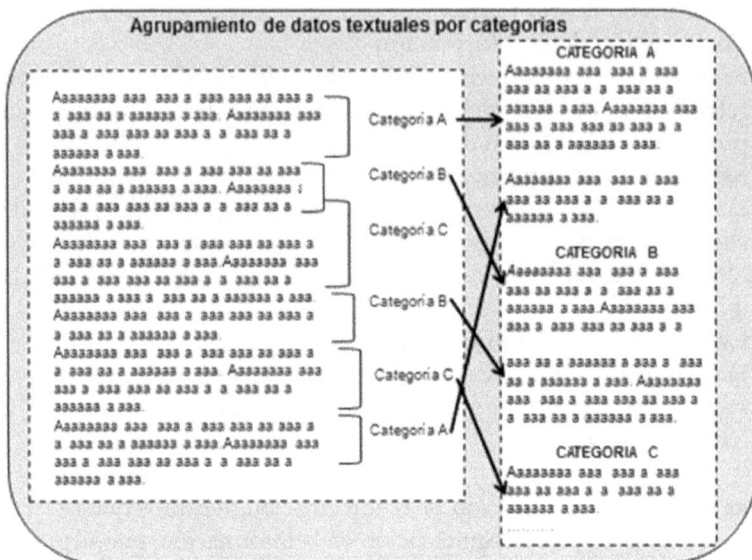

3.2.2. Disposición en matrices textuales

Esta forma de presentar los datos consiste en establecer una columna donde se ponen todas las categorías que se tienen del texto, y en las siguientes columnas los trozos de texto procedentes de las diversas fuentes de donde se han extraído. Estas pueden ser de estudiantes, entrevistas a profesorado, observación en el contexto, análisis de documentos, etc.

Agrupamiento de datos textuales por Matrices de texto

	Fuente datos 1	Fuente datos 2	Fuente datos 3...
Categoria A	Fragmento de texto 1	Fragmento de texto 1	Fragmento de texto 1
	Fragmento de texto 2	Fragmento de texto 2	Fragmento de texto 2
Categoria B	Fragmento de texto 1	Fragmento de texto 1	Fragmento de texto 1
	Fragmento de texto 2	Fragmento de texto 2	Fragmento de texto 2
Categoria C	Fragmento de texto 1	Fragmento de texto 1	Fragmento de texto 1
	Fragmento de texto 2	Fragmento de texto 2	Fragmento de texto 2
Categoria D	Fragmento de texto 1	Fragmento de texto 1	Fragmento de texto 1
	Fragmento de texto 2	Fragmento de texto 2	Fragmento de texto 2
Categoria			

Tiene la ventaja de que se especifica la fuente de los datos, que puede ser válida para su interpretación.

3.2.3. Representarlos en diagramas

Representar los datos por diagramas consiste en desglosar las categorías y posibles subcategorías que existan de manera que queden representadas gráficamente las relaciones de dependencia de las mismas.

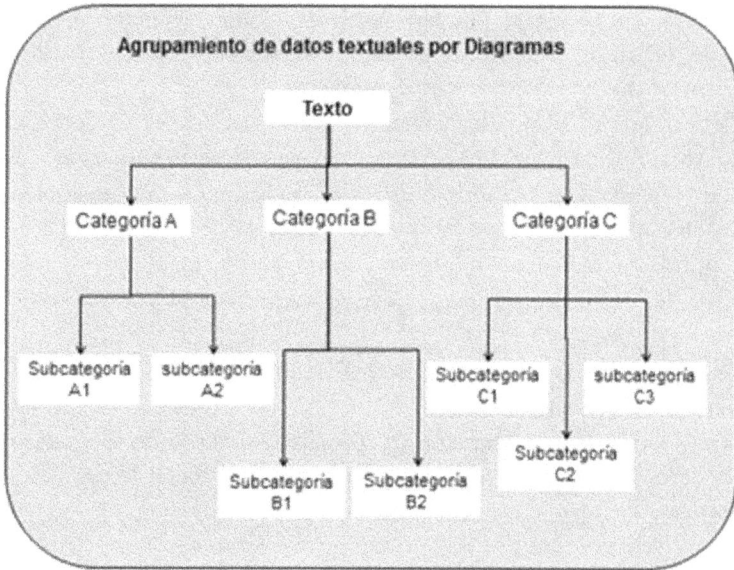

Para saber más

Con el tipo de datos que se trabajan en la metodología cualitativa se hace necesaria casi una interpretación de los mismos por parte de las personas que hacen el análisis por lo que los resultados pueden tener algunas dudas de veracidad.

Para resolver este problema se pueden desarrollar varias acciones previas para tratar de verificar y suprimir las dudas sobre la veracidad de los resultados, y entre ellas podemos hacer las siguientes:

- Verificar que lo resultados extraídos coinciden con la percepción que tienen los participantes de la realidad que se está estudiando.
- Es recomendable intercambiar información entre los investigadores que participan, para constatar que son similares.
- Comprobar la información obtenida con los participantes.
- Triangular la información con varios instrumentos / fuentes de datos.
- Confirmar que los datos son coherentes con lo que significan de la realidad estudiada.
- Estar en el campo observando y tomando datos todo el tiempo necesario, hasta que se esté seguro de que no tienen lugar malas interpretaciones.

ACTIVIDADES SUGERIDAS

1. Inventan o toma unos datos de tipo cuantitativo, y sigue el proceso de presentación y análisis. Desde una distribución de frecuentas hasta su representación gráfica.

2. Con los datos anteriores haz un análisis descriptivo de los datos, así como la fiabilidad de instrumento.

2. Inventa o toma datos cualitativos y haz una reducción de los mismos y su presentación a través de uno de los procesos descritos.

PREGUNTAS DE EVALUACIÓN

1. *Explica en qué consiste los cuatro tipos de frecuentas que se explican.*
5. *¿Qué estadístico es el que se utiliza habitualmente para comprobar la fiabilidad de un instrumento?*
6. *¿De qué formas se puede llevar a cabo una reducción de los datos de tipo cualitativo? Explícalas.*

24 ANÁLISIS DE LOS RESULTADOS

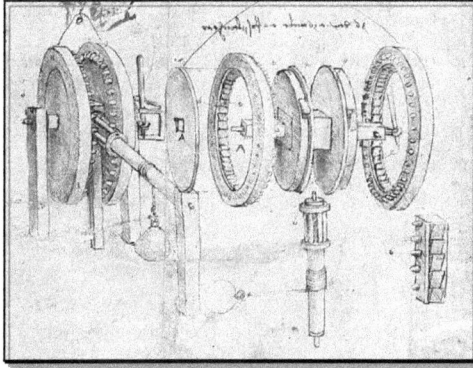

ÍNDICE

OBJETIVOS

Los objetivos de aprendizaje para este capítulo son los siguientes:

- Conocer como se hace un análisis descriptivo de las variables y su interpretación
- Saber que hay que hacer para comprobar la fiabilidad de un instrumento.
- Contrastar de forma estadística si hay diferencias significativas entre los resultados de una prueba antes y después de la misma.
- Tener constancia de los contenidos que se suelen poner en el apartado Conclusiones.

RESUMEN

En este capítulo se muestra como se hace un análisis descriptivo de las variables mediante su representación gráfica y los análisis de media, mediana, moda, desviación típica y rango, además de su interpretación. Se explican los pasos que hay que seguir para comprobar la fiabilidad de un instrumento. También se desarrollan los pasos a seguir para comprobar de forma estadística si hay diferencias significativas en una prueba antes y después de un tratamiento, usando los estadísticos apropiados. También se hace una propuesta de contenidos para el apartado conclusiones.

MAPA DE CONTENIDOS

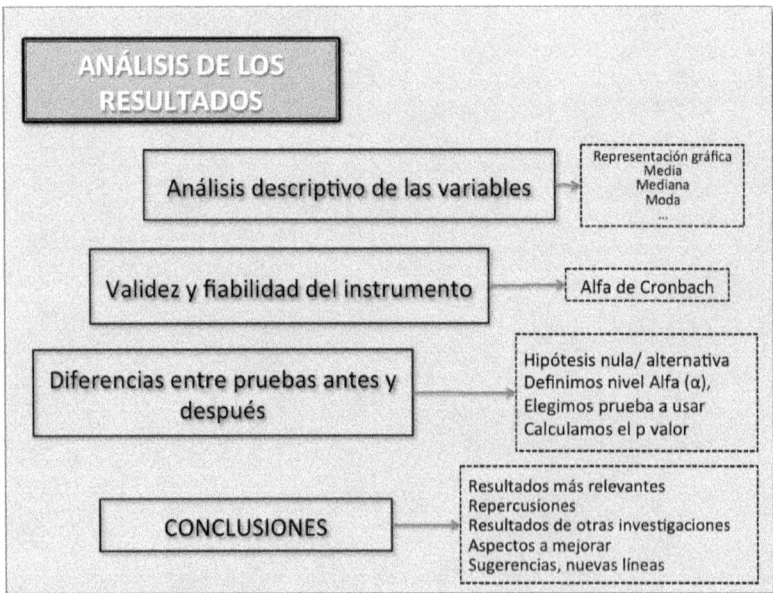

1. ANÁLISIS DESCRIPTIVO DE LAS VARIABLES

Ya tenemos todos los datos analizados; ahora vamos a ir comentando éstos a la luz del objetivo que nos habíamos planteado investigar. Para ello, procedemos de la siguiente manera.

Recordamos las variables que habíamos controlado y de las que tomamos datos para ver si se habían producido algunos cambios. Tomamos las variables de una en una y vamos sacando los datos obtenidos de esa variable en el instrumento o instrumentos que habíamos usado para obtener la información, y después vamos comentando los resultados del análisis.

Para la presentación de estos resultados podemos apoyarnos en tablas, gráficas, etc. para que se perciban con mayor claridad y sea más fácil verlas.

Así, por ejemplo si tenemos una gráfica en la que aparecen las respuestas que ha dado el alumnado con respecto a si les ha gustado la actividad, procederíamos así para su análisis.

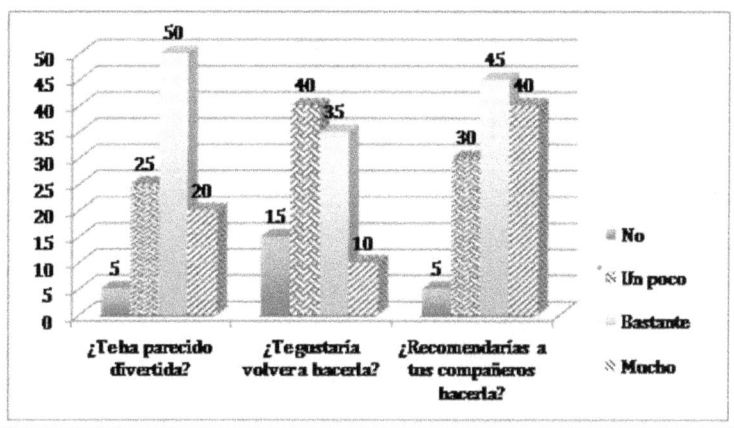

Gráfico 24.1. Opiniones sobre la actividad

Con respecto a la variable "gusto por la actividad", como podemos observar en el Gráfico 1 nos encontramos que a un 70 % les ha parecido bastante o muy divertida la actividad, y sólo a un 5 % no les ha gustado. En cuanto a volver a repetirla se encuentran menos dispuestos, ya que el 55 % no le gustaría, o muy poco volver a repetirla, y no llega a la mitad los que sí les apetece su repetición. Otra cosa es a la hora de recomendarla, que una gran mayoría, el 85 % la recomendarían bastante o mucho, lo que indica que por lo menos hacerla una vez le parece muy adecuado por la experiencia que significa, aunque no sea excesivamente divertida. Este sería el análisis de los datos cuantitativos.

En la entrevista hecha al profesor cuando se le preguntó por el comportamiento durante la actividad, nos indicó que los niños y niñas se lo pasaron bien haciendo la actividad, y que en líneas generales parecía interesarles bastante la misma, aunque había momentos de seriedad y otros más divertidos. Este sería el análisis de los datos cualitativos.

Podemos concluir que la actividad les ha gustado, en líneas generales, aunque no les apetece mucho volver a repetirla, pero sí recomendarían a sus amigos el que tuviesen la experiencia.

Así se haría con todos los datos de origen cuantitativo. Con los datos de corte cualitativo se analizan los datos obtenidos. Siguiendo con el ejemplo descrito en el Análisis de los Datos, haríamos el análisis en los siguientes términos.

Ya hemos hecho el recuento de las categorías y creado la tabla para su representación, que podría quedar así:

CATEGORÍAS CREADAS	FRECUENCIA	PORCENTAJE (%)
Les ha gustado	5	42
Se han divertido	3	25
Le ha parecido larga	2	17
Confusa	1	8
Le gustaría repetir	1	8

Tabla 24.1. Respuesta a la pregunta: ¿Qué te ha parecido la actividad?

Así, como vemos en la Tabla 1, a casi la mitad del alumnado, al 42 % les ha gustado y al 25 % les ha parecido divertida. Hay también a los que se les ha hecho un poco larga (19 %), y a otros dos sujetos les ha parecido a uno confusa y a otro le gustaría repetir.

En este sentido podríamos tener en cuenta que podríamos mejorar un poco la actividad si la reducimos un poco y al explicarla nos aseguramos de que todo el mundo la ha entendido.

Con un ejemplo vamos a interpretar los resultados que nos dan los análisis realizados.

Supongamos que queremos medir la actitud de los estudiantes de Pedagogía ante una actividad de expresión y comunicación emocional que se ha hecho en clase. Para ello usamos una Escala de Likert, y nos centraremos en el ítem siguiente:

¿Qué le ha parecido la actividad de expresión y comunicación emocional que se ha llevado a cabo en el aula?
Las posibles opciones con sus valores son los siguientes:
Me ha parecido… 1. Muy mala; 2 Mala; 3 Indiferente; 4. Buena; 5 Muy buena.

Los resultados que salieron de analizar los datos son los siguientes:

Resultados	Interpretación
La Media es de **4,4**	A los estudiantes les ha parecido buena la actividad de expresión y comunicación emocional hecha en clase.
La Mediana es de **3,9**	El 50 % del alumnado muestra su opinión por encima de **3,9,** el resto de estudiantes por debajo.
La Moda es **4**	La respuesta que se ha repetido más veces es **4**.
Desviación típica de **0,7**	Los valores obtenidos se desvían de la media, **4,4,** un promedio de **0,7** unidades.
Mínima = 2.0 Máxima = 5.0 Rango = 3	Las puntuaciones se distribuyen entre los valores 2 y 5. Las puntuaciones están ubicadas en valores medios y altos, y no se dio ningún valor de 1, muy mala.

Tabla 24.2. Resultados de los análisis y su interpretación

2. VALIDEZ Y FIABILIDAD DE UN INSTRUMENTO

Partimos de la idea comentada anteriormente de que el índice de fiabilidad de un instrumento se mueve entre 0 y 1, siendo el 1 la máxima validez, considerando 0,8 un nivel aceptable también.

Uno de los estadísticos más usados para ver el índice de fiabilidad es el Alfa de Cronbach, y nos puede dar, además de la fiabilidad para todo el instrumento nos da también unos valores de fiabilidad para cada uno de los ítems si éstos se eliminasen. La®

Para saber más

A modo de ejemplo, explicamos cómo sería el proceso de calcular el índice de fiabilidad usando el paquete estadísticos SPSS®.

Para conocer la validez y fiabilidad de un instrumento, después de tener introducidos los datos en SPSS, seleccionamos del menú las siguientes opciones;

1°. Seleccionamos: *Analizar / Escala / Análisis de fiabilidad.*

2º. Se pasan todas las variables para calcularlas, dejamos el Modelo *Alfa*, y pulsamos sobre **Estadísticos**.

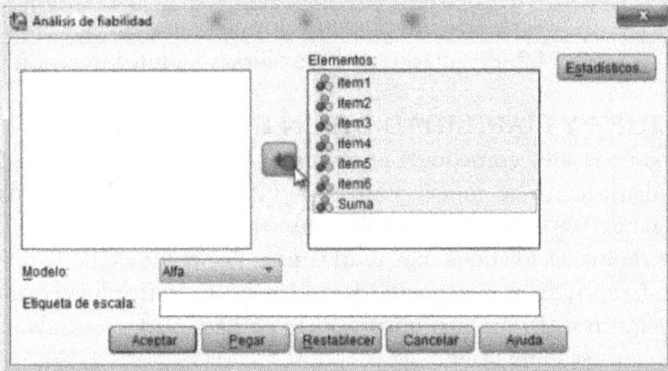

En los estadísticos elegimos la opción *Escala si se elimina el elemento*.
Damos a **Continuar** y **OK**

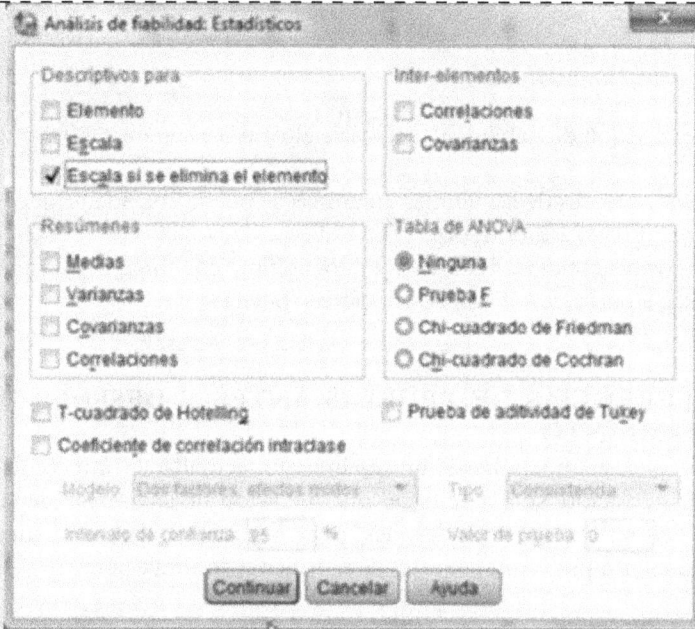

3º. Nos aparecen los resultados de la prueba.

Estadísticos de fiabilidad

Alfa de Cronbach	N de elementos
.966	9

Estadísticos total-elemento

	Media de la escala si se elimina el elemento	Varianza de la escala si se elimina el elemento	Correlación elemento-total corregida	Alfa de Cronbach si se elimina el elemento
Ítem 1	35.83	280.176	.600	.966
Ítem 2	35.67	280.525	.781	.964
Ítem 3	35.80	287.164	.747	.964
Ítem 4	35.69	285.040	.797	.964
Ítem 5	35.68	288.999	.877	.965
Ítem 6	35.84	283.550	.747	.964
Ítem 7	35.88	281.686	.822	.963
Ítem 8	36.20	292.037	.713	.965
Ítem 9	35.71	286.557	.811	.964

Sale un 0.956 de fiabilidad, luego sale alto, al ser superior a 0.8.

Con los valores de las últimas columnas se puede considerar que el ítem permanezca o sea borrado.
Las correlaciones individuales (antepenúltima columna) con respecto a la escala, a partir de 0,4 son consideradas buenas.

3. DIFERENCIAS DE PRUEBAS ANTES Y DESPUES DE UN TRATAMIENTO

Cuando necesitamos saber si un tratamiento, actividades, intervención, etc. ha dado resultado, se puede hacer una medición de la variable dependiente antes del mismo y otra después para ver si se dan diferencias. Un procedimiento para conocer éstas se resumen a continuación.

PASO 1. Se plantean las hipótesis nula y alternativa.
La hipótesis Nula H_0, dice que no hay diferencias entre las puntuaciones medias obtenidos en el pretest y el postest.
La hipótesis alternativa H_1 dice que sí hay diferencias entre las puntuaciones medias obtenidas en el pretest y el postest.

PASO 2. Definimos Alfa (α), error que estamos dispuestos a permitir.
Definimos el nivel Alfa (α), que es el % de error que estamos dispuestos a permitir. Generalmente se usa un nivel alfa del 5%. En notación decimal es 0,05. Esto indica que los resultados que se saquen puede tener un error máximo del 5 %.

PASO 3. Elección de la prueba a usar.
Como el estudio tiene las siguientes características:
- El estudio es longitudinal.
- La variable fija crea dos medias.
- La variable aleatoria es numérica.

El estadístico que hay que usar es la prueba t de Student para muestras relacionadas.

PASO 4, calcular el p-valor (grado de error alcanzado)
Pero antes hay que ver si la variable numérica se comporta normalmente, es decir verificar el supuesto de **normalidad**.

Entre las pruebas para confirmar la normalidad, elegiremos, de entre las dos siguientes, una en función del tamaño de la muestra que son:

Shapiro Wilk se usa para muestras de 30 o menor número de sujetos.

Kolmogorov-Smirnov se usa para muestras grandes, superiores a 30 sujetos.

Para saber más

A modo de ejemplo, explicamos cómo sería el proceso de calcular si hay diferencias entre un pretest y un postest usando el paquete estadísticos SPSS®.

Usamos SPSS® para comprobar la normalidad y partiendo de que tenemos ya introducidos los datos, procedemos eligiendo del menú las siguientes opciones:

1°. Analizar / Estadísticos descriptivos / Explorar

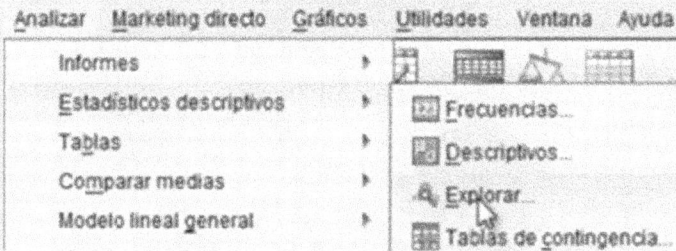

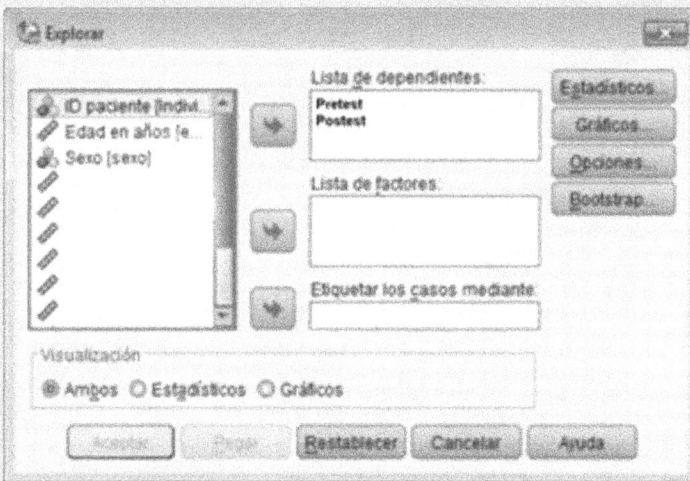

2°. En la ventana que aparece se pasan las dos variables numéricas de las que se quiere conocer su normalidad a la ventana *Lista de dependientes.*

Que en nuestro caso serían *pretest* y *postest*. Una vez pasadas se pulsa el botón **Estadísticos**.

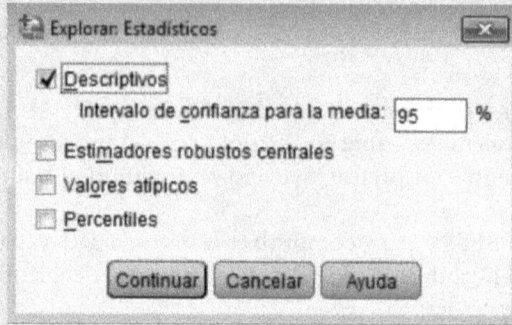

3º. En la ventana que aparece nos encontramos el nivel de confianza que por defecto es 95 %, el más utilizado y que coincide con el que teníamos en el ejemplo que estamos siguiendo.

Si eligiésemos un nivel de significación del 0,01, habría que poner en el recuadro un 99. Se pulsa después **Continuar**.

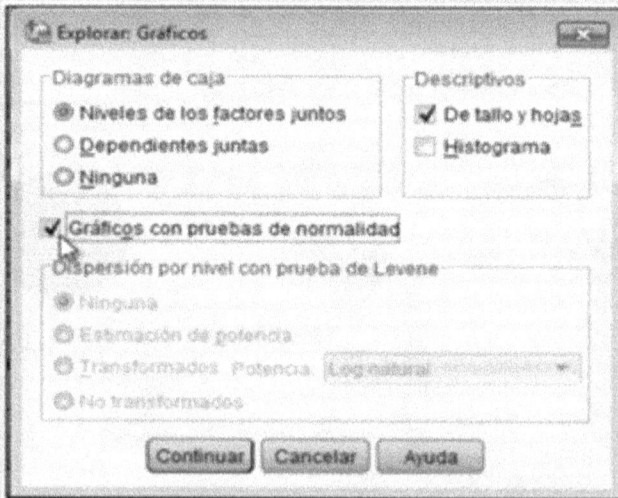

4º. Nos sale la pantalla que teníamos anteriormente, y ahora elegimos *Gráficos*, apareciendo entonces la siguiente ventana.

5º. En esta ventana se selecciona la opción *Gráficos con pruebas de normalidad*, y se le da a **Continuar**.

Nos aparece otra vez la ventana de la que partíamos, y le damos a *Aceptar.*

6º. Lo siguiente que nos aparece son los resultados del análisis.

Nos aparece una ventana que se llama **Descriptivos**, y en ella está la media de las puntuaciones de las dos variables.

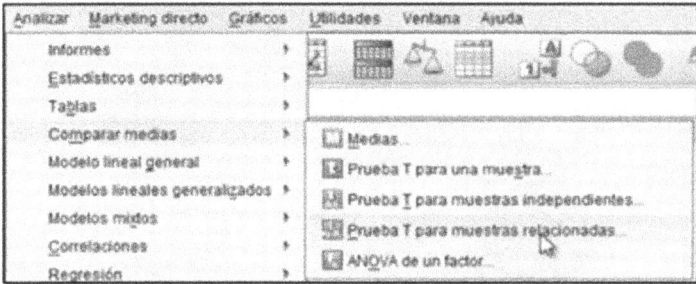

Se busca la Tabla que se llama **Prueba de normalidad.**

	Kolmogorov-Smirnov[a]			Shapiro-Wilk		
Pruebas de normalidad						
	Estadístico	gl	Sig.	Estadístico	gl	Sig.
Pretest **Postest**						

*. Este es un límite inferior de la significación verdadera.

a. Corrección de la significación de Lilliefors

Sig. = es el nivel de significación

Nos fijaremos en los valores de Kolmogorov-Smirnov, si él número de sujetos es superior a 30, (parte izquierda), mientras que nos centraremos en Shapiro-Wilk si por el contrario tenemos 30 o menos sujetos (parte derecha).

Los valores que aparecen en el nivel de significación del estadístico usado para ver la normalidad de cada variables se comparan con el valor que le dimos a alfa, de 0,05. Si los valores del nivel de significación de ambas variables son **mayores que 0,05** entonces decimos que los datos del pretest y postest provienen de una distribución normal.

Por lo tanto las variables pretest y postest se comportan

normalmente y se puede seguir con el procedimiento, y ya podemos usar la prueba t de Student para dos muestras relacionadas para determinar si ha habido un cambio en la variable estadísticamente significativo.

Paso 5 aplicamos el estadístico prueba T.

Para ello se selecciona en SPSS Analizar / Comparar medias / Prueba T para muestras relacionadas.

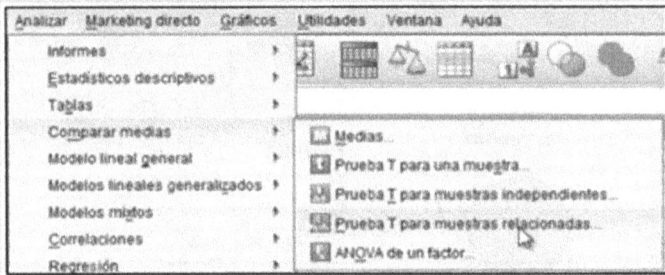

En la ventana que aparece se seleccionan las dos variables. Si se quiere cambiar el nivel de confianza se puede hacer en opciones, por defecto trae el 95 %. Si no se le da a *Aceptar*.

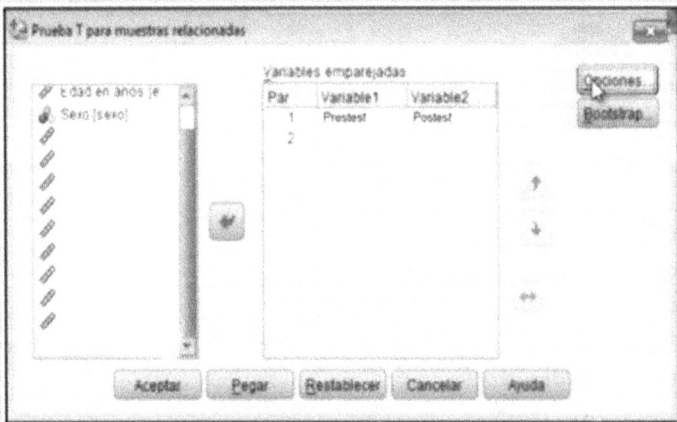

Prueba de muestras relacionadas							
Diferencias relacionadas							
Desviación típ.	Error típ. de la media	95% Intervalo de confianza para la diferencia		t	gl	Sig. (bilateral)
		Inferior	Superior			
						.000

En la Tabla **Prueba de muestras relacionadas**, está en la parte derecha la Sig, el Nivel de significación, y si este es menor que el nivel de Alfa que era 0,05, entonces podemos decir que sí hubo diferencias estadísticamente significativas entre el pretest y el postest. Pero si es mayor de 0,05 entonces diremos que no ha habido diferencias significativas.

4. CONCLUSIONES

El apartado de conclusiones es el que recoge los aspectos más relevantes de los resultados, y donde se comentan las repercusiones que tendrían a la luz de la investigación. Esto es, los fallos que se han dado, las cosas que han ido muy bien, los aspectos a mejorar,… etc.

También se suele hacer referencia a resultados de otras investigaciones y se comparan o complementan éstos con los obtenidos en la investigación comentada.

Suele ser de una extensión corta, donde aparece realmente lo importante y lo que aporta la investigación al campo de conocimiento, pudiéndose hacer sugerencias sobre futuras líneas de trabajo e investigación que completen o continúen lo ya investigado.

ACTIVIDADES SUGERIDAS

1. Inventan o toma unos datos de tipo cuantitativo, y calcular con ellos la media, mediana, moda y desviación típica. sigue el proceso de presentación y análisis. Desde una distribución de frecuentas hasta su representación gráfica.

2. Toma unas medidas recogidas antes y después de un tratamiento, y calcula si sus diferencias son estadísticamente significativas.

PREGUNTAS DE EVALUACIÓN

1. *Explica con tus palabras lo que es la moda, mediana y media.*
2. *Explica entre qué valores se mueve la fiabilidad de un instrumento, y qué significado tienen.*
3. *¿Qué contenidos pondrías en el apartado conclusiones de una investigación?*

25 INFORME DE INVESTIGACIÓN

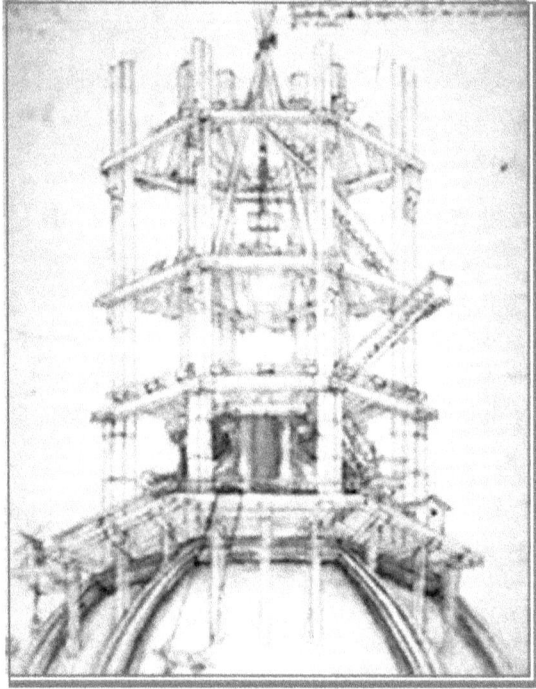

INDICE

OBJETIVOS

Los objetivos de aprendizaje para este capítulo son los siguientes:

- Conocer los diferentes apartados de un informe de investigación.
- Saber el contenido de los diversos apartados de un informe de investigación.

RESUMEN

El capítulo muestra los diversos apartados que pueden conformar un informe de investigación. También se especifica en una breve explicación el contenido de todos los apartados.

MAPA DE CONTENIDOS

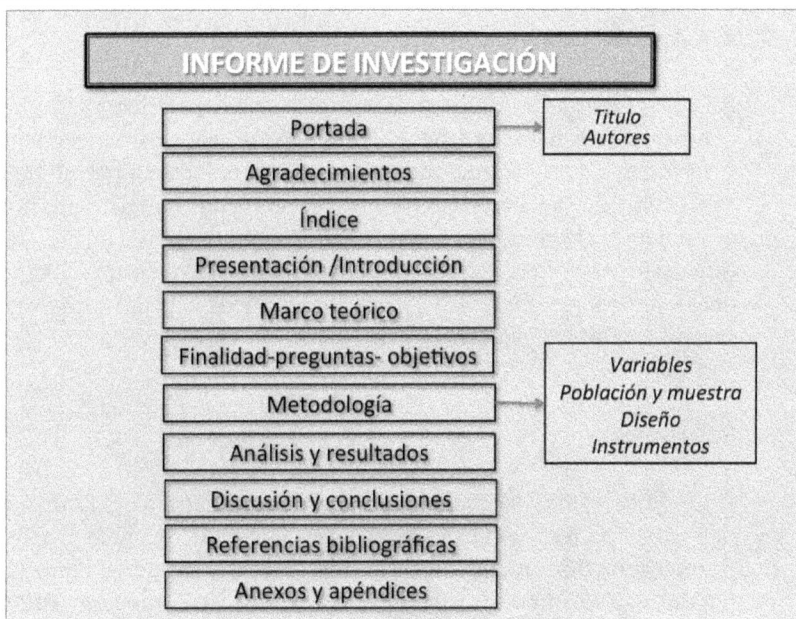

1. Portada

a. Título del Informe

El título del informe debe expresar claramente la temática del trabajo y donde se desarrolla.

b. Autor/es del informe

El los informes hay que especificar todas las personas que han participado directamente en la investigación y en la elaboración del informe.

2. Agradecimientos

En este apartado se especifican todas las personas que han contribuido en hacer posible la investigación. Se les agradece tanto a personas, como instituciones, grupos,… el que hayan permitido el desarrollo de la investigación, bien sea con su participación, permitiendo el acceso al campo, colaborando, financiando, etc. Con este gesto, no sólo se hace justicia reconociéndolo sino que se crean unas condiciones favorables para que se pueda acceder otra vez al campo cuando se plantee otra investigación.

3. Índice

En índice da una idea clara al lector de los contenidos del informe, de sus partes y estructura del mismo. Cuanta mayor pormenorización mejor información transmitirá del mismo. Se puede dar distinto formato al contenido en función de su importancia dentro del informe de investigación.

4. Presentación / Introducción

Este es el primer apartado con contenido propiamente dicho, que tiene el informe. Lo suelen llamar presentación o introducción, y en él se suele explicar brevemente los contenidos del informe, de los aspectos más relevantes, pero sin desvelar los resultados completos. También se suele hacer una breve introducción del marco teórico que viene en el siguiente apartado.

5. Marco teórico.

Se incluye la información teórica, tanto del propio tema que se investiga, como las investigaciones sobre el tema que se han hecho. Se trata de explicar de qué se está hablando, del tema que se está investigando para conocerlo mejor.

Además se completa con las investigaciones que se están haciendo sobre el tema, sus enfoques, contenidos, resultados, etc. con el objetivo de clarificar lo mejor posible el estado de la cuestión tanto con respecto al contenido como a las investigaciones.

6. Finalidad, preguntas y objetivos de la Investigación

En este apartado se deja claro qué se ha investigado en la investigación. Para esto se especifican, en tres fases consecutivas, los siguientes apartados:

Finalidad de la investigación.

Se trata de describir en líneas generales que se pretende conseguir con la investigación, y para lo que servirá la misma. Es como un objetivo general en el que se distingue claramente la línea y el destino en el que concurrirá la investigación.

Preguntas de investigación.

Con ellas se concreta más la finalidad que se ha descrito anteriormente. El número de preguntas puede estar entre tres y seis, con ellas se concreta y marca las directrices de la investigación, las cosas más importantes que queremos saber de la investigación, pero sin entrar en detalle.

Objetivos de investigación.

Se da un paso más en la concreción de la investigación. Para ello las preguntas planteadas anteriormente se convierten en objetivos concretos a conseguir. Cada pregunta hecha se puede convertir entre dos a cuatro objetivos, que son aspectos más específicos a conseguir.

7. Metodología

En la metodología se concretan aspectos de cómo se lleva a cabo la investigación, como los siguientes:

a. Variables

Variables que se han considerado y sobre las que se han recogido sus cambios en el proceso de investigación.

b. Población y muestra

Sujetos sobre los que se han a recoger los datos, bien sea una población objeto, o la muestra seleccionada de una población. Y procedimientos de selección de la muestra usado para la selección de ésta.

c. Diseño

Se concreta cuándo se han recogido los datos y a quién se le han recogidos los datos.

d. Instrumentos de recogida de datos

Se incluyen las técnicas e instrumentos usado para la recogida de los datos en la investigación.

8. Análisis y resultados

Se compone del análisis de todos los datos recogidos, así como la descripción y la explicación de los más relevantes de la investigación.

9. Discusión y conclusiones

Se destacan los resultados más importantes, y a qué conclusiones llevan. También se aclara qué aportación hacen al estado de la cuestión estudiada, así como las posibles líneas de investigación que queden abiertas a partir de este trabajo.

10. Referencias bibliográficas

Referencias de todas las notas bibliográficas insertadas en las diferentes partes del trabajo.

11. Anexos y apéndices

Aquí se ponen materiales del estudio que puedan aclarar aspectos de éste, para que el lector del informe tenga acceso a ellos, como por ejemplo los instrumentos de recogida de datos, informes que se hayan usado, y otros datos, que no siendo fundamentales en la investigación, ayuden a su comprensión.

ACTIVIDADES SUGERIDAS

Conseguir varios informes de investigación, analizarlos y sacar de ellos los apartados o estructura que tienen.

PREGUNTAS DE EVALUACIÓN

1. *Ordena los siguientes aparatados de un informe de investigación: Discusión, bibliografía, parte teórica, agradecimientos, autores.*
2. *Explica qué contenidos hay que poner en los apartados discusión y conclusiones y en el de metodología de investigación.*

PARTE D. PROYECTOS

26. PROYECTOS FIN DE ESTUDIOS

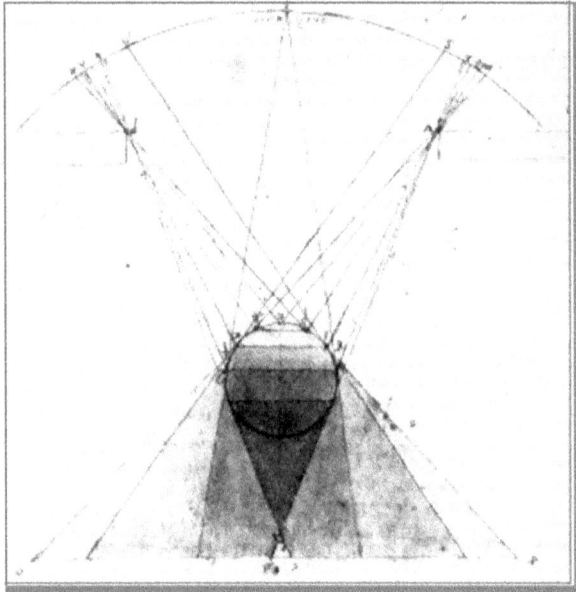

INDICE

BJETIVOS

Los objetivos de aprendizaje para este capítulo son los siguientes:

- Situarse en el contexto de los trabajos fin de estudios.
- Proponer una serie de pasos para iniciar el proceso del trabajo fin de estudios.
- Conocer actuaciones para iniciar el proceso de búsqueda de información del tema elegido.
- Disponer de una propuesta de organización de la información recopilada.

RESUMEN

En este capítulo se inicia el desarrollo de un trabajo fin de estudios. Para ello se sitúa la importancia y contexto de este tipo de trabajos. Se dan también algunas claves a la hora de elegir el tema del trabajo y de cómo organizar las ideas que se tienen sobre el trabajo y el tiempo disponible. Se orienta para iniciar la búsqueda de información, así como el uso de descriptores, lugares de búsqueda y filtros de información. Se propone una forma de organizar la información mediante gestores bibliográficos, y una gestión activa de la información recopilada. Además se plantean aspectos anti plagio de los datos.

MAPA DE CONTENIDOS

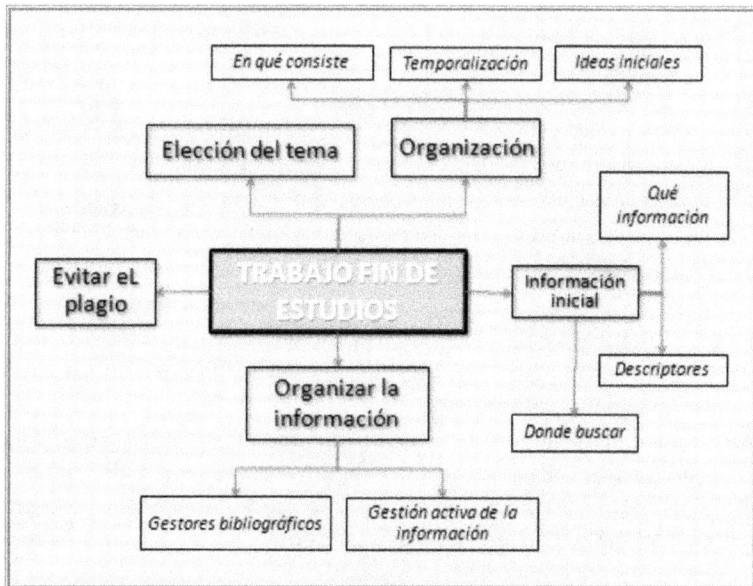

1. TRABAJOS FIN DE ESTUDIOS

Un Trabajo Fin de Estudios es la culminación del aprendizaje llevado a cabo en un periodo que puede variar en función de los estudios de que se trate. Supone un gran esfuerzo por ser la tarea de mayor envergadura que se va a realizar durante los estudios.

Cuando hablamos de un Trabajo Fin de Estudios nos estamos refiriendo a toda una serie de trabajos, con un mayor o menor nivel, pero que son de alguna manera la terminación de algo, entre los que podemos encontrarnos con Tesinas, Trabajos Fin de Grado, Trabajos Fin de Máster, Tesis, Trabajos o Proyectos Fin Carrera, etc.

En él se da como un compendio de lo aprendido, donde hay que concretar los aprendizajes realizados en un trabajo conectado con la realidad en el ámbito propio de estudio.

Además de la dificultad intrínseca del trabajo por su contenido, hay que añadirle su carácter personal que hace que sea el propio estudiante el responsable de su desarrollo y de la evolución del mismo. El estudiante es el tiene que ser responsable de su marcha, aunque reciba tutorización del profesorado.

Vamos a ir por partes dando algunas orientaciones que puedan servir de ayuda en este proceso tan complejo como apasionante.

2. ELECCIÓN DEL TEMA.

Este punto no es baladí, sino todo lo contrario. Si además de la dificultad del trabajo, lo hacemos con algo que no nos llena, la aventura del trabajo fin de estudios puede convertirse en un suplicio.

Por ello, para saber qué tema es el más adecuado para hacer el trabajo hemos de tener presente estos puntos para elegir el tema:

- **Atractivo.** Que sea una temática que guste, que tenga interés por ella, y le resulte un reto atractivo trabajar en ese tema.

- **Permitido.** Que esté dentro de la temática o temáticas que estén permitidas para realizar el Trabajo Fin de Estudios. Hemos de informarnos bien si hay alguna limitación, y cuál sería, a la hora de elegir el tema para no tener que perder esfuerzos con un tema no contemplado para ese fin.

- **Familiar.** Que sea el tema lo más familiar posible, en el sentido que se sepa algo sobre él. Cuanto más sepamos del tema, más sencillo nos resultará trabajarlo. Aunque la falta de conocimiento se puede suplir con un tema que apasione, donde se volcará todo el esfuerzo posible con gran dosis de motivación.

- **Utilidad.** Que pensemos que lo que vamos a hacer es útil, que puede tener una aplicación práctica. Que nos sintamos que vamos a aportar nuestro granito de arena a esa parte del conocimiento. No hay nada más tedioso que hacer algo que sabemos que no va a servir para nada.

3. HAY QUE ORGANIZARSE

Una vez que ya estamos en la salida para hacer el Trabajo Fin de Estudios, esto es, cumplimos todos los requisitos para iniciar la tarea, lo primero que tenemos que hacer es "organizarnos" para abordar la tarea más compleja que hemos realizado durante nuestro periodo de formación.

Las tareas que son muy importantes para organizarnos de manera que lleguemos con más probabilidades de éxito serían las respuestas a las siguientes cuestiones:

3.1. ¿En qué consiste el trabajo?

Lo primero es reunir toda la información posible de lo que hay que hacer, y hacerlo a partir de las fuentes originales. Está bien que escuchemos a compañeros/as cuando hablan del tema, pero seguro no aportan toda la información. Además es posible que haya lagunas importantes, incluso errores de interpretación sobre lo que hay que hacer y cómo hacerlo. Todos sabemos por experiencia que cuando una información pasa de boca en boca, los interlocutores/as van interpretando la información, y en algunos casos se llega incluso a decir lo contrario de lo que aportaba la información original.

Por ello, lo mejor es leernos cuidadosamente las instrucciones oficiales sobre lo que tenemos que hacer y cómo podemos hacerlo. Hemos de tener especialmente cuidado con los siguientes datos, que los tengamos claros para no desperdiciar esfuerzos, que en la mayoría de las ocasiones son muy valiosos como para perderlos por una mala información. Así, hemos de tener claro aspectos como:

- Temática/s sobre la que poder versar el Trabajo Fin de Estudios.
- Tipologías de trabajos que se pueden hacer. Por ejemplo podrían ser una investigación, una propuesta de intervención en una zona, un material educativo, etc.
- Estructura, o sugerencias de estructura, que puede adoptar el trabajo. Por ejemplo, si nos dan una estructura cerrada del trabajo a la que tenemos que ceñirnos, o si hay apartados obligatorios que tiene que tener, o no. Esto es, saber qué libertad tenemos a la hora de decidir las partes del trabajo.
- Extensión del Trabajo Fin de Estudios. Nos lo pueden dar en número de páginas, número de palabras, número de caracteres,..
- Fuentes o tipos de letra que podemos usar.
- Tamaño de la fuente, 10, 11, 12, tanto del texto como de los apartados del Trabajo.

- Si hay limitaciones en el uso de las tipologías: **negrita**, <u>subrayado</u>, *cursiva*,...
- Si tenemos que hacer una justificación del texto a la izquierda, completa,...
- Dimensiones que tienen que tener los márgenes.
- Si hay algún formato que se exija para su presentación, papel, digital (CD, fichero digital,...). Formato en soporte digital como PDF, ODT, Word, RTF, StarWriter, etc.
- Si es necesario presentarlo en color, escala de grises, o blanco y negro.

Cuando no se especifique alguna información podemos suponer que no hay una norma al respecto, aunque también podemos preguntarlo al responsable/s del trabajo esa información que se omite, para confirmar cualquier aspecto. Lo importante es que no tengamos dudas de lo que hay que hacer y cómo hacerlo.

3.2. ¿Cómo voy a distribuir las tareas en mi tiempo?

El tiempo suele ser el aspecto más conflictivo a la hora de hacer un Trabajo Fin de Estudios, ya que suele hacerse junto con otras materias, lo que complica más su desarrollo.

En cualquier caso el uso del tiempo es vital para poder entregar el trabajo en el tiempo que se nos pide. Por eso la mejor opción es elaborarnos una temporalización; esto es, planificar el tiempo que tenemos con las tareas que tenemos que hacer y que no tengamos que correr demasiado al final, e incluso no

A modo de propuesta ponemos una estructura para que cada uno la personalice según sus necesidades. Hay que tener en cuenta que cuanto más detalladas estén las tareas a realizar mayor control tendremos sobre el desarrollo del trabajo.

Ahora sólo tienes que poner el tiempo con el que cuentas, las tareas las vas incorporando conforme vayas conociendo lo que tengas que hacer, datos que se pueden poner en una tabla como la 26.1.

TEMPORALIZACIÓN PERSONAL DEL PROYECTO

	Diciembre			Enero			Febrero			Marzo			Abril			Mayo			Junio		
	9-15	16-22	23-29	30-5	6-12	13-19	20-26	27-3	3-9	10-16	17-23	24-2	3-9	10-16	17-23	24-30	31-6	7-13	14-20	21-27	28-4	5-11	12-18	19-25	26-1	2-8	9-15	16-22	23-29	30-6
Búsqueda bibliográfica tema																								
Búsqueda bibliográfica investigación																								
Selección de centro/s																								
Preparación de las prácticas																								
Primera parte trab. Investigación																								
Preparación instrumentos recogida de datos																								
Realización de actividades en cole/s																								
Segunda parte trab. investigación																								
Preparación de los datos																								
Redacción definitiva Trabajo																								
Defensa del Trabajo																								

Tabla 26. 1. Temporalización

Los datos aportados en la Tabla de Temporalización hay que personalizarlos, tanto los días y meses, como las tareas a realizar. La idea es que en las columnas se pongan las semanas como unidades mínimas, y en las filas las tareas a realizar esa semana.

Es importante destacar que las tareas no hay que hacerlas de forma consecutiva, hay tareas que aunque estén cronológicamente después se pueden hacer a la vez que otras que se hacen antes. Por ejemplo si hemos de buscar un centro donde hacer un trabajo, no hemos de esperar a la semana antes de ir para buscarlo, sino que se puede, y se debe hacer con más antelación.

3.3. ¿Qué ideas tengo para mi trabajo?

Como ya sabes lo que puedes hacer, ahora vendría bien sacar de la cabeza las ideas que tienes de las cosas que puedes hacer. Elaborar un listado de palabras o frases de cosas en las que pienses te puede ayudar a pensar y a dar forma a tus pensamientos.

Puedes pensar en cosas que te gustaría hacer, en las que serían más útiles, en las que pondrías tu granito de arena. No importa que no lo tengas muy claro, o que sea muy complicado, eso se resolverá más adelante.

Ahora se trata de soñar, y de dejar volar la imaginación y *visualizar* las ideas que siempre te hayan rondado por la cabeza. Eso sí, que sean tuyas, o que tú las desarrolles a tu manera, ya que así podrás desarrollar tu creatividad, cualidad muy valorada en el mundo laboral en el que vivimos, y que sólo el esfuerzo personal la consigue y la desarrolla; el hacer un Trabajo Fin de Estudios es una óptima oportunidad para ello.

Con las ideas expuestas, vas perfilando los temas que podrías hacer para el trabajo. Háblalo con tus amigos y amigas. Al contarlas las ideas se van madurando, se van enriqueciendo con los detalles y se van aclarando.

Otro paso más consiste en seleccionar varias de las ideas que has madurado y analizarlas más en profundidad y de forma individual. Para ello vas haciendo un listado de cosas que se necesitarían para realizar cada una de las ideas que tienes.

Hecho este listado, pon a su lado las ventajas y los inconvenientes que tendría hacer cada una de ellas. Podrían servir tres columnas: en la del centro se ponen las cosas que se necesitarían para hacer el trabajo, en la de la izquierda se pondrían los inconvenientes o debilidades que tendríamos al hacerla, y en la de la derecha las ventajas o fortalezas de las mismas.

Inconvenientes, debilidades	IDEA 1 Tareas a realizar	Ventajas, fortalezas

4. ¿QUÉ INFORMACIÓN EMPIEZO A BUSCAR Y DÓNDE?

Ya tenemos el tema sobre el que vamos a trabajar. Ahora hemos de informarnos todo lo que podamos para acercarnos y entender bien todo, o al menos, una parte importante, del área de nuestro tema.

4.1. Descriptores o palabras clave.

Una forma de proceder para iniciarnos en la búsqueda es hacer un pequeño listados de descriptores o palabras clave que engloben todo lo que queremos saber. Por ejemplo, si lo que queremos es diseñar un programa de expresión y comunicación emocional y evaluarlo, podríamos tener **descriptores principales** como: - *expresión emocional, - comunicación emocional, - diseño de programas, -evaluación de programas.*

También podemos buscar con otros **descriptores secundarios** que pueden acercarnos también al tema desde áreas limítrofes. Entre ellos podríamos buscar: - educación emocional, - diseño de materiales educativos, - expresión y comunicación, - evaluación de materiales educativos.

Es recomendable usar los descriptores recogidos en los tesauros de bases de datos bibliográficas de prestigio, como por ejemplo ERIC

Nota → *En los trabajos que encontremos pueden también tener sus descriptores, y tal vez alguno nos pueda servir para nuestra búsqueda.*

4.2. ¿Dónde buscar?

La otra cuestión pendiente es **¿dónde buscar?** Bueno, con la experiencia que tenéis de vuestros años de estudio seguro que ya habéis hecho muchas búsquedas. Pero algunas recomendaciones siempre pueden venir bien.

- Buscar en **bases de datos** del área de vuestro trabajo. Unas de las más importantes son **Scopus**, que es una base de datos bibliográfica de resúmenes y citas de artículos publicados en revistas científicas internacionales; y otra es **ISI Web of Knowledge** (WoK) que es un servicio de información científica en línea sobre bases de datos bibliográficas que suministra el Institute for Scientific Information (ISI). En educación una base de datos de referencia es **Eric**.

- En **revistas electrónicas** del área que estéis trabajando. Son publicaciones periódicas que se están actualizando constantemente.
- Hay muchas **tesis doctorales** publicadas con información muy elaborada de temas específicos y todas las áreas del conocimiento; alguna puede parecerse a la idea de vuestro trabajo.
- Buscar en la **biblioteca de vuestro centro** de estudios. Puede haber muchos libros que no sea posible consultarlos por Internet.
- Es recomendable buscar en buscadores científicos de la red, como pueden ser **Google Scholar o Académico**, y **ScienceResearch** ya que los resultados que nos da de la búsqueda son de documentos científicos, cuyo contenido está más contrastado y su cita bibliográfica se puede hacer completa. Sabemos quién lo escribe, cuando y donde se ha escrito.

- También se pueden recomendar unos catálogos como el **WorldCat**
- http://www.worldcat.org/

Uno de los mayores catálogos en línea a nivel mundial) y el **Rebuin** (Catálogo colectivo Red Española de Bibliotecas Universitarias).

▶ CRUE

- **Ojo con las búsquedas hechas directamente en la red**, sin ningún filtro de los que hemos hecho antes, ya que tienen una serie de graves inconvenientes:
  - o Algunas veces no indica el autor, ni la fecha de publicación, ni si procede de una publicación o no, lo que nos complica la referencia de su autoría.
  - o Cualquiera puede poner lo que quiera en la red, sin necesidad de que tenga un mínimo de rigor científico, ni cite las fuentes en las que se basa, ni tengamos posibilidad de contrastar esa información.
- Aprovecha para **preguntar a los bibliotecarios** de tu centro de estudios por la forma de hacer las búsquedas. También seguro que han dado, o darán, algún curso de cómo hacer esta tarea. A veces tienen información por escrito que seguro que te la facilitan amablemente.

4.3. Filtrar la información

Como ya hemos apuntado antes no toda la información que podamos encontrar tiene garantías de que sea una información fiable. Por ello, es necesario valorar bien ésta para no usar material que no tenga garantías de veracidad.

Un primer filtro a hacer es comprobar si el autor es conocido en el ámbito, cita las fuentes de dónde saca la información, pertenece a alguna institución relacionada con el trabajo, etc. Esto es fácil de ver en las publicaciones científicas, periódicas o no, ya que son documentos que están avalados por los editores de las publicaciones.

La dificultad está cuando la información procede de una página web. Es ahí, donde hay que extremar la cautela, y confirmar quién es el que escribe, si cita fuentes y pone referencias bibliográficas, si la información está actualizada, si está correctamente escrita, si hay errores, etc.

Si no te da la suficiente confianza lo mejor es no usar esa información. Lo más seguro y rápido es buscar la información en lugares con garantías, donde se aportan obras examinadas y controladas por revisores, y su publicación se ve sometida a varios filtros.

Es recomendable no conformarse con el primer recurso que se encuentre, sino buscar más información, y cuanto más variada mejor. El uso de la *Wikipedia* puede ser bueno, pero nunca debe ser el único. Y por supuesto evaluar siempre la información que se encuentre.

5. CÓMO ORGANIZAR LA INFORMACIÓN

Conforme empieces tus búsquedas vas a ir teniendo información, que en poco tiempo se te convertirá en mucha información y empezará a ser complicado tenerla localizada. Por ello una buena organización de la información va a ser muy útil para conocer lo que tenemos, así como poder localizar cualquier documento con facilidad.

5.1. Gestores bibliográficos

Hay algunos **gestores bibliográficos** que te pueden ayudar en este sentido, y que son unas aplicaciones, que suelen estar en la red, y te permiten crear bibliografías y ponerlas, en el formato que quieras, y de forma automática, en tus trabajos. Uno de los más usados es RefWorks, pero hay otros, es cuestión de que los conozcas y valores su uso.

RefWorks   THOMSON REUTERS ENDNOTE   zotero

MENDELEY   citeulike

Estos gestores se pueden manejar en línea, y en muchas ocasiones basta con pulsar un icono para que el programa guarde la información de la referencia, en la carpeta que elijas y esté lista para ser usada en el documento que quieras. Esto supone una gran ventaja para la elaboración de las referencias bibliográficas al final del documento, en el formato que se te pida por parte de tu institución.

Estos gestores se pueden usar cuando hayas hecho las búsquedas. También suelen tener la posibilidad de guardar los documentos que se busquen, e incluso de poder guardar anotaciones sobre los mismos. Pero para esta posibilidad es mejor, desde nuestro punto de vista, una gestión más personal y completa, que hemos llamado, Gestión Activa de la Información, que veremos más adelante.

Hay también otras herramientas que pueden ayudarnos en la tarea de gestionar la información, como por ejemplo la posibilidad que tienen los navegadores de guardar las páginas que visitamos en los **Marcadores**.

Existen unas utilidades en la web que nos pueden servir, como los **escritorios virtuales**, con aplicaciones que podemos usar como editores de texto, presentaciones u hojas de cálculo. Podemos también usar **discos duros virtuales,** o **nube**, para guardar información, incluso para hacer copias de seguridad de nuestros trabajos, y tener acceso a ellos en cualquier parte, sin tener que llevar consigo el material de trabajo, como puede ser *Dropbox*.

Uno de los más conocidos es *Google Drive*, que además de poder organizar la información, se puede compartir con otros, e incluso permite una edición compartida, si fuese necesario.

Hay también unas agendas virtuales, como *Evernote* que pueden ayudar en la tarea de recordar las cosas que hay que hacer, que se pueden ver desde teléfonos inteligentes. Son muy útiles para tomar notas al navegar desde Internet, hacer capturas de imágenes, incluir comentarios, almacenar archivos de cualquier tipo, etc. Otro recurso a tener en cuenta.

Dropbox   Google Drive   EVERNOTE

5.2. Gestión Activa de la Información

Lo que te proponemos es una forma personal, no es incompatible con el uso de gestores bibliográficos, pero que te puede aportar algunas ventajas en cuanto al conocimiento de y el manejo de tus fuentes documentales con respecto a su contenido.

El uso de la bibliografía es imprescindible para hacer tu trabajo, y básicamente lo tienes que hacer es leer los documentos que encuentres y extraer de ellos las ideas que te pueden servir, y luego darle forma a las ideas extraídas para generar tu propio conocimiento.

Esto que se dice pronto, se complica en la medida que de un documento podemos sacar desde una a quince o veinte ideas, y podemos sobrepasar los cincuenta o sesenta documentos, lo que supone darle forma a una enorme cantidad de información, tanto por el tamaño de la misma como por el número de ideas que se pueden barajar.

Te proponemos una **Organización Activa de la Información** (OAI), que aunque en un principio puede parecer muy laboriosa, en realidad no lo es tanto, y por el contrario, te da un control absoluto sobre el material que estás analizando mediante la **Etiqueta de ideas**. Tiene las siguientes ventajas:

- Conoces en todo momento de qué documento has sacado la idea;
- Sabes la extensión de la idea que has elaborado, muy útil para construir los apartados del trabajo;
- Puedes confeccionar con suma facilidad la complicada tarea de hacer el índice de tu trabajo mediante las etiquetas de ideas;
- Te permite hacer un mapa conceptual muy completo de todo el contenido teórico usando las etiquetas de ideas elaboradas.

Para clarificar esta **Organización Activa de la Información**, la vamos a exponer mediante una serie de diferentes pasos, o tareas que hay que hacer con los documentos buscados. (Hemos de recordar que antes hemos de filtrar la información que hemos recogido, para determinar la que es fiable, que veremos en un apartado posterior.)

- **Crear carpetas digitales**. Si el tema es complejo y tiene unas áreas muy diferenciadas se puede crear una carpeta digital para cada de esas áreas.

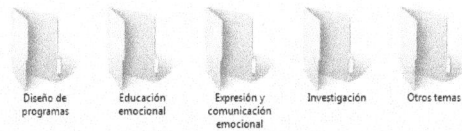

Diseño de programas   Educación emocional   Expresión y comunicación emocional   Investigación   Otros temas

- **Poner el nombre del documento al fichero que lo contiene**. Incluir en la carpeta correspondiente, si es el caso, el documento buscado, y como nombre del fichero se pone el mismo que tiene el título del trabajo o artículo que guardamos.

Autogestión del talento en la expresión de las emociones

- **Crear un fichero de texto por cada documento científico**. Por cada documento científico creamos otro fichero, pero que sea editable, con su mismo nombre, añadiéndole al final la palabra __NOTAS y un número. Esto nos indica que las ideas que saquemos del documento científico las iremos anotando en este fichero, con su mismo nombre, pero que termina en NOTAS. Y el número nos servirá para identificar en qué documento está la etiqueta de ideas.

Autogestión del talento en la expresión de las emociones-NOTAS_1

- **Copiar los párrafos de interés**. Al leer el documento, el párrafo o párrafos que contenga una idea que nos parezca interesante para el trabajo, se copia y se pega el documento con su mismo nombre y con la terminación de _NOTAS_1. Se puede seleccionar el texto en el archivo original y pegar en el que vamos a escribir, o bien, si no deja seleccionar, se puede copiar el área donde está el texto que nos interesa, y pegar como una imagen.

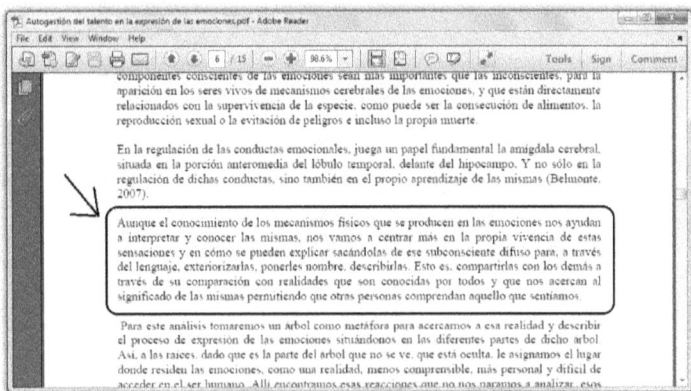

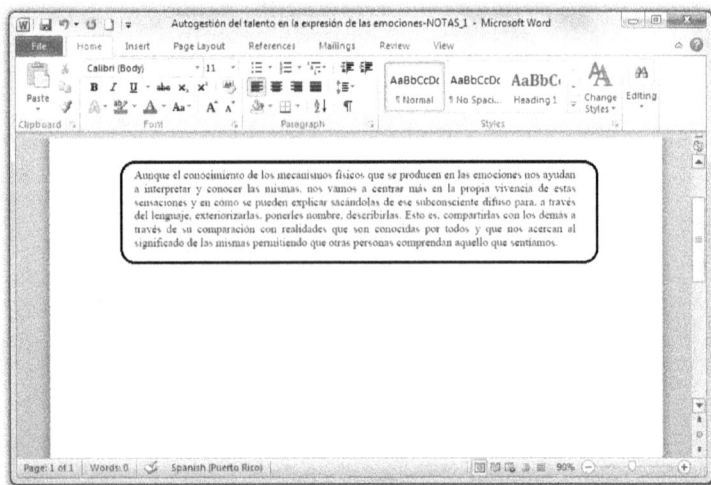

- **Desarrollar la idea con nuestras palabras**. Justo debajo del párrafo que hemos pegado desarrollamos, con nuestras palabras, la idea que nos ha parecido interesante, y que sea manifiestamente diferente a la del texto original. O también podemos hacer una cita textual, en ambos casos dejando citada en el texto la referencia correspondiente. Para diferenciar el texto original del nuestro le podemos poner a nuestro texto otro color, así sabremos rápidamente lo que es nuestro y no habrá errores cuando tengamos que copiar éste.

- **Poner la Etiqueta de idea con el número del documento y de renglones**. Justo encima del texto que hemos escrito ponemos con mayúscula un nombre, varias palabras, que identifiquen sin lugar a dudas el contenido de lo que hemos escrito, seguido de NOTAS y entre paréntesis ponemos dos números. El primero es el del documento que estamos trabajando, en nuestro caso el 1, y el segundo número es el número de renglones que ocupa el comentario que hemos hecho de la idea. El primer número va cambiando con los diferentes documentos. Su orden no significa nada, es sólo para localizar el documento donde está la Etiqueta de ideas. Y el segundo dependerá del número de renglones que tenga nuestro comentario. En este caso sería _NOTAS_(n1,5r).

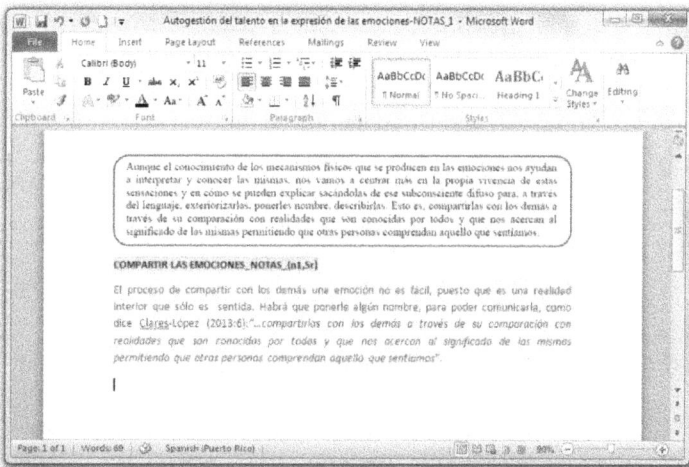

- **Repetimos los procesos anteriores.** Así copiamos los textos originales y los pegamos en el fichero _NOTAS_(NUM), escribimos nuestra idea partiendo del texto original y le ponemos la Etiqueta de idea con los dos números entre paréntesis, todas las veces que necesitemos hasta que tengamos todo el material bibliográfico leído y extraído las ideas fundamentales.
- **Copiar todas las Etiquetas de ideas juntas.** Terminado de hacer todo el trabajo de lectura y recreación de las ideas aportadas por los documentos, tenemos una parte muy laboriosa, la que más diría yo, terminada. Ahora tomamos documento por documento y vamos copiando todas las etiquetas de ideas que tenemos en todos los documentos, y las pegamos en un listado.

- **Agrupamos las Etiquetas de ideas por áreas.** Del listado con todas las etiquetas, vamos poniendo juntas las que comparten una misma área, o están relacionadas con algo.
- **Agrupamos las etiquetas por temas.** Dentro de cada área agrupamos las *Etiquetas de Ideas* por temas comunes. Esto es, cuando se habla de lo mismo o algo muy parecido.
- **Ordenamos los temas.** Dentro de cada tema, se ordenan las etiquetas de la forma que nos parezca más lógica.
- **Ponemos títulos a los temas y su contenido.** Están ya agrupadas las etiquetas de ideas por áreas, por temáticas y ordenadas. Ahora vamos introduciendo títulos de apartados donde creamos que es conveniente hacerlo. Estos títulos se escriben con minúscula, y nunca se usan etiquetas como títulos; si es necesario creamos un título con el mismo nombre que la Etiqueta.

  Para poner el título tenemos en cuenta dos cosas, el propio contenido de las Etiquetas de Ideas, y el segundo de los números que tienen las etiquetas entre paréntesis, que nos indicaba el número de renglones que tenía la idea desarrollada. No podemos crear un título si después el contenido tiene muy pocos renglones, habrá que agruparlo de otra forma.
- **Tenemos borrador del índice del trabajo.** Poniéndole los títulos a las áreas, y cuando ya tenemos el de los temas y su contenido, tenemos el borrador del índice terminado. Lo repasamos para ver que todo está bien. Nos aseguramos que los títulos de todos los apartados van escritos aparte de las Etiquetas de Ideas, aunque se llamen igual. Diferenciamos las etiquetas porque van con mayúscula y con color de fondo.
- **Mapa de contenidos.** También se puede hacer con facilidad un mapa de los contenidos usando las etiquetas elaboradas, haciendo una distribución gráfica y de relaciones sobre los mismos.

6. EVITAR EL PLAGIO EN LA ERA DIGITAL

Plagiar o copiar ideas que otros han desarrollado es lo más sencillo en la era digital. Todo material se puede copiar y pegar, incluso haciéndole pequeños o grandes cambios para que no parezca el mismo. El plagio tiene varias vertientes que comentamos brevemente:

- Se apodera uno de un trabajo que ha hecho otro. Es un robo intelectual.
- Se está engañando a la institución a la que se entrega el trabajo, y por ende a toda la sociedad, por presentar un rendimiento que es

de otro, y que lo que te valoran es que sea tuyo. Es un robo institucional y social.

- En los trabajos lo importante no es el resultado final, sino el proceso que se sigue para hacerlo. Este es lo que realmente forma a la persona y la capacita para hacer trabajos, o actuaciones similares cuando deje su periodo de formación. Se aprende a hacer algo haciéndolo. Pero cuando se presenta un trabajo que ha hecho otra persona, total o parcialmente el proceso de aprendizaje sufre una seria incisión, no estando preparado para lo que en teoría forma la realización del trabajo. Es un fraude de aprendizaje.

- Al no hacer algo que se debe hacer y que es responsabilidad de uno hacerlo, también se advierte una dimensión ética, ya que se otorga la confianza en la persona para que sea protagonista de su aprendizaje, y ésta, a sabiendas de que no es correcto, actúa tratando de mentir sobre su actuación. Hay una quiebra del sistema de valores.

Por ello, una actuación que quiera cumplir con el cometido que se pretende en el desarrollo de un trabajo, ha de especificar la autoría de las ideas que ha recogido de otros autores, y esto lo puede hacer mediante citas bibliográficas en el texto que está escribiendo, citas que suelen seguir alguna norma, en el caso de educación se suelen usar la normativa APA (Asociación de Psicología Americana).

Para recordar

Una cita bibliográfica es una manera reducida de indicar la autoría de una idea en un texto. Se suele hacer de dos maneras:

- Incluyendo al autor en la redacción del texto, citándolo al final donde se plantea la idea.
- Poniendo palabras textuales entre comillas, indicando la página de donde se ha sacado del ☐ omplete principal.

Y al final de todo el texto, o a veces al pie de página, se poner la referencia ☐ omplete de donde se ha sacado la idea.

305

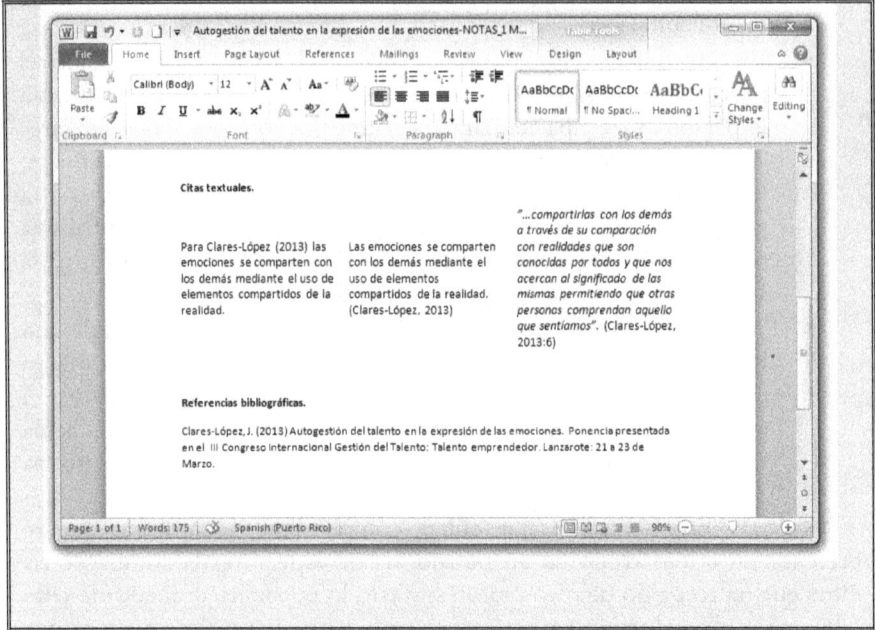

Citas textuales.

		"*...compartirlas con los demás a través de su comparación*
Para Clares-López (2013) las emociones se comparten con los demás mediante el uso de elementos compartidos de la realidad.	Las emociones se comparten con los demás mediante el uso de elementos compartidos de la realidad. (Clares-López. 2013)	*con realidades que son conocidas por todos y que nos acercan al significado de las mismas permitiendo que otras personas comprendan aquello que sentimos*". (Clares-López, 2013:6)

Referencias bibliográficas.

Clares-López, J. (2013) Autogestión del talento en la expresión de las emociones. Ponencia presentada en el III Congreso Internacional Gestión del Talento: Talento emprendedor. Lanzarote: 21 a 23 de Marzo.

27 FASE A. DETECCIÓN DE LA NECESIDAD Y FASE B. DESARROLLO DE LA INTERVENCIÓN

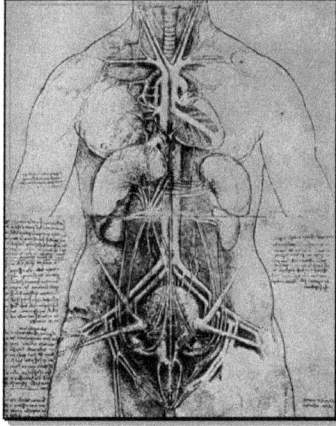

INDICE

OBJETIVOS

Los objetivos de aprendizaje para este capítulo son los siguientes:

- Comprender de forma global las fases de detección de necesidades y el desarrollo de la intervención.
- Entender los apartados de la fase de detección de necesidades desde la necesidad inicial hasta el planteamiento de la necesidad final.
- Tomar conciencia de los apartados propuestos para el desarrollo de la intervención, con todos los apartados que lo componen

RESUMEN

En este capítulo se plantea la fase de la detección de la necesidad para lo que se parte de una necesidad inicial, pasando a hacer una búsqueda bibliográfica, en la que se tratará de describir lo que es esa necesidad, su concepto y características, para también buscar información sobre lo que se ha investigado de ese tema, y sobre todo para ver cómo se puede abordar la resolución de esa necesidad. Para ello se describe también una segunda fase donde se desarrolla la intervención, con carácter innovador o no, y se concretan todos los apartados de que puede constar un proyecto, hasta su evaluación.

MAPA DE CONTENIDOS

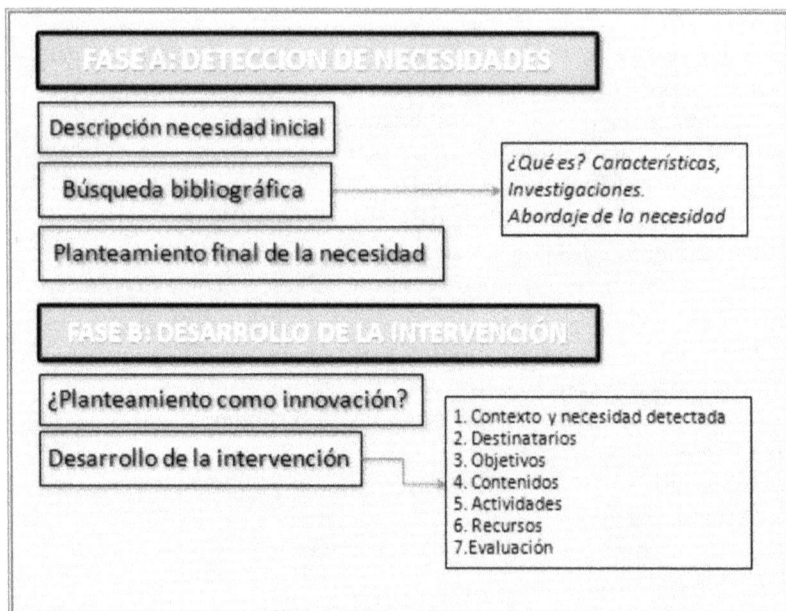

ALGUNAS NECESIDADES QUE PODEMOS ENCONTRAR

Las necesidades que podemos encontrar pueden tener una naturaleza muy amplia, y unas concreciones muy variadas, en función del criterio que usemos para su clasificación. Desde aquí, a modo ilustrativo, tomamos el resumen que Clares (2011, 2012) recoge sobre la clasificación de las necesidades de su propuesta para desarrollar un diseño pedagógico de un programa educativo, multimedia e interactivo (PEMI). Se basa en el origen de la necesidad, y el sujeto de la misma, saliendo la siguiente necesidad:

1) Según el origen, una necesidad pueden ser:

- **Normativa**: es aquella necesidad relacionada con una norma o patrón. Por ejemplo lo que el alumnado debe de saber al terminar el curso quinto de Educación Primaria.

- **Percibida**: una necesidad percibida por un sujeto o un grupo, que buscan que se satisfaga. Por ejemplo, un grupo de maestros piden que se les forme en técnicas de resolución de conflictos, ya que creen que les falta formación en este sentido.

- **Expresada**: es aquella necesidad que señala un observador externo, o como resultado de una evaluación realizada. Después de pasar un test de lectura en cuarto curso, se llega a la conclusión de que hay que hacer más lecturas en clase y fuera de ella.

- **Prospectiva**: se dan cuando existen expectativas sobre posibilidades futuras, es decir, son necesidades de cara a una situación futura. Se percibe que en el futuro el aprendizaje de idiomas va a ser vital y se refuerza esta área de aprendizaje con más horas, más prácticas y salidas al país del idioma de origen.

- **Comparativa**: una necesidad comparativa se da cuando existen diferencias entre los sujetos en cuanto a una habilidad o capacidad concreta. Se comparan los cursos de un nivel de un colegio con los de otro colegio y se detectan necesidades en matemáticas en un de los colegios.

2) Según el sujeto al que afecte, la necesidad puede ser:

- **Individual**: la necesidad afecta a un único sujeto. Por ejemplo, la necesidad de practicas la caligrafía por tener letra ilegible.

- **Grupal**: se da cuando la necesidad está presente en un grupo de personas. La tercera parte de una clase necesita refuerzos en matemáticas.

- **Social**: la necesidad incide en las personas en general, de un centro o empresa. Profesorado de un centro necesitan formación en tic.

FASE A. DETECCIÓN DE LA NECESIDAD
A1. DESCRIPCIÓN DE LA NECESIDAD INICIAL DE PARTIDA.

((En este apartado se pone un caso problemático con la necesidad educativa que tiene. Se describe brevemente la dificultad, y aquellos aspectos que se han observado y en los que se han detectado problemas. Se dan detalles como colegio, nivel, edad del sujeto, etc. y problemas que tiene en clase y que trataremos de resolver en el futuro. No aquí. Con un párrafo es suficiente)).

A2. BÚSQUEDA BIBLIOGRÁFICA.

A2.1 ¿Qué es esa necesidad? Concepto, definición, descripción, características...

(En este apartado hay que buscar bibliografía para explicar bien en lo que consiste esa necesidad, su concepto, características, etc., con el objetivo de que conozcamos y comprendamos en qué consiste la necesidad)).

A2.2. ¿Qué se investiga sobre el tema? Problemáticas que se investigan relacionadas con la dificultad (temáticas de los artículos, trabajos,..).

((Aquí ponemos las temáticas sobre las que se investiga, y que encontraremos en los documentos que hemos analizado sobre la dificultad. Sólo es hacer una relación de los temas específicos sobre los que se investiga dentro del área de la dificultad que analizamos)).

A2.3. ¿Cómo se puede abordar esa dificultad? Planteamientos, Intervenciones, actividades, actuaciones, recursos, etc.

((Este apartado sirve para aprender a dar respuestas educativas adecuadas a esa necesidad. Cómo podemos intervenir con el alumnado con esa dificultad; qué actividades les podemos poner o qué actuaciones tener con ellos; qué recursos son los mejores para esa dificultad y qué medios se pueden usar. Tenemos que saber qué hacer para resolver esta dificultad en una clase. Además este apartado nos servirá para cuando tengamos que desarrollar una actividad o una actividad innovadora para dar solución a la dificultad planteada)).

A3. PLANTEAMIENTO FINAL DE LA NECESIDAD.

((Después de aprender muchas cosas sobre la dificultad en apartados anteriores, podemos quedarnos con la necesidad inicial de la que partíamos (A1), o bien cambiar algunos aspectos de la misma, como concretar la dificultad inicial, darle otro enfoque, o cualquier otro aspecto que nos parezca oportuno)).

FASE B. DESARROLLO DE LA INTERVENCIÓN

En la fase B, los apartados B1 y B2 se desarrollan si se pretende que la actividad tenga carácter de innovación.

B1. PLANTEAMIENTO INICIAL DE LA INNOVACIÓN.

((Ante una dificultad ya descrita, necesitamos darle una solución educativa para resolverla. Hay que plantear una innovación, de forma global, para dar respuesta a esa necesidad. Esto es, describir de forma general, hacer un planteamiento, de cómo resolver esa necesidad en su contexto)).

B2. REVISIÓN DEL PLANTEAMIENTO DE LA INNOVACIÓN SEGÚN EL CONCEPTO DE INNOVACIÓN.

((Ahora, se revisa el concepto de innovación, y las características y principios que la definen. Con la idea clara de lo que significa plantear una innovación, se vuelve a replantear la innovación del punto B1, pero teniendo en cuenta los aspectos que caracterizan a la innovación (citando algunos como: practicidad, viabilidad, nivel de formalización, debe llevar al cambio, incorporación al currículum.

Esto es, estamos redactando de nuevo la innovación pero teniendo en cuenta aquellos aspectos que caracterizan una acción para que se pueda llamar innovación)).

((Se puede poner en **negrita** esos términos clave (practicidad, viabilidad…), que definen una buena innovación, en la redacción del planteamiento de la innovación)).

B3. DESARROLLO DE LA INTERVECIÓN (INNOVACIÓN).
B3.1. Contexto y necesidad detectada.

((En este apartado se pone otra vez la necesidad que ya describimos antes, y además se le añaden los datos del contexto donde se produce la necesidad, como podría ser la zona, colegio, nivel, etc.)).

B3.2. Destinatarios a los que va dirigida la innovación.

((Puede ser un solo sujeto, un grupo, una clase, o el sujeto y la clase, o un grupo y la clase. En definitiva, son los que van a participar en las actividades que se hagan)).

B3.3. Objetivos a conseguir.

((Especificar lo que se quiere que se consiga con la innovación. Debe ser algo que sea observable, que se pueda medir. Son los objetivos específicos a conseguir. Ej. Que sea capaz de leer un mínimo de 50 palabras por minuto)).

B3.4. Contenidos.

((Los contenidos son aquello en lo que se basan las actividades y los objetivos que vamos a conseguir. Es en lo que nos vamos a apoyar para conseguir los objetivos. Si fuese necesario, se pueden tomar como contenidos los contenidos curriculares, como matemáticas, lengua,… pero se toma sólo el tema o temas de la asignatura que se necesite, y no todos los temas del curso. Por ejemplo si pretendemos que el niño/a mejore la mecánica de la suma, el contenido es: La suma. Si lo que queremos es que desarrolle unos valores, y para ello usaremos el cuento de *Los tres Cerditos*, el contenido será el citado cuento)).

B3.5. Actividades.
((Las actividades no sólo hay que plantearlas, sino también desarrollarlas. Si es una ficha, hay que elaborar la ficha. Si es una actividad en clase, se describe bien en qué consiste la dinámica de la misma, de manera que cualquiera sepa cómo hacerla. La búsqueda bibliográfica es muy importante para desarrollar este apartado, especialmente cuanta menos experiencia se tenga al respecto)).

B3.6. Recursos materiales y humanos necesarios.
((Son los recursos materiales y humanos que hacen falta para desarrollar la actividad. No se suelen poner si son recursos habituales en el aula, como lápiz, cuaderno,… o el recurso humano es la maestra. Sí se especifica si interviene una persona que no lo hace de forma habitual. Por ejemplo podrían ser un recurso humano un padre que colabora, o uno material como un puzle con unas características muy especiales)).

B3.7. Temporalización.
((Especificar, en un **horario** semanal o mensual o anual cuándo y dónde se van a desarrollar las actividades elaboradas. Hay que dejar claro las veces que se hace la actividad, y en qué espacio temporal (horas concretas) se lleva a cabo. Se pueden hacer aclaraciones del horario con una llamada de *, para explicar algo que no quede claro en el mismo)).

B3.8. Evaluación del proyecto (sumativa)
((Hemos de especificar el procedimiento que seguiremos para comprobar si los objetivos se han cumplido. Puede ser mediante cuestionario, entrevista, observación…. Hay que desarrollar el instrumento o instrumentos y concretar en qué momentos se pasan para recoger los datos.))

28 FASE C. PROYECTO DE INVESTIGACIÓN

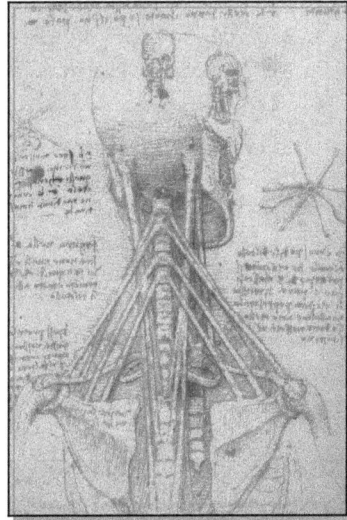

INDICE

OBJETIVOS

Los objetivos de aprendizaje para este capítulo son los siguientes:

- Tener una panorámica global de los proyectos de investigación.
- Distinguir las diferentes partes de que consta, así como el contenido de cada una de ellas.
- Ofrecer pistas de lo que contendrían los diferentes apartados de la investigación.

RESUMEN

En este capítulo se plantea el proyecto de investigación, las diferentes apartados, incluso alguno relacionado con el paradigma que en algunas ocasiones no se suele poner. Se propone apartados como: metodología de investigación, tipo de investigación, preguntas, objetivos e hipótesis, diseño de investigación, instrumentos, recogida de datos, análisis de los datos, presentación y conclusiones.

MAPA DE CONTENIDOS

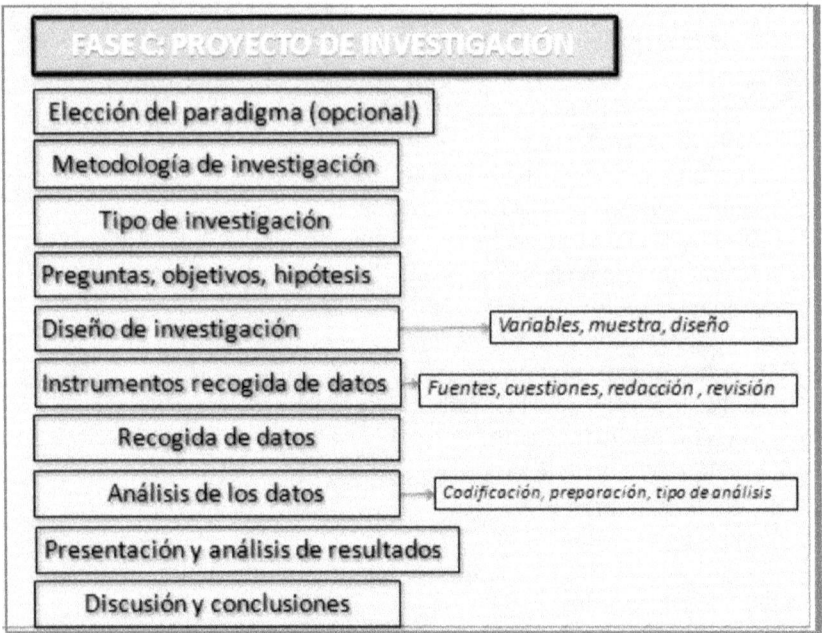

C1. ELECCIÓN DEL PARADIGMA (Opcional)

C1.1. Resumen de los paradigmas. (Sólo como actividad de aprendizaje).

((Hacer un resumen completo de los tres paradigmas principales, donde se explique bien en qué consiste cada uno de ellos)).

C1.2. Mapa conceptual de los paradigmas. (Sólo como actividad de aprendizaje)

((Para elaborar el mapa conceptual, se puede optar por hacer un mapa conceptual para cada paradigma o bien un mapa conceptual donde estén los tres paradigmas. Cada mapa sólo puede ocupar una página. Si son tres mapas, se usarán tres páginas)).

C1.3. Selección y justificación del paradigma.

((Seleccionar el paradigma que más se adecue a la investigación que se va a realizar y explicitar los motivos de la elección. Puede darse el caso de que se tengan que usar aspectos de más de un paradigma por las características de la investigación que se hace. Si es así, se incluyen y se justifica la inclusión de los aspectos seleccionados de otros paradigmas)).

C2. METODOLOGÍA DE LA INVESTIGACIÓN

((Describir en líneas generales el enfoque o carácter de la investigación. Si tiene globalmente un carácter cuantitativo o cualitativo, y por qué, y si usa algún método del otro enfoque y por qué la necesidad de su uso)).

C3. TIPO DE INVESTIGACIÓN.

((Elige el tipo de investigación. Un criterio puede ser en función de la profundidad y así tendríamos los siguientes tipos: Exploratoria, Descriptiva, Correlacional o Explicativa. Se elige la que más coincida con lo que se quiere investigar. Puede darse el caso de que se necesite más de una perspectiva. En cualquier caso se justifica la elección.))

C4. PREGUNTAS, OBJETIVOS E HIPÓTESIS DE INVESTIGACIÓN

C4.1. Preguntas/problemas de investigación.

((Plantea en forma de preguntas abiertas lo que quieres saber con la investigación que vas a realizar. Pueden ser cuestiones anteriores, durante y posterior a la aplicación de la intervención, si fuese este el caso. Estas preguntas son las que orientan y enfocan la investigación. Tienen que poder responderse con los datos que se obtengan en la misma)).

C4.2. Objetivos / hipótesis de la investigación.

((Las preguntas que planteamos antes ahora las concretamos en objetivos que pretendemos conseguir con la investigación. Atención porque estos objetivos son diferentes a los que se pretenden conseguir con la intervención educativa, son lo que queremos saber con la investigación. ((Objetivo de intervención: *que el sujeto aprenda*; objetivo de investigación: *saber si ha aprendido*.) Plantea también las hipótesis más importantes que vas a comprobar si se cumplen o no)).

C5. DISEÑO DE LA INVESTIGACIÓN
C5.1. Variables consideradas en la investigación.
((Para poder conocer los objetivos, tenemos que determinar cómo los vamos a medir, con qué variables. Haz una relación de las variables que vas a considerar en la investigación, haciendo una breve descripción de las mismas cuando sea pertinente. Recuerda que las variables es necesario que se puedan observar o medir para saber si hay cambios.))

C5.2. Muestra elegida para la investigación.
((En el caso de que sea necesario indica la muestra que has elegido para la investigación, si la población fuese muy amplia. Si no, sólo indica el sujeto o número de sujetos, grupos, etc. esto es la Población Objeto a los que se va a investigar para conocer si la intervención ha dado el resultado esperado. En este caso no se pueden generalizar los resultados a toda la población)).

C5.3. Diseño de la investigación.
((Expresa mediante una tabla cómo va a ser tu diseño de la investigación. Grupos que participan, recogida de información, etc. Después explica dicha tabla y sus detalles.)) [1]

GRUPOS / INDIVIDUOS	Rec. Información PREVIA	INTERVENCIÓN Rec. Informac.	Rec. Información POST
		[1]	
		[2]	

[1] Si se hace intervención o no.
[2] Si se recogen datos en el tiempo de intervención.

C6. INSTRUMENTOS DE RECOGIDA DE DATOS
((Importante tener en cuenta que no hay que diseñar todos los instrumentos que se usen. Cuando se tenga claro lo que se quiere saber, se puede buscar

instrumentos ya hechos que se pueden usar o adaptar. En el caso de que no se encuentren, se procederá a diseñar el instrumento que se necesite)).

C6.1. Concretar las fuentes de recogida de datos.

((Ya tenemos las variables que queremos medir, ahora concretamos las fuentes de los datos, que son las personas, u objetos que utilizaremos para sacar la información que necesitamos. Éstos pueden ser el alumnado, padres/madres, documentos, profesorado,...

Se usa la siguiente tabla, haciendo una X en la fuente de la que se recoge la variable. Una variable puede tener más de una fuente)).

VARIA-BLES	FUENTES DE RECOGIDA DE DATOS				
	Alum-nado	Padres/Mad.	Profesorado	Documentos	....
V. 1					
V. 2					
V. 3					

C6.2. Cuestiones concretas a conocer.

((De cada variable escribimos los aspectos que queremos saber. Podemos sacar más de un aspecto de cada variable. Es como un esquema de todo lo que necesitamos saber en nuestra investigación)).

Se pueden plantear en la siguiente tabla.

VARIABLES	Información a conseguir	Instrumento
V. 1		
V. 2		
V. 3		
V. 4		
....		

C6.3. Cuadro general de la investigación (opcional)

((Todos los elementos de la investigación que conocemos los ponemos en un cuadro para tener una idea global de la misma. Se ponen junto a las variables, las fuentes de los datos, la redacción de los Ítems y con qué instrumento se va recoger. En el cuadro se ponen algunos datos como ejemplos de lo que se podría poner. Este cuadro tiene un carácter opcional, ya que la información que recoge ya se ha expresado antes. Pero aporta una visión global muy descriptiva de la investigación)).

Variables	Fuentes de datos						Ítems	Instrumentos						
	Profesorado	alumnado	Padres-madres	Documentos	Monitor-a			Cuestionario Profe	Cuestionario Profe	Entrevista profe	Cuestionario	Cuestionario	Observación	...
Opinión del profesor sobre planteamien to de la actividad	X						→ ¿El planteamiento de la actividad ha sido adecuado al nivel de la clase?	X						
	X						→ ¿Responde la actividad a alguna necesidad del alumnado?			X				
Satisfacción de los padres			X				→ ¿Le ha gustado la actividad a su hijo/a?					X		
			X				→ ¿Le parece que esta actividad es buena para la formación de su hijo/a?					X		
...														

C6.4. Redacción provisional de cada instrumento.

((A los aspectos que queríamos saber, se les da la forma adecuada en función del instrumento que usaremos para recoger la información. No es igual preparar una cuestión para una observación que para un cuestionario, por ejemplo.

Lo primero es buscar instrumentos elaborados que busquen una información similar o parecida a la que buscamos nosotros. Si los encontramos podemos usarlos enteros, una parte, adaptarlos, etc.

Si tenemos que diseñarlos, haremos un borrador con todo el contenido que tienen que tener)).

C6.5. Revisión del instrumento/s.

((Los instrumentos antes de usarlos hay que revisarlos. Se revisa el instrumento por parte del sujeto o por todo el grupo, y también por personas ajenas. Hay que ver si se entienden todas las palabras usabas, si están claras las ideas, si son adecuadas las preguntas.

En este apartado se indica cómo se ha hecho la revisión, quién ha participado y los cambios que se han llevado a cabo en la misma)).

C6.6. Versión definitiva de los instrumentos.

((Se adjuntan las versiones definitivas de todos los instrumentos diseñados o que se van a usar en la recogida de datos)).

C7. RECOGIDA DE DATOS.

((Se recogen los datos con los diferentes instrumentos, entrevistas, cuestionarios, observaciones, etc. Hemos de tener presente unas mínimas garantías a la hora de recoger los datos, siguiendo el protocolo establecido para que los datos sean fiables. En este apartado se indica el proceso seguido para la recogida de los datos y los detalles y características del mismo)).

C8. ANÁLISIS DE LOS DATOS.
C8.1. Explicar los diferentes niveles de medición de las variables con ejemplos. (Para aprendizaje)

((Para los análisis cuantitativos, es necesario conocer los diferentes niveles de medición que pueden tomar las variables.

Para ello se explican los diferentes niveles de medición que se dan con las variables que se tienen, si fuese posible, con los propios datos de la investigación que se está realizando)).

C8.2. Codificación para los datos de los cuestionarios.

((Antes de analizar los datos cuantitativos para su análisis se hacen dos operaciones: 1 codificar los datos y 2 preparar la matriz de datos. Para codificar los datos lo hacemos rellenando una tabla. Coge un cuestionario que hayas hecho para tu investigación y codifícalo según se pide en la siguiente tabla))

VARIABLES	ETIQUETAS de las VARIABLES	ETIQUETAS de los VALORES	Nº COLUMNA	NIVEL DE MEDIDA
V1				
V2				
V3				
V4				
V5				
V6				
...				

C8.3. Preparación de la matriz/ces de datos

((Teniendo en cuenta la codificación de los datos realizada, se elabora una matriz con los datos numéricos recogidos, de manera que en las columnas se reflejen todas las variables y en las filas los sujetos que aportan los datos.))

C8.4. Tipos de análisis a realizar

((Aquí se describen los tipos de análisis que se le van a realizar a los datos, tanto de tipo cuantitativo como cualitativo, indicando el instrumento en el que se han recogido.))

C9. PRESENTACIÓN Y ANÁLISIS DE LOS RESULTADOS

((Para una mejor comunicación del análisis de los datos expresamos éstos mediante tablas, gráficos, etc. así se puede ver visualmente lo que se explica en el texto)).

C10. DISCUSIÓN Y CONCLUSIONES

((Cuando analizábamos los resultados se explicaban todos los que habían aparecido. Pero en las Conclusiones sólo se hace referencia a aquellos resultados más significativos, y que pueden tener mayores consecuencias. Se pueden relacionar los hallazgos encontrados con otras investigaciones, si fuese el caso, sobre el mismo tema. Y para terminar cabe la posibilidad de que sugieran las líneas sobre lo que sería conveniente seguir investigando)).

BIBLIOGRAFÍA

Ainscow, M. (2013). Developing more equitable education systems: reflections on a three-year improvement initiative. In V. Farnsworth & Y. Solomon (eds.). *Reframing educational research: Resisting the 'what works' agenda.* London: Routledge.

Albes, C., Aretxaga, L., Etxebarria, I., Galende, I., Santamaría, A., Uriarte, B., y Vigo, P. (2013). *Orientaciones educativas. Alumnado con altas capacidades intelectuales.* Vitoria: Servicio Central de publicaciones del Gobierno Vasco.

Álvarez Rojo, V. y otros (2002). *Diseño y evaluación de programas.* Madrid: EOS.

Álvarez-Gayou, J.L. (2005). *Cómo hacer investigación cualitativa. Fundamentos y metodología.* México: Paidós.

Arnaiz, P. (2008). Sobre la atención a la diversidad. En *C.P.R. Atención a la diversidad. Materiales para la formación del profesorado*, (pp. 1-30). Murcia: Consejería de Educación, Formación y Empleo.

Arnaiz, P. (2011). Luchando contra la exclusión: buenas prácticas y éxito escolar. *Innovación Educativa, 21,* 23-55.

Arnal, J., Del Rincón. D. y Latorre, A. (1992). *Investigación educativa. Fundamentos y Metodología.* Barcelona: Labor.

Arnedo, D. y Benito, M.L. (2012). El día que aprendimos peligrosamente. Revista electrónica *Aula de innovación educativa,* 215, 30-35.

Arroyo, M.J. (2012). Las aulas de inmersión lingüística para alumnado inmigrante en el marco de la escuela inclusiva: algunas propuestas de mejora. *Tendencias Pedagógicas,* 19, 25-42.

Azorín A., C. Mª. (2014). Atendiendo a la diversidad desde un prisma curricular inclusivo. *Cuaderns Digital.* XI Congreso Internacional y XXXI Jornadas de Universidades. Mesa 3: prácticas inclusivas, Mayo.

Azorín A., C.M. y Arnaiz S., P. (2013). Una experiencia de innovación en Educación Primaria: medidas de atención a la diversidad y diseño universal del aprendizaje. *Tendencias Pedagógicas,* 22, 9-30.

Azorín, C.M. y Vicente, G. (2012). Opus solidaridad: trío para música, educación y valores. *Espiral. Cuadernos del Profesorado,* 5(10), 78-86.

Ballesteros-Velázquez, B., Aguado-Odina, T. y Malik-Liévano, B. (2014). Escuelas para todos: diversidad y educación obligatoria. *Revista Electrónica Interuniversitaria de Formación del Profesorado, 17* (2), 93-107.

Bisquerra, R. (1998). *Métodos de investigación educativa. Guía práctica.* Barcelona: CEAC.

Bisquerra, R. (2011) Diversidad y escuela inclusiva desde la educación emocional. En Navarro, J. (Coord.) *Diversidad, Calidad y Equidad Educativas.* Murcia: Consejería de Educación, Formación y Empleo.

Blanco G., N. (2005). Innovar más allá de las reformas: reconocer el saber de la escuela. *REICE - Revista Electrónica Iberoamericana sobre Calidad, Eficacia y Cambio en Educación.* Vol. 3, No. 1. Recuperado de http://www.ice.deusto.es/rinace/reice/vol3n1_e/Blanco.pdf

Buendía, L. y Berrocal, E. (2012). La observación. En Nieto Martín, S. *Principios, métodos y técnicas esenciales para la investigación educativa* (pp. 129-144). Madrid: Editorial Dykinson.

Buendía, L. Colás, P. y Hernández, F. (1997). *Métodos de investigación en psicopedagogía.* Madrid: McGrawHill.

Bunge, M. (1981). *La investigación científica.* Barcelona: Ariel.

Cabero, J y Córdoba, M. (2009). Inclusión educativa: inclusión digital. Revista Educación Inclusiva, 2(1). Recuperado de http://www.ujaen.es/revista/rei/linked/documentos/documentos/2-4.pdf

Cantero C., N. Del C. (2010). La atención a la diversidad del alumnado en educación primaria. *Innovación y experiencias educativas,* 28 (1-8).

Casado M., R., Lezcano B., F. y Delgado B., V. (2014) Atención a la diversidad y redes sociales: uso educativo de Twitter. *Cuaderns Digital.* XI Congreso Internacional y XXXI Jornadas de Universidades. Mesa 3: prácticas inclusivas, Mayo.

Castelló, A. y Martínez, M. (1999). Alumnat excepcionalment dotat Intellectualment. Barcelona: Generalitat de Catalunya.

Cela, J.; Gual, X. y Marquez, C. (1997). El tractament de la diversitat en les etapes infantil i primaria. *Dossier Rosa sensat,* nº 56. Barcelona: Associació de Mestres Rosa Sensat.

Clares-López, J. (2011). *Diseño pedagógico de un programa educativo multimedia interactivo (PEMI): guía teórico-práctica.* Alcalá de Guadaira (Sevilla): MAD.

--- (2012). *Diseño pedagógico de un programa educativo multimedia interactivo (PEMI): guía teórico-práctica.* Colombia: Ediciones de la U.

--- (2013). Autogestión del talento en la expresión de las emociones. Ponencia presentada en el III Congreso Internacional de Gestión del Talento: Talento emprendedor. Marzo. Arrecife. Lanzarote. España.

--- (2014). *Programa de Prevención de Dificultades Socio-Educativas Mediante la Foto-expresión Emocional (DISEMFE).* Universidad de Sevilla. Sevilla. Programa Piloto.

Commins M., I. (2003). De Miedo a la Diversidad a la Ética del Cuidado: Una Perspectiva de Género. *Convergencia* (33), 97-122.

De Haro, J.J. (2009). Algunas experiencias de innovación educativa. *Arbor: Ciencia, pensamiento y cultura,* ISSN 0210-1963, Nº Extra 1, 2009 (Ejemplar dedicado a: Innovación educativa), 71-92.

De La Orden, A. (1985). La investigación educativa. En *Diccionario de Ciencias de la Educación*. Madrid: Anaya

Dewey, J. (2007). *Cómo pensamos*. Barcelona: Paidós Ibérica.

Díaz R., L.A. (2013). El aprendizaje cooperativo como medida de atención a la diversidad en el área de Educación Física. Trabajo fin de grado.

Díez A., A. y Huete A., S. (1997). Educar en la diversidad. *Educar Hoy*, 60, 15-17.

Domingo, J. (2008). El aprendizaje cooperativo. *Cuadernos de trabajo social*, 21, 231-246.

Domínguez A., J. y López C., A. (2012). Funcionamiento de la atención a la diversidad en la enseñanza primaria según la percepción de los orientadores. *Revista de Investigación en Educación*, 7, 50-60.

Dunking, M. J. y Biddle, B.J. (1974). The study of teaching. New York: Holt. En Bisquerra, R. (1998). *Métodos de investigación educativa. Guía Práctica*. Barcelona: CEAC.

Elavsky, C. M., Mislan, C. & Elavsky, S. (2011). When talking less is more: exploring outcomes of Twitter usage in the large-lecture hall. *Learning, Media and Technology*, 36(3), 215-233.

Escudero E., T. y Correa P., A. D. (Coord.) (2006). *Investigación e innovación educativa, algunas ámbitos relevantes*. Madrid: La Muralla.

Fernández Batanero, J. M. (2009). *Un currículo para la diversidad*. Madrid: Síntesis.

--- (2014) Medidas especiales de atención a la diversidad. En Peñafiel M. F., Torres G., J. A. y Fernández Batanero, J.M. *Evaluación e intervención didáctica. Atención a las necesidades de apoyo educativo*. Madrid: Pirámide.

Fernández, M. J. (2012). La medida en educación. En Nieto Martín, S. *Principios, métodos y técnicas esenciales para la investigación educativa* (pp. 559-577). Madrid: Editorial Dykinson. ISBN: 978-84-9982-061-3.

Flecha, R. y Larena, R. (2008). *Comunidades de aprendizaje*. Sevilla: Fundación ECOEM.

Flecha, R. y Puigvert, L. (2002). Las Comunidades de Aprendizaje: Una apuesta por la igualdad educativa. *REXE: Revista de estudios y experiencias en educación*, 1(1), 11-20.

Flecha, R., Padrós, M. y Puigdellívol, I. (2003). Comunidades de aprendizaje: transformar la organización escolar al servicio de la comunidad. *Organización y gestión educativa: Revista del Fórum Europeo de Administradores de la Educación*, 11(5), 4-8.

Flores, L. C. (2009). Grupos interactivos: una opción que transforma el aula. *Aula de Innovación Educativa*, 187, 51-54.

Gallego, C. y Ventura, M. P. (2007). *Actividades de ampliación para el alumnado de altas capacidades. Orientaciones para el profesorado (Etapa*

Primaria). Gobierno de Navarra. Centro de Recursos de Educación Especial de Navarra. Pamplona: CREENA.

García de Andoin, A. (2009). Grupos interactivos en el IES Mungia. *Aula de Innovación Educativa*, 187, 61-64.

García de los R., M. I. (2010). La diversidad educativa. Orientaciones prácticas. *Revista digital Eduinnova*, 22, 35-39.

García Ll., J.L. (2003). *Métodos de investigación en educación. Investigación cualitativa y evaluativa*. Madrid, UNED.

García Ll., J.L., González G., M.A. y Ballesteros V., B. (2001). *Introducción a la investigación educativa*. Madrid: UNED.

García LL., J.L., González G., M.A. y Ballesteros V., B. (2002) Introducción a la investigación educativa. Madrid: UNED.

García, M.P., Morillas, L. R., García, M., Belmonte, M.L. (2013). Aplicación de competencias de investigación e innovación educativa a la práctica profesional en educación primaria. En *Investigación e Innovación Educativa al Servicio de Instituciones y Comunidades Globales, Plurales y Diversas: Actas del XVI Congreso Nacional / II Internacional Modelos de Investigación Educativa de la Asociación Interuniversitaria de Investigación Pedagógica (AIDIPE)*. Alicante, 4-6 de septiembre.

García-Valcárcel, A. (2003). *Tecnología Educativa. Implicaciones educativas del desarrollo tecnológico*. Madrid: La Muralla.

Gardner, H. (1995). *Inteligencias múltiples*. Barcelona: Paidós.

Gil F., J., Rodríguez G., G y García J., E. (1995). *Estadística básica aplicada a las ciencias de la educación*. Sevilla: Kronos.

Goenechea P., C. (2008). ¿Es la formación del profesorado la clave de la educación intercultural?. *Revista Española de Pedagogía*, 66(239), 119-136.

Hernández S., R., Fernández C., C. y Baptista L., P. (1998). *Metodología de la investigación*. México (Cuauhtémoc): McGraw-Hill.

--- (2007) Fundamentos de metodología de la investigación. Madrid: McGraw-Hill.

Hernández, F. Maquilón, J.J. (2012). Introducción a los diseños de investigación educativa. En Nieto Martín, S. *Principios, métodos y técnicas esenciales para la investigación educativa* (pp. 109-126). Madrid: Editorial Dykinson.

Herrera, M. E. (2012). Escalas de actitud. En Nieto Martín, S. *Principios, métodos y técnicas esenciales para la investigación educativa* (pp. 169-190). Madrid: Editorial Dykinson.

Jenaro, C.; Flores, N. y Castaño, R. (2014). Actitudes hacia la diversidad: El papel del género y de la formación. *Cuestiones de género: de la igualdad y la diferencia*, 9, 50-62.

Jiménez, P. y Vilá, M. (1999). *De educación especial a educación en la diversidad.* Málaga: Aljibe.

Johnson, D. W. y Johnson, R. T. (1989). Cooperative learning: What special education teachers need to know. *The Pointer*, 33(2), 5-10.

Kerlinger, F.N. (1985). *Investigación del comportamiento.* México: Latinoamericana.

Koettin, J. R. (1984). Foundation of naturalistic inquiri: developing a theory base for understanding individual interpretations of reality. Association for Educational Communications and Technology, National Conventions. Dallas, Texas, 20-24 enero. En Bisquerra, R. (1998). *Métodos de investigación educativa. Guía Práctica.* Barcelona: CEAC

Kuhn, M.T. (1978). *Segundos pensamientos sobre los paradigmas.* Madrid: Tecnos.

Lakatos, I. (1993). *La metodología de los programas de investigación científica.* Madrid: Alianza.

Latorre, A. (2012). *La investigación-acción. Conocer y cambiar la práctica educativa.* Barcelona: Editorial Graó.

Latorre, A., Del Rincón y Arnal, J. (1996). *Bases metodológicas de la investigación educativa.* Barcelona: GR92

Lincoln, Y. (1990). The making of a constructivist: a remembrance of transformations past. En E. Guba (Ed.) *The paradigm dialog.* Nesbury Park: Sage.

López-Barajas, E. (1987). *Metodología de investigación.* Madrid: Universidad Nacional de Educación a Distancia.

López M., M. (1999). Ideología, diversidad y cultura: Del homo sapiens al homo amantis. En Sánchez Palomino, A. y otros. *Los desafíos de la Educación Especial en el umbral del siglo XXI.* Almería, Departamento de Didáctica y Organización escolar; 31-61. Citado en Fernández Batanero, J. M. (2009). *Un currículo para la diversidad.* Madrid: Síntesis.

López R., F y Sentís V., F. (2006). Las adaptaciones del currículum en primaria. En VV.AA. *Atención a la diversidad.* Barcelona: Graó.

Majó, J. y Marqués, P. (2002). *La revolución educativa en la era de Internet.* Barcelona: Praxis.

Martín, J. F. (2012). Técnicas de encuesta: cuestionario y entrevista. En Nieto Martín, S. *Principios, métodos y técnicas esenciales para la investigación educativa* (pp. 145-168). Madrid: Editorial Dykinson.

Martín-Luengo, B. (2010). Musicoterapia aplicada a los trastornos generalizados del desarrollo. *Educación y Futuro*, 23, 63-68.

Massot, I., Dorio, I. y Sabariego, M. (2012). Estrategias de recogida y análisis de la información. En Bisquerra Alzina, R. (Coord.).

Metodología de la Investigación Educativa (pp. 329-366). Madrid: Editorial La Muralla S.A.

McGuigan, F. J. (1991). *Psicología Experimental. Enfoque metodológico*. México: Trillas.

Mertens, D.M. (1998). *Research Methods in Education and Psychology*. Thousand Oaks (USA): Sage.

Mertens, D. M. (2010). *Research and evaluation in Education and Psychology*. California, U.S.A: Sage.

Miguel, A. y Moya, A. (2011). Conceptos generales del alumno con altas capacidades. En Torrego, J.C. (coord.). *Alumnos con altas capacidades y aprendizaje cooperativo. Un modelo de respuesta educativa*. Madrid: Fundación SM.

Molina R., S. (2007). *Grupos interactivos: una práctica de las comunidades de aprendizaje para la inclusión del alumnado con discapacidad*. Barcelona: Servicio de publicaciones de la Universidad de Barcelona.

Molina, F., Robles, I. y Sánchez, C. (2011). Nueva metodología para dar respuesta a la diversidad del aula: grupos interactivos. En Navarro, J. (Coord.) (2011): *Diversidad, Calidad y Equidad Educativas*. Murcia: Consejería de Educación, Formación y Empleo.

Molina, J.P., Valencia-Peris, A., Valenciano, J., Pérez, V., Devís, J. (2012). Evolución de una experiencia universitaria de innovación educativa con blogs. I Congreso Virtual Internacional sobre Innovación Pedagógica y Praxis Educativa INNOVAGOGÍA 2012. Actas. Cobos S., D., Jaén M., A., López M., E., Martín P., A.H y Molina G., L. (dir) Actas del Congreso..

Moliner, L., Flores, M. y Duran, D. (2011). Efectos sobre la mejora de las competencias lingüísticas y la autoimagen lectora a través de un programa de tutoría entre iguales. *Revista de Investigación en Educación*, 2(9), 209- 222.

Morales V., P. (2010). Planteamientos generales sobre investigación en educación y psicología. Recuperado de http://www.upcomillas.es/personal/peter/investigacion/Planteam ientosgenerales.pdf

--- (2012). El tamaño del efecto (effect size): análisis complementarios al contraste de medias. Universidad Pontificia de Comillas. Recuperado de http://www.upcomillas.es/personal/peter/investigacion/Tama%F 1oDelEfecto.pdf

Morin, A. (1985). Critères de scientificité en recherche-action. *Revue des Sciences de l'Education*. XI,1, 31-43. En Bisquerra, R. (1998). *Métodos de investigación educativa. Guía Práctica*. Barcelona: CEAC

Nieto M., S. (2010). *Principios, métodos y técnicas para la investigación educativa*. Madrid: Dykinson.

Nieto, S. y Olmos, S. (2012). La ciencia y el método científico. Las teorías científicas. En Nieto Martín, S. *Principios, métodos y técnicas esenciales para la investigación educativa* (pp. 67-78). Madrid: Editorial Dykinson.

Odina, M., Buitago, M. y Alcalde, A.I. (2004). Los grupos interactivos. *Aula de Innovación Educativa*, 131, 43-46.

Omar, J. y Figueroa, C. (2013). La enseñanza de la diversidad y la formación inicial de docencia primaria. VII Jornadas Nacionales sobre la Formación del Profesorado –, 12,13 y 14 septiembre. Mar del Plata.

Ortega B. y Gómez H., I. (2014). Comunidades de aprendizaje para atender a la diversidad: los grupos interactivos como estrategia inclusiva. *Cuaderns Digital*. XI Congreso Internacional y XXXI Jornadas de Universidades. Mesa 3: prácticas inclusivas, Mayo.

Park, H., Rodgers, S., y Stemmle, J. (2013). Analyzing Health Organizations' Use of Twitter for Promoting Health Literacy. *Journal of health communication*, (ahead-of-print), 1-16.

Parrilla, A., Martínez, E. y Zabalza, M.A. (2012). Diálogos infantiles en torno diversidad y la mejora escolar. *Revista de Educación*, 359, 120-142.

Pérez P. C. (2006). El autocontrol del trabajo escolar como metodología de atención a la diversidad en el aula. En VV.AA. *Atención a la diversidad*. Barcelona: Graó.

Perez, P. A., Maeso, S. C., Ezkerro, A. M. y Otaduy, M. P. (2012). Twitter en la Universidad. *CIDUI-LLibre d'actes*, 1(1). Recuperado de http://cidui.org/revista-cidui12/index.php/cidui12/article/view/451/442

Piaget, J. (1978). *Psicología de niño*. Madrid: Ediciones Morata.

Píriz Collado, R.M. (2011). Una experiencia de grupos interactivos en un centro de secundaria. *Tendencias pedagógicas*, 17, 52-64.

Puigvert, L. y Santacruz, I. (2006). La transformación de centros educativos en comunidades de aprendizaje. Calidad para todas y todos. *Revista de Educación*, 339, 169-176.

Pujolás, P. (2012). Aulas inclusivas y aprendizaje cooperativo. Revista *Educatio Siglo XXI*. 30(1), 89-112.

Riera, G. (2011). El aprendizaje cooperativo como metodología clave para dar respuesta a la diversidad del alumnado desde un enfoque inclusivo. *Revista Latinoamericana de Inclusión Educativa*, 5(2), pp. 133-149. Recuperado de http://www.rinace.net/rlei/numeros/vol5-num2/art7.pdf

Roberts, T., Romm, C. y Jones, D. (2000). *Current practice in web-based delivery of IT courses*. APWeb2000.

Rojas S., R. (1981). *Guía para realizar investigaciones sociales*. México: Universidad Nacional Autónoma de México.

Ruiz C., M. (2004). El centro educativo, escuela de ciudadanía. *Revista Española de Pedagogía*, 62(229), 395-418.

Sabariego, M. (2012). El proceso de investigación (parte 2). En Bisquerra Alzina, R. (Coord.). *Metodología de la Investigación Educativa* (pp. 127-163). Madrid: Editorial La Muralla S.A.

Sabariego, M. y Bisquerra, R. (2012). El proceso de investigación (parte 1). En Bisquerra Alzina, R. (Coord.). *Metodología de la Investigación Educativa* (pp. 89-125). Madrid: Editorial La Muralla S.A.

Salinas, J. (1997). Nuevos ambientes de aprendizaje para una sociedad de la información. *Revista Pensamiento Educativo* [artículo en línea] (n.º 20; pág. 81-104). PUC de Chile. Recuperado de http://www.uib.es/depart/gte/ambientes.html

Salinas, J. (2004). Los recursos didácticos y la innovación educativa. *Comunicación y Pedagogía*, 200. 36-39.

Sandín, M. P. (2010). *Investigación cualitativa en educación. Fundamentos y tradiciones*. McGraw-Hill Interamericana de España.

Serrano G.-T., J.M., Pons P., R. M. y Ruiz L., M. (2007). Perspectiva histórica del aprendizaje cooperativo: Un largo y tortuoso camino a través de cuatro siglos. *Revista Española de Pedagogía*, 65(236), 125-138.

Slavin, R.E. (1990). *Cooperative learning: Theory, research and practice*. Massachussetts: Allyn and Bacon.

Torras de la H., M. (2013. *Las TIC en el aprendizaje de la lengua inglesa; un medio para atender la diversidad*. Trabajo fin de grado. Barcelona.

Valls, R. y Munté, A. (2010). Las claves del aprendizaje dialógico en las Comunidades de Aprendizaje. *Revista Interuniversitaria de Formación del Profesorado*, 24(1), 11-15.

Van Dalen, D.B., y Meyer, W.J. (1983). *Manual de técnica de investigación educacional*. Buenos Aires: Paidós.

Woods, P. (2011). *La escuela por dentro. La etnografía en la investigación educativa*. Barcelona: Editorial Paidós.

Zabalza, M.A. (2000). Innovación en la enseñanza como mejora de los procesos y resultados de los aprendizajes: condiciones y dilemas. En Estebaraz, A. *Construyendo el cambio: perspectivas y propuestas de innovación educativa*. Sevilla: Secretariado de publicaciones de la Universidad de Sevilla.

SOBRE EL AUTOR

El autor, José Clares López, tiene los estudios de Maestro por la Universidad de Granada, licenciado y Doctor en Pedagogía por la Universidad de Sevilla, Máster en Informática Educativa por la Universidad Nacional de Educación a Distancia y Máster en Sistemas de Capacitación Emprendedora por la Universidad de Sevilla. Trabajó como Maestro, como Orientador Escolar en los Equipos de Orientación Escolar (EOE) y como Asesor de Educación Secundaria en un Centro de Formación del Profesorado y en la actualidad profesor del Dpto. de Métodos de Investigación y Diagnóstico en Educación de la Universidad de Sevilla.

Algunos de sus libros más significativos son *"Diseño Pedagógico de un Programa Educativo Multimedia (PEMI): guía teórico-práctica"*; *"Informática Aplicada a la Investigación Educativa"*; *"Noventa lunas de amor"*. (poemario); *"Entre la vida y el amor"*. (poemario). Autor también de numerosos artículos sobre las tecnologías aplicadas a la educación.

En la actualidad ha abierto una línea de trabajo en la que esta investigando los efectos que produce la Expresión y Comunicación Emocional en ámbitos relacionados principalmente con la educación. Desarrollando actividades, programas, actuaciones y tutorizando trabajos Fin de Grado y de Máster, sobre la misma temática, junto con la organización del I Congreso Internacional de Expresión y Comunicación Emocional en septiembre de 2015 en Sevilla.

En los últimos años ha viajado por diversos países: el Estado de Utah, Chile, Puerto Rico, Colombia, impartiendo, en algunas de sus universidades, talleres, cursos y conferencias.

www.ingramcontent.com/pod-product-compliance
Lightning Source LLC
Chambersburg PA
CBHW051413090426
42737CB00014B/2642